우리말답게 번역하기

우리말답게 번역하기

이석규 · 허재영 · 박현선
한성일 · 김진호 · 김규진
공저

도서출판 **역락**

　　　　　　21세기에 들어와서 세계화를 말하는 것
　　　　　　은 오히려 구태의연한 느낌마저 든다. 컴퓨
　　　　　　터 등 전자기기의 급속한 발달로 인한 정보
　　　　　　연결망의 활성화는 20세기를 지난 지 두세
　　　　　　해밖에 안되는데도 완전히 다른 세상에서 사
　　　　　　는 느낌이 들 정도이다. 그만큼 우리는 세계
　　　　　　각 곳으로부터 필요한 정보를 손쉽게 얻을
수 있는 세상에 살고 있다. 가령 각종 사업이나 여행은 물론 학문
연구에 필요한 정보나 자료를 확보하기가 참으로 편리하고 쉬워졌
다. 그만큼 우리는 세계 각 곳으로부터 필요한 정보를 손쉽게 얻을
수 있는 세상에 살고 있다. 따라서 각종 예술, 학문, 문화 등의 교
류와 발전은 점점 더 가속화할 전망이다.
　그러나 그럴수록 오히려 번역의 필요성과 수요는 급증하고 있으
며, 이런 추세는 앞으로도 계속될 것이다. 더구나 인도유럽어계통의
언어를 사용하지 않는 우리의 입장에서는 더욱 그렇다. 우선 필요한
정보량에 비하여 외국어를 상당수준에 이르도록 공부하는 것이 너무
어려우며, 더구나 여러 개의 외국어를 습득하는 일은 현실적으로 실
현 가능성이 별로 많지 않기 때문이다. 따라서 어느 정도 외국어를
공부한 사람에게도 번역서적의 필요성은 여전히 상존한다. 외국문학
과 언어, 철학, 예술 분야에 관한 번역은, 단순히 외국어를 공부했
다는 것으로는 극복하기 어려운 많은 문제들까지 해결해야 한다는
점에서, 그 필요성은 갈수록 깊이를 더해 갈 것으로 보인다.
　우리나라는 1950년대 이전에는 번역 자체가 아주 드물었으며 그
나마 주로 일본서적에 국한되거나 아니면 일본에서 번역한 것을 재
번역하는 방법을 취해왔다. 60년대에 들어오면서 영어영문학을 비
롯한 인도 유럽 언어를 전공한 사람들이 늘어감에 따라서 서구 여러

나라의 서적들을 직접 번역하는 경우가 일반화되고 급속도로 발전하여 오늘에 이르게 되었다. 그러나 이런 실정에서 간혹 아주 좋은 번역이 없는 것은 아니었지만, 번역자들의 외국 문화에 대한 이해 및 외국어 능력의 한계성의 문제, 상업적 요인 또는 상업적 필요성에 의한 졸속번역 등의 원인으로 많은 양의 번역 서적들이 수준에 미달했던 것도 사실이다. 그런데 잘 알다시피 번역이 잘못되면, 많은 금전과 노력을 들이고도 독자들에게 사실을 오해하게 하거나 부정확한 지식을 제공하여 결과적으로 말할 수 없는 피해를 입히게 된다.

이와 같이 번역에 문제가 생기는 것은, 첫째 외국어에 대한 지식 부족의 문제를 들 수 있다. 외국어를 정확히 알지 못하고 번역을 한다는 것은 발상 자체가 위험천만한 일이다. 둘째 번역은 제 2의 창조라는 말이 있듯이, 외국어를 그대로 우리말로 바꾸는 것이 아니다. 외국의 풍속과 문화, 그리고 사고방식과 기질 등 모든 것을 이해한 바탕에서, 그 원텍스트가 드러내고자 하는 의미와 뉘앙스를 완전히 살려낼 수 있어야 한다. 따라서 그 나라에 문화와 풍속 등에 대한 근본적인 이해의 부족이 문제가 된다. 셋째 많은 번역자들이 정작 우리나라의 언어에 대한 소양이 부족한 데서 나오는 문제점을 안고 있다. 번역투라는 신조어가 어느새 우리에게 아주 익숙한 말이 됐을 정도이다. 곧, 영어를 번역한 책에는 영어식의 문체가, 불어나 독일어를 번역한 책은 불어나 독일어식의 문체가 그대로 남아 있어서, 말은 분명히 우리말인데 우리말답지 못한 경우가 너무나 많다는 것이다. 넷째로 반드시 우리의 사고방식과 기질 등 우리문화로 소화시킬 필요가 있는 것을 전혀 고려하지 않은 경직된 번역이 매우 많다는 사실이다.

이러한 모든 문제들을 고려하여 원텍스트와 등가성을 잘 유지하면서도 특히 언어와 호흡이 완전히 우리의 것으로 바뀌도록 번역하는 능력을 신장하는 것이 시급하다.

또 한가지 언급하고 싶은 것은 그 동안 번역에 관한 책들이 많이 나왔지만, 국어학적인 측면, 특히 텍스트 언어학 이론을 포함한 언어학적 이론의 바탕에서 쓰여진 책은 거의 없었다.

이 책은 주로 셋째 넷째의 문제 해결에 초점을 두면서도 언어학적 이론을 바탕으로 체계 있게 번역 이론서를 만들고자하는 목적으로 쓰여진 것이다. 이를테면 외국어를 전공한 많은 사람들에게 취약한, 우리말에 대한 소양을 높이는 문제에 주안점을 두고 있다. 이 책은 특히 문학의 번역에 있어서는 상당한 수준으로 등가성을 유지하고 있다 해도 결국은 개념의 등가성만 가지고는 안되며, 구체적 언어의 연결이 우리말다워야 한다는 신념에서 특히 그 점을 강조하고 있다. 또한 언어이론의 측면에서 정확한 틀을 잡으려고 노력하였다. 따라서 외국어에 능숙한 사람일 지라도 우리말에 대하여 소양이 부족하다고 느끼는 사람에게 이 책이 특히 필요할 것으로 생각된다.

이 책은 본인과 함께 국어학을 전공한 허재영 박사, 김진호 박사, 한성일 박사, 그리고 현대문학에서 소설을 전공한 박현선 박사, 시를 전공한 김규진 선생 등이 공동 집필하였다. 그동안 여러 차례의 세미나를 갖고 의견 교환하는 과정을 거쳤으며 내용은 물론 용어 하나까지도 통일성을 기하였다. 그럼에도 불구하고 부족하거나 미흡한 점이 많이 있을 것으로 생각된다. 그 모든 것은 오직 본인의 책임임을 밝혀둔다.

이 책이 전문 번역가는 물론 번역에 관심을 갖고 공부하고자 하는 모든 사람들에게 실질적으로 기여할 수 있기를 간절히 바라며, 이 책이 나오기까지 도움을 주신 전혜자 교수를 비롯한 경원대 국어국문학과의 여섯 분의 교수님들과 이 책을 출판해 주신 亦樂출판사 이대현 사장님께 심심한 감사를 드린다.

2002. 8.

이 석 규

차 례　　　　　　우리말답게

■ 머리말 … 5

I. 번역의 이해

1. 번역의 정의 … 14
   - 1.1. 번역의 개념 … 14
   - 1.2. 번역의 가능·불가능설 … 16
   - 1.3. 번역의 구성 요소 … 19
   - 1.4. 번역자의 역할 … 21
2. 번역의 목적 및 과정 … 22
   - 2.1. 번역의 목적 … 22
   - 2.2. 번역의 과정 … 24
3. 번역 원칙과 등가성 … 30
   - 3.1. 번역의 원칙 … 30
   - 3.2. 등가성 … 36
4. 도착어로서의 한국어 특징 … 39
   - 4.1. 한국어의 형태구조 … 39
   - 4.2. 한국어의 문법 구조 … 42
   - 4.3. 한국어의 어문 규정 … 46
5. 번역학과 번역 교육 … 52
   - 5.1. 국어학과 번역학 … 52
   - 5.2. 번역 교육과 국어교육 … 55

번역하기   차 례

II
번역과 텍스트 이론

1. 번역 이론과 텍스트 해석 … 61
　　1.1. 텍스트 언어학 … 61
　　1.2. 텍스트 해석 … 63
　　1.3. 텍스트성 … 67
2. 응결성과 응집성 … 68
　　2.1. 응결성(cohesion) … 68
　　2.2. 응집성(coherence) … 70
　　2.3. 직역과 의역 … 78
　　2.4. 응집성의 결여 … 85
　　2.5. 문맥 … 88
3. 의도성과 용인성 … 91
　　3.1. 의도성(intentionality) … 91
　　3.2. 용인성(acceptability) … 99
4. 정보성(informative) … 102
　　4.1. 정보성의 개념 … 102
　　4.2. 세 단계의 정보성 … 104
5. 상황성과 텍스트 상호성 … 109
　　5.1. 상황성(situationality) … 109
　　5.2. 텍스트 상호성(intertextuality) …116
6. 문화적 요인 … 129
　　6.1. 문화적 여건 … 129
　　6.2. 문화적 차이에 따른 호칭 … 132
　　6.3. 문화적 전통과 비유 … 135

차 례　　　　　　　　우리말답게

번역 의 층위

1. 어휘 및 문법 요소 … 145
   1.1. 어휘 요소 … 145
   1.2. 문법 요소 … 148
   1.3. 문법 범주 … 166
2. 통사 구조 … 184
   2.1. 통사 분석 … 184
   2.2. 문장의 종류 … 191
   2.3. 문장의 길이 … 196
3. 의미 구조 … 201
   3.1. 어휘 의미론적 접근 … 201
   3.2. 문장 의미론적 접근 … 210
   3.3. 담화 의미론과 사회학적 의미론 … 214
4. 문체(文體, style) … 220
   4.1. 문체의 정의와 유형 … 220
   4.2. 유형적 문체 … 223
   4.3. 개성적 문체 … 232

번역하기　　　　　　　　　　　　　　　차 례

IV
번역의 실제

1. 실용적인 글의 번역 … 237
   1.1. 보도문(Reports) … 239
   1.2. 시사 잡지 … 244
   1.3. 무역 서한 … 250
2. 문예적인 글의 번역 … 256
   2.1. 소설 … 256
   2.2 에세이(Essay) … 271
   2.3. 영화 번역 … 275
3. 학술적인 글 번역 … 292
   3.1. 학술적인 글 번역의 의미 … 292
   3.2. 학술적인 글 번역 연습 … 296

■ 찾아보기 … 315

I

번역의 이해

1. 번역의 정의
2. 번역의 목적 및 과정
3. 번역 원칙과 등가성
4. 도착어로서의 한국어 특징
5. 번역학과 번역 교육

I 번역의 이해

오늘날 우리는 정보의 홍수 시대에 살고 있다. 방송, 신문, 잡지 등을 통해 수많은 정보를 얻기도 하고 정보를 전달하기도 한다. 이러한 추세는 앞으로 더욱 더 가속화될 것이다. 그리고 인간의 생활권이 확장되면서 정보의 생산과 소비는 나라와 나라의 벽을 허물게 되었다.

세계화의 과정 속에서 우리가 직면한 문제는 다른 언어권의 정보를 획득하는 방법이다. 가능하다면 개개인이 자국어뿐만 아니라 기타 외국어에 대한 해박한 지식을 지니는 것이 가장 좋은 방법일 것이나 현실은 그렇지 못하다. 또한 세계의 모든 언어에 대한 지식을 획득한다는 가정도 불가능하다. 따라서 이 경우 두 언어에 대한 식견을 지닌 사람에 의해 풀이한 정보를 얻는 것이 그 차선책의 하나일 것이다. 이러한 방법에 의한 정보의 획득은 앞으로 세계가 하나가 되고 점점 복잡해지는 사회 구조 속에서 더욱 필요한 일이다. 다음은 번역에 대한 두 신문기사의 내용을 보기로 하자.

"…(중략) … 붉은 악마라는 명칭은 1983년 멕시코 세계청소년축구대회에서 한국팀이 4강에 올랐을 때 당시 외국 언론들이 우리 대표팀을 붉은 악령(Red Furies)으로 호칭했고, 이를 번역하는 과정에서 붉은 악마로 표기했으며 이를 다시 'Red Devils'의 영어로 표현한 데서 유래하고 있다.…(후략)…" (중앙일보 2002. 5. 27.)

"서구학계에선 지난 20년 간 번역에 대한 관심이 폭발적으로 증가했어요. 다른 언어권에 속한 문화들 사이의 상호 교류가 급격하게 늘어가고 있기 때문이죠. 번역은 이제 현대문화의 근본적인 요소로 자리잡았습니다." (중앙일보 2002. 5. 14.)

첫 번째 기사는 "〔월드컵 이야기〕 '붉은 악마' 성공 비결은"이라는 칼럼의 내용이고, 후자는 "〔움베르토 에코와의 대화〕 문명간 교배시대 열쇠는 '톨레랑스'"라는 인터뷰 내용으로, 번역의 중요성을 강조하고 있다.

번역의 정의

1.1. 번역의 개념

번역과 번역하기 번역을 '개미와 설탕의 산'에 비유하기도 한다. 즉 처음에는 쳐다보아야 할 정도로 높아 보이던 그 산을 헐어 새로운 우리말의 산을 만들어 가는 것이라는 의미이다. 일반적으로 '번역은 제2의 창조다'라는 의미와 통하는 것이다. 번역에 대한 정의를 내리기에 앞서 여러 사람들에 의해 주장된 번역의 개념을 김효중(1998:17-19)을 중심으로 살펴보기로 하자.

(1) 번역의 다양한 정의

a. 모든 번역은 일종의 화해인데, 그것은 축자적이고 관습적이게 하는 노력이다.(B. Jowett).
b. 진정한 번역은 영혼의 재생이다.(Wilamowitz).
c. 그리스 작품을 번역으로 읽는 것은 무용하다. 번역은 불확실한 등가를 제공할 뿐이다.(V. Woolf).
d. 모든 번역은 내게 있어서는 해결할 수 없는 문제를 해결하려는 하나의 시도이다.(W. von Humboldt).
e. 우선은 의미 면에서, 다음으로는 문체에 대응하여 원문에 가장 가까우면서도 자연스럽게 동등하도록 재현하는 것이 번역이다.(Nida).
f. 번역은 진실의 언어에 호소함으로써만이 언어의 화해를 가능하도록 해주는 왕국을 약속하며 이 약속은 두 언어를 가깝게 해주고 짝지워 주고 결혼시켜 준다.(Johnson).
g. 번역이 자식이라면 원문은 부모이다. 원어와 역어 사이에 시간적, 문화적 차이가 나는 것은 부모와 자식의 세대 차이와 비슷하다.(Waldrop).
h. 번역이란 첫째로는 의미상으로, 둘째로는 문체상으로 원어 메시지를 역어로 가장 가깝게 자연스러운 등가로 재생산해내는 것이다.(Nida & Taber).
I. 한 언어로 된 텍스트를 다른 언어로 된 동등한 텍스트로 대치하는 것이 번역이다.(catford).
j. 번역이란 출발 언어의 메시지를 대상 언어의 기호 단위로써가 아니라 그 메시지 자체와 대치시키는 것이다.(Jakobson).

이상과 같이 번역의 정의에 대해 여러 가지 주장들이 있어 왔지만, "번역이란 이런 것이다"라고 잘라 말하기란 쉽지 않다.

번역(translation)의 어원은 '저편으로 인도하다, 한 점에서 다른 점으로 옮기다'라는 뜻을 갖고 있다. 이와 유사한 개념으로 '해석(interpretation)'을 사용하기도 하는데, 사실 이는 번역의 개념보다 좀 더 넓은 의미로 쓰인다. 그리고 '서로 다른 언어로 바꾼다'는 이유로 인해 번역과 통역을 동일한 범주에서 다루는 경향도 있다. '통번역', '통번역대학원' 등이 그렇다. 물론 번역과 통역은 출발 언어로 구성된 텍스트를 옮겨야할 대상 언어로 표현한다는 공통점을 지닌다. 그러나 전자가 문자 텍스트의 재현에 관여하며 반복적이고 통제·수정이 가능하다면, 후자는 음성 텍스트의 재현에 관여하며 일회적, 제한적인 통제만 가능하고 수정이 불가하다는 차이점이 있다.

번역은 "어느 언어로 표현된 텍스트를 의미가 동일한 다른 문자 언어로 옮기는 작업"이다. 이에는 두 가지 방향의 번역이 있을 수 있다. 하나는 "한국어가 아닌 다른 언어의 텍스트를 한국어로 옮기는 작업"과 그 반대의 경우 즉 "한국어로 표현된 텍스트를 한국어가 아닌 그 외의 언어로 옮기는 작업"을 포함한다. 번역에 대한 이런 정의에는 1)번역이란 원작의 사상을 완벽하게 기술할 수 있어야 한다는 점, 2)문체와 글쓰기 방식이 원문의 것과 같은 특성을 가져야 한다는 점, 3)번역이란 원문이 가진 평이함을 유지해야 한다는 점 등의 속성이 내재되어 있다.

1.2. 번역의 가능·불가능설

출발 언어의 텍스트를 도착 언어의 텍스트로 옮기는 작업이 과연 가능한 일인가 아니면 불가능한 일인가 하는 문제는 번역학뿐만 아니라 언어학과 철학에서도 끊임없이 제기된 문제이다. 여기서는 가능하다는 주장과 불가능하다는 주장으로 대별하여 살피기로 한다.

번역의 가능성 이는 모든 번역은 가능하다는 주장이다. 번역의 불가능성이 언어의 상대성에 근거함에 비해 가능성은 이에 대한 반박 내용을 논거로 삼고 있다. 이러한 주장은 20세기 변형 생성 문법의 도입으로 한층 더 그 입지가 강화된다. 즉 세계의 모든 언어는 표면적인 차이에도 불구하고 보편 언어·일반 문법·심층 구조 등을 바탕으로, 그들의 사고 방식을 반영하는 심층 구조는 동일하다고 본다. 이들 관계는 다음 그림과 같이 나타난다.

(2) 번역가능성의 관계 설정

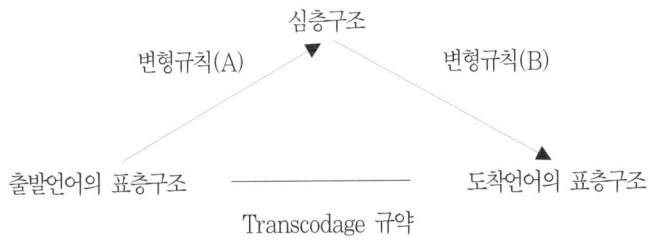

위의 그림에서와 같이, 번역의 가능성 이론은 언어에 대한 보편적 지식과 각 언어의 주변적 요소를 인지하는 번역자의 자질에 의해 모든 번역이 이루어질 수 있다는 이론이다. 이와 동일한 입장으로 뉴마크(Newmak, 1988)도 번역은 '정적'이 아닌 '동적'인 과정으로 인식되어야 하고, 출발어에 대한 도착어의 상응하는 표현이 없을 경우에도 전이와 설명을 통해 간접적으로 번역할 수 있다고 보았다. 사회 기호학(sociosemiotics)적 관점도 뉴마크(Newmak, 1988)와 동일하다. 이에 따르면 언어는 의사 소통을 위한 기표 체계이고 번역은 이러한 언어를 매개로 하여 문화적 경계까지도 뛰어 넘는 의사 소통으로 본다.

번역의 불가능성 번역의 가능성과는 달리 어떠한 번역이든 있을 수도 없고 있어서도 안 된다는 번역 불가능성이 제기되는 경우도 있다. 이러한 대표적인 이론으로 손꼽을 수 있는 것이 사피어-울프

(Sapir-Whorf) 가설이다. 이 가설에서는 문화 결정의 요소를 언어로 보고, 개별 언어마다 독특한 정신 세계 내지 인지 체계가 있어 인간이 보는 세계는 객관적으로 인지되지 않고 그들의 사용 언어에 따라 주관적으로 인식된다고 본다. 즉 언어 구조의 차이가 사람들의 사고의 차이를 드러내는 것이다. 이러한 가설을 믿는 입장에서 한 언어 표현을 다른 언어로 옮긴다는 것은 자연히 똑같은 개념으로 받아들여지지 않기 때문에 이들은 서로 다른 두 개의 개념에 불과하다고 주장한다. 따라서 번역은 불가능하며, 번역을 한다는 것은 단지 명백하게 풀리지 않는 문제에 대한 해결책을 찾아가는 시도에 불과한 것이라고 본다.

한편, 캣포드(Catford, 1965)에서는 번역을 '원어 텍스트와 역어 텍스트가 동일한 상황에서 상호 교환적이어야 한다'고 주장하면서, 번역의 불가능성을 두 가지 측면에서 다루고 있다. 첫째는 언어적 번역 불가능성(linguistic untranslatability)으로 원어의 어휘적, 문법적 대체형이 역어에 존재하지 않는 경우에 해당한다. 둘째는 문화적 번역 불가능성(cultural untranslatability)으로 원어 텍스트에서 나타나는 상황자질이 역어 문화권에서 찾아볼 수 없는 경우에 해당한다.

번역의 성격 번역 가능성과 불가능성에 대한 논의는 결과적으로 번역의 성격을 어떻게 규정할 수 있느냐를 결정한다. 이와 관련된 문제는 '등가성'을 어떻게 살릴 것이냐로 귀결되겠지만, 두 언어 사이의 완전한 등가성을 구현하기는 어렵다. 그렇지만 개인 대 개인의 언어에서도 완벽한 의미의 공유가 이루어지기 어렵다고 하여 의사소통이 불가능하다고 하지는 않듯이, 언어 대 언어 사이의 완전한 등가성의 구현이 어렵기 때문에 번역 자체가 무용하다는 이론은 있을 수 없다. 이 점에서 우리는 '번역은 반역'이라는 번역자들의 냉소적인 표현은 결코 번역 행위 자체를 부정하는 것이 아니라는 점을 명백히 하면서 논의를 펼쳐 나가고자 한다.

번역의 성격은 두 언어 사이의 정보 유통 과정이면서 동시에 번역 대상이 되는 출발 언어와 번역 결과물인 도착 언어 사이의 창조적인 교류가 될 수 있음을 주목할 수 있다.

1.3. 번역의 구성 요소

최정화(1989:57)에 의하면 듀리에는 번역을 단순하게 정보를 이전시키는 행위가 아니라 정보를 처리하는 행위라 하였다. 아래의 도표와 같다.

(3) 번역의 정보 처리 과정

| 출발어 텍스트 | + | 출발어 언어지식 | + | 주제 지식 | + | 종합 | → | 정보 이해 |

| 이해된 정보 | + | 도착어 언어표현능력 | + | 수신된 인식 | + | 수행해야할 임무 인식 | → | 도착어 텍스트 |

따라서 이상적인 번역이란 출발어 텍스트에 대한 완벽한 이해와 자유로운 도착어 구사 능력을 갖춘 번역 주체에 의해 이루어지는 번역이다. 이러한 번역의 정의 속에는 다음과 같은 구성 요소들이 있다.

언어적 요소 번역 주체에 의해 번역되는 대상은 언어로 이루어져 있고, 그것을 다른 언어로 옮길 때에도 언어적 요소를 수반함에 틀림없다. 이런 점에서 번역에서 언어에 대한 중요성은 재차 강조해도 지나치지 않다. 흔히 도식적으로 "LD(출발어) → LA(도착어)"로 표현하는 수단 내지 도구적 측면의 요소이다. 그리고 이 때의 언어적 지식이란 랑그 차원의 지식을 의미한다.

텍스트적 요소　번역에 있어 텍스트의 의미 또한 양자적인 성격을 지닌다. 즉 출발어로서의 텍스트와 도착어로서의 텍스트가 그것이다. 이 경우, 출발어 텍스트는 번역 주체 이해 과정의 요소이고, 도착어 텍스트는 번역 주체의 표현 과정의 산물이다.

번역 주체적 요소　번역은 어느 누군가에 의해 이루어지는 의사소통 작업으로, 명확하고 정확한 번역은 번역 주체의 역량에 의해 그 성패가 좌우된다고 보아도 별 무리가 없을 것 같다. 물론 번역 작업이 쉬운 것은 분명 아니다. 어느 학자는 완벽한 번역은 있을 수도 없다고까지 한다. 그러나 분명 번역 주체에 따라 우리의 이해 과정이 쉬울 수도 있고 어렵게 느껴질 수도 있다. 단순히 두 언어를 잘 구사하는 것만이 번역의 능사는 아니다.

비언어적 요소　앞에서 두 언어의 단순한 지식만으로는 좋은 번역이 될 수 없다고 하였다. 여기에 한 가지 첨가되어야 할 사항은 양 언어 문화권에 대한 배경 지식이 필요하다는 점이다. 즉 텍스트에 대한 주제 지식을 포함한 여러 가지의 지식은 분명 번역서를 대하는 독자들의 이해에 많은 도움을 준다.

1.4. 번역자의 역할

번역가와 번역자 번역가는 전문적으로 번역을 하는 사람을 뜻하고, 번역자는 일반적으로 번역 행위를 하는 사람을 말한다. 번역자는 한 언어로 전달된 메시지를 해독하고 그것을 다시 다른 언어로 기호화하는 사람으로, 세 가지 지식을 겸비하고 있어야 한다. 즉 의미적 지식(명제가 어떻게 구조화되는가), 통사적 지식(절은 어떻게 통합되어 명제적 의미 내용을 전달하고 또 포함된 의미를 이끌어내도록 분석되는가), 화용적 지식(절은 어떻게 정보를 가진 텍스트로 구현되고 또 텍스트는 절로 해체되는가)을 갖추고 있어야 한다. 여기서는 번역의 정의와 목적을 염두에 두고 번역자의 임무 내지 역할을 생각해 보기로 하자.

(4) 번역자의 임무

    a. 번역자는 중재자 역할을 수행한다. 번역자는 원 저자의 출발어 텍스트를, 도착어를 사용하는 많은 독자들에게 알려야 하는 중간자적 위치에 있다.
    b. 번역자는 조정자 역할을 수행한다. 번역자는 출발어와 도착어 사이에 내재하는 각종 사회적 배경 차이에도 불구하고 출발어 텍스트의 의미를 가능한 한 도착어의 동일한 상황으로 재현해야 한다.
    c. 번역자는 완충적 역할을 수행한다. 번역자는 때때로 불완전한 출발어 텍스트를 그대로 옮겨서는 안되고 번역자의 능력을 최대한 발휘해 의미 전달에 문제가 없는 도착어 텍스트로 표현해야 한다.
    d. 번역자는 지식 전수의 역할을 수행한다. 번역자는 양국의 문화적 차이에서 발생하는 개념 차이를 정확히 이해시켜야 하고 충분한 설명이 되도록 노력을 기울여야 한다.

위 네 가지 조건을 갖춘 번역자가 번역한 결과물은 훌륭한 번역이라고 할 수 있다. 이는 번역자가 번역 대상물을 제대로 이해하고, 그것을 제대로 옮겨야 올바른 정보 유통과 문화 교류가 가능함을 의미하는데, 달리 말하면 번역자 역시 단순히 중개자 역할에만 머무르는 것이 아니라 새로운 문화를 창조하는 역할을 하고 있음을 의미한다. 그렇기에 타이틀러(Tytler, 1971)에서 '훌륭한 번역이란 원문이 가지고 있는 장점이 번역되는 언어 속으로 완전히 주입되고 스며들어, 번역된 언어의 원어민 화자가 마치 원문 언어 사용자가 느끼듯이 그렇게 분명하게 이해하고 강력하게 느낄 수 있어야 한다'고 한 표현은 가치 있는 지적이다. 이는 우리 선조들이 '맹자 천독이면 툭탁하고 모든 말뜻이 튀어 나온다'고 했던 표현과도 같은 맥락에서 이해할 수 있다. '문리(文理)가 트인다'는 말은 번역자가 유념해야 할 중요한 자세이다. 왜냐 하면 두 언어 사이의 단순한 중재자 역할을 뛰어 넘으려면 출발어와 도착어에 대한 문리가 트여 있지 않으면 안 되기 때문이다. 따라서 번역자는 출발어에 대한 이해 못지않게 '우리말답게' 번역할 수 있는 능력을 갖추지 않으면 안 된다.

2. 번역의 목적 및 과정

2.1. 번역의 목적

의사 소통과 번역 번역은 의사 전달, 즉 커뮤니케이션의 한 행위이다. 인간이 하는 어떠한 커뮤니케이션을 막론하고 목적이 없는 행위는 없다. 친구들과 행하는 단순한 의사 전달 속에도 정서적 또는 정감적 측면의 기능이 존재한다. 따라서 번역에도 일정한 목적을 달성하기 위한 노력이 반드시 필요하다.

번역에서의 목적은 우선 두 가지 방향에서 생각할 수 있다. 첫째는 원 저자가 그가 생각하는 독자들에게 전달하고자 하는 메시지를 표현하는 것이다. 둘째는 번역자는 원 저자가 표현한 메시지를 대상으로 의미 구조를 추출하여 상황이 다른 맥락에서 표현하는(재현하는) 것이다. 이 중 번역의 목적은 궁극적으로 후자와 관련이 깊다. 이에 따르는 기술 번역은 아래처럼 세 가지 기본 목적을 지니고 있다.

(5) 번역의 기본 목적

   a. 명확성 : 이는 번역자가 제공하는 도착어 텍스트가 읽기 쉽도록 명확하게 쓰여져야 한다는 것이다. 즉 독자가 용어집, 백과 사전 및 기타 서적의 도움 없이도 번역본을 이용할 수 있도록 한다. 독자는 그에게 주어진 텍스트를 즉각적으로 이해할 수 있어야 한다.
   b. 효율성 : 이는 번역자가 제공한 텍스트가 효율적이어야 한다. 출발어 텍스트에 있는 모든 정보가 도착어 텍스트에 포함되어 있어야 한다.
   c. 기능성 : 텍스트를 이용할 사람이 그에게 주어진 정보를 신뢰할 수 있어야 한다.

이상과 같은 번역의 목적을 달성하기 위해서 무엇보다 필요한 것이 번역 주체의 능력이다. 이에 따라 좋은 번역과 좋지 않은 번역이 결정되는 경우가 많다.

모리스 페르니에(Maurice Pergnier, 김현권·노윤채 옮김, 2001: 14-15)에서는 번역의 기능에 대해 다음과 같이 세 가지로 설명하고 있다. 1) 텍스트(구어/문어)를 언어장벽 때문에 직접 접근할 수 없는 사람에게 접근이 가능하도록 하기 위해 번역한다. 바로 이것이 진정한 의미의 번역이며, 중개자가 발신자와 수신자(들) 사이에 개입하는 번역이다. 2) 자기 모국어가 아닌 언어로 발화된 메시지를 이해하기 위해 번역한다. 이는 일반적으로 정신 작용이며, 이러한 유형의 번역은 메시지의 수신자와 중개자가 한 개인 내에서 뒤섞여 있다. 이런 유형의 번역은 자기 모국어 이외의 다른 언어를 이용하는 심층적인 지식을 가지지 못한 개인들 사이에 이루어지는 의사소통에서 생각보다는 훨씬 중요한 역할을 한다. 3) 마지막으로 언어를 배우기 위해 번역한다. 번역 행위의 상당 부분이 기초 학습이든 (예컨대 고등 교육에서) 고급 과정의 완성도를 높이기 위한 것이든 외국어의 학습에 있다.

2.2. 번역의 과정

번역 과정 번역의 정의로부터 우리는 번역의 일반적 과정을 '해석과 표현 과정'으로 분류할 수 있는데, 이를 좀 더 알기 쉽게 도식화하면 다음과 같다.

(6) 번역 과정

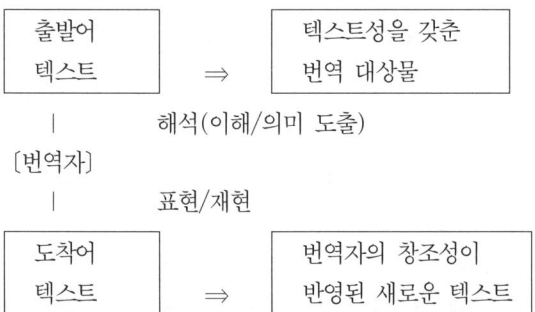

이와 같은 번역 과정에서 유의할 점은 번역자가 출발어 텍스트를 도착어 텍스트로 옮기는 과정이 단순한 도식으로 표현될 수 없다는 점이다. 이에 대해 벨(Roser T. Bell, 박경자·장영준 옮김, 2000:30)에서는 '번역 결과, 즉 번역물에 대한 평가가 지나치게 강조되는 사실을 고려할 때, 번역 과정에 대한 체계적인 연구를 통한 균형잡기가 필요하다'는 사실을 강조하면서, 번역 과정의 의미를 다음과 같이 설명하고 있다.

(7) 번역 과정의 의미

ㄱ. 번역 이론의 일부는 원문 텍스트에서 정신적 표상으로 이동하는 과정과 그 지적 표상이 원문 텍스트와 어떻게 다른지를 설명하는 것이다.(보그랑데의 이론 재인용)
ㄴ. 번역 이론의 목적은 번역 행위에 수반되는 번역 과정을 이해하기 위한 것이지, 종종 오해가 되는 것처럼 완벽한 번역을 성취하기 위한 일련의 규범을 제공하는 것은 아니다.(바스넷-맥과이어의 주장 재인용)

번역 과정을 (7)과 같이 이해할 때, 우리는 번역에서 의미 있게 살펴야 할 것이 무엇인지 확인할 수 있다. 이는 곧 번역 문제를 접할 때, '이 번역이 저 번역보다 낫다'는 식의 주관적이고 자의적인 판단을 내리거나 훌륭한 번역이란 부과된 일련의 규칙을 충실히 따르는 것이라는 식의 태도보다는 원문 텍스트가 목표 텍스트로 바뀌는 동안 번역자가 경험하게 되는 단계와 순서를 객관적으로 이해하고, 번역자 스스로 좀더 창의성을 발휘하여 도착어인 '우리말답게' 옮길 수 있도록 노력하는 것이 중요하다는 의미이다.

이와 같은 입장에서 우리는 번역 과정에 대한 객관적이고 기술적인 태도를 지닐 필요가 있다. 이 점에서 번역이 밟는 과정을 좀더 기술적으로 설명한 바스티의 견해를 눈여겨 볼 필요가 있다.(르드레르, 전성기 옮김, 2001:34-35에서 재인용-).

　먼저, '젖어들기'이다. 즉, '텍스트를 어떻게 번역할까'를 의식적으로 생각지 않고, '자기 것'으로 만들기 위해 반복적으로 읽는 과정이다. 이 과정에서 텍스트는 -그 색조와 더불어-기억의 어딘가에 저장되며, 역자는 다른 글이나 말들을 참고하여, 이런저런 부분을 유용하게 옮길 수 있는 표현 방식이나 수단들을 찾아낸다.

　다음은 '텍스트 읽기'이다. 이는 번역에서 제기될지 모르는 갖가지 문제들은 생각하면서 텍스트를 읽는 것이다. 이들을 죽 적어보는 것이 문제들을 명확히 하는 데에 도움이 될 것이다. 그리고 얼마간 시간을 기다리면 다소간 무의식적 재현 과정에 의해 부분적으로 답들을 얻게 될 것이다.

　그 다음은 텍스트의 모든 면들을 균질적인 하나로 머리 속에서 융합하여 이해의 정확성과 깊이를 더하기 위해 빠르게 다시 읽는 것으로, 본격적 번역에 선행한다.

　이러한 번역은 진정 새로운 창조이다. 텍스트를 향한 시선은 희미한 길잡이에 지나지 않는다. 번역은 단번에 이루어진다. 일종의 '영감'의 물결이 이는 것이다. 그리고 번역을 얼마간 그대로 놓아두었다 다시 한 번 읽는다. 이는 원텍스트의 형태를 최대한 잊어버리고, 번역을 그 자체로 하나의 원텍스트로서 대하기 위해서이다. 이 과정에서 번역자는 어색한 곳이나 애매한 곳들을 잘 손질한 후, 원본과 다시 대조해 보면 혹 빠진 것이 있는지 알 수 있게 된다.

　마지막으로, 역어가 모국어이고 원어를 전혀 모르는 사람에게 한 번 읽히면, 번역의 '명료성'과 '자연스러움'의 텍스트가 가능할 것이다.

　이와 같은 관점에서 '해석 과정'은 좀더 세분화될 수 있다. 일반적으로 출발어 텍스트에 대한 철저한 이해 과정을 거쳐서 의미를 도출하지 않으면 번역 작업을 행하기 어렵다. 그렇기 때문에 해석은 다시 '이해 과정'과 '의미 도출 과정'으로 나누어 접근할 필요가 있다. 이 과정을 거친 번역자는 도착어 텍스트로 표현하게 된다. 이 때의 표현은 등가성이 반영된 '재현'의 의미를 지닌다. 이 과정을 좀더 구체적으로 살펴보기로 하자.

이해 과정   텍스트에 대한 이해 과정에서 필요한 요소는 언어 능력과 함께 백과 사전식 지식이다. 르드레르(M. Lederer, 1994:212)에서는 텍스트의 이해 과정을 다음과 같이 설명하고 있다.

(8) 이해 과정

한 언어를 이해한다는 것은 언표 속에서 규칙과 단어를 가려내는 것이다. 이를 통해서는 잠재적 의미밖에 도출되지 않는다. 반대로 텍스트 혹은 담화를 이해하는 것은 언어적 차원의 뜻과 보완적 인지 요소의 결합을 통해 소리, 혹은 활자의 연속으로부터 의미를 도출해내는 과정이다.

번역 대상의 이해에서 번역자의 언어 지식은 텍스트의 이해와 재현에 필수적인 것으로, 번역의 구성요소에서 출발어와 도착어에 대한 지식이라 밝혔다. 한편, 번역자는 언어 지식만을 적용해 텍스트를 번역하는 것은 아니다. 즉 끊임없이 다른 지식들이 활성화되어 번역자의 머리 속에서 명시적 의미와 묵시적 의미의 집합체를 이루게 된다. 이런 과정에서 보완적 인지 요소의 중요성이 강조된다.

의미 도출 과정   텍스트의 언어에 대한 이해 과정은 의미 도출 과정으로 이어진다. 논리적으로 텍스트 언어들의 이해를 거쳐 의미의 추리로 이어지는 순차적인 것으로 생각할 수 있다. 그러나 이들은 저자의 머리 속에서 그리고 번역자의 머리 속에서 한 덩어리를 이룬다. 즉 우리는 즉각적으로 의미를 포착하고 있다. 이 의미 도출 과정에서 가장 핵심적인 개념은 '의미 단위'(unit of meaning)이다. 최정화(1998:108)에서는 '의미'에 대해 다음과 같이 설명하고 있다.

(9) 의미의 개념

우리말에서 '뜻'과 '의미'는 동의어로 쓰인다. 그런데 나는 해석학적 이론의 관점에서 편의상 '뜻'과 '의미'를 구분하여 사용하였다. 여기서 '뜻'은 문맥과 상황이 배제된 상태의 언어적 차원의 '잠재적 뜻'을 의미하는 것이다. 반면, '의미'는 텍스트의 저자가 말하고자 하는 바를 뜻하는 '문맥 속의 의미', '텍스트 차원의 의미', '변별적인 뜻으로 구성된 의미'로 구분하여 사용하였다.

결국 의미는 언어 차원에 존재하는 것이 아닌 텍스트 차원에 존재한다. 이러한 의미 단위들이 수없이 교차하고 어우러지는 가운데 의미를 재구성하게 된다. 다음의 문장을 보자.

(10) 의미의 재구성

"일본은 오늘날 아시아·태평양 지역의 발전항로에서 용들과 호랑이들을 이끌고 있으며, 이 지역에서 앞으로 세계 무역의 절반이 이루어지게 될 것이다."

한국어에 능통한 모국어 화자나 또는 외국인들이 위의 문장에 나오는 단어들을 다 이해한다고 하자. 그렇다고 이 문장의 의미를 정확히 안다고 말할 수는 없다. 왜냐하면 '용'과 '호랑이'가 무엇을 의미하며, '일본이 이들을 이끈다'는 의미가 무엇인지 알 수 없기 때문이다. 물론 모국어 화자보다 외국인들이 의미를 끌어내는 것이 더욱 힘들 것이다. 또 이에 대한 배경 지식이 없는 모국어 화자도 의미 도출이 쉽지 않을 것임이 분명하다.

표현 과정 번역자는 텍스트의 이해와 의미 도출 과정을 거쳐 다른 사람들에게 그것을 이해시키기 위한 마지막 작업으로 도착어로 표현한다. 이를 '재언어화'라고 한다. 이 단계에서 번역자는 글쓰기의 주체가 되어, 도착어가 지닌 아름다움과 독특한 언어적 특성을 발휘해서 글쓰기를 해야 한다. 왜냐 하면 같은 문장이라도 번역자의 단어 선택의 여부에 따라서 그 의미가 달라질 수 있기 때문이다. 다음의 예를 보자.

(11) a. X 기능을 작동시키려면 A 버튼을 누른 후 B 버튼을 누르시오.
   b. X 기능을 작동시키려면 A 버튼을 누른 후 B 버튼을 누르기만 하면 된다.
   c. X 기능을 작동시키려면 A 버튼뿐만 아니라 B 버튼도 눌러야 한다.

(11a)의 표현이 중립적인 관점에서의 표현이라면 (11b)는 긍정적인 제품 선전문구와 같은 표현이다. 그리고 (11c)는 부정적이고 비판적인 표현을 취하였다.

표현 과정에 있어 번역자의 중요한 한 가지 임무는 자신의 번역 문장에 대한 확인 과정이다. 이를 '정당성 분석'이라 한다. 번역자 자신이 일반 독자의 입장으로 돌아가 원텍스트의 의미를 제대로 표현했는지, 단어 선택은 적절한지, 저자의 본래 의도를 왜곡하지는 않았는지 등을 돌아보아야 한다. 결국 성공한 번역에는 이러한 흔적들이 남게 된다.

번역 원칙과 등가성

3.1. 번역의 원칙

좋은 번역과 번역의 기준 좋은 번역과 나쁜 번역을 판단하는 기준은 무엇일까? 이 질문에 답하기에 앞서 먼저 잘못된 번역이 발생하는 원인을 살펴보자.

잘못된 번역의 원인은 대략 네 가지 유형으로 나누어 볼 수 있다. 첫째는 영어 원문 파악의 오류이고, 둘째는 영어와 국어 구조의 차이에 대한 이해의 부족이고, 셋째는 국어 자체의 잘못된 사용이다. 그리고 넷째는 문화적 차이를 이해하지 못한 데서 오는 잘못이다. 이들 네 가지 원인은 명확한 한계를 갖는다기보다 어느 정도 서로 맞물려서 작용한다고 보는 것이 옳다. 그런데 중요한 것은 첫째 오류는 출발어에 대한 번역자의 지식적인 부족에서 기인한 것이지만 둘째와 셋째 원인은 도착어 즉 한국어에 대한 능력과 이해 부족이라는 점이다. 이는 번역이 단순히 외국어 능력만으로 이루어지는 것이 아니라 우리말 능력이 매우 중요함을 의미한다.

번역자는 표현 과정에서 출발어와 도착어의 차이로 인해 생기는 언어적 제약을 벗어나 도착어의 모든 묘미와 가능성을 제대로 살려야 한다. 이를 위해 출발어 고유의 문법적 특성이나 단어 배열의 질서는 도착어로 의미를 표현하는 과정에서 도착어의 틀로 녹여야 한다. 이를 위해서는 다양한 번역의 기준이 필요하다. 르드레르(M. Leaderer, 1994)는 쾰러(W. Koller, 1992)의 저서를 인용하면서 다음의 5가지 기준을 제시하였다.

(12) 번역의 기준

a) 번역은 원문이 비언어적 현실에 대해 주고 있는 정보를 전달해야 한다.
b) 번역은 (원문의) 문체를 살려야 한다.
c) 번역은 원문의 장르를 고려해 이루어져야 한다.
d) 번역은 독자가 이해할 수 있도록 독자의 지식에 맞춰져야 한다.
e) 마지막으로 번역문의 표현을 통해 원문이 주는 언어미학적 효과와 동일한 효과가 나야 한다.

벨록(Hilaire Belloc, 1931)에서도 다음과 같은 산문 번역의 6가지 원칙을 제시하고 있다.

첫째, 번역자는 낱말을 낱말로 문장을 문장으로 바꾸려 애쓸 것이 아니라 항상 자기 작품의 윤곽을 그리고 있어야 한다. 번역할 작품을 하나의 총체적인 개체로 인식하여 각 부분 부분을 매번 번역하면서 전달할 전체적인 의미가 무엇인가라는 자문을 해 보아야 한다.

둘째, 원작의 관용구를 그에 알맞은 관용구로 바꾸어야 한다.

셋째, 한 언어의 어느 구절이 갖는 작자의 의도가 다른 언어의 같은 뜻을 가진 구절로 번역될 때 그 강도가 원문보다 약하거나 아니면 더 세질 수 있음을 마음에 새겨두고 원작자의 의도가 충분히 전해지도록 해야 한다.

넷째, 두 언어체계 사이에서 같은 뜻을 가지는 듯 보이나 실제로는 그렇지 않은 어구들이 있다는 점을 주의해야 한다.

다섯째, 원작의 어느 부분에 관해서는 대담히 바꾸는 것이 바람직하다.

여섯째, 번역자는 원작을 윤색하려 해서는 절대로 안 된다.

최정화(1998:122-123)에서는 번역 행위에서 가장 중요하게 고려되어야 할 것은 '충실성'이라고 하였고, 알비르(A. H. Albir, 1990)에서는 의미에의 충실성을 구성하는 요소를 3가지로 분류하고 있다.

(13) 의미 충실성의 기준

  a) 의미에 충실하기 위해 저자가 말하고자 하는 바를 전달해야 한다. 그리고 저자가 '말하고자 하는 바'를 제대로 추출하기 위해서는 언어적 지식뿐만 아니라 언어 외적 지식이 필수적이다.
  b) 도착어에 충실해야 한다. 출발어와 도착어는 서로 다른 문법 규칙과 표현의 방식을 가지고 있는 언어이다. 그렇게 때문에 번역과정에서 지나치게 출발어를 의식할 경우 '어색하고 부자연스러운' 도착어 표현이 나올 수밖에 없다.
  c) 번역 대상 독자에 대한 충실성이다. 번역의 대상 독자는 우선 서로 다른 언어를 사용하는 사람들일 뿐만 아니라 문화적 배경과 관습이 다르고, 가지고 있는 지식도 다른 사람들이다. 그렇기 때문에 원문을 번역 대상 독자에게 이해시키기 위해서는 이들의 '눈 높이'를 맞추려는 노력이 필요하다.

알비르(A. H. Albir, 1990)는 계속해서 "저자가 말하고자 하는 바, 도착어, 번역의 대상 독자에 대한 충실성이라는 이 세 가지의 관계는 불가분의 관계이다. 우리가 만약 이 요소 중 한 가지에만 충실하고 다른 요소를 무시한다면 의미에 충실하지 않은 것이다."라고 하였다.

조재영(2000)은 번역의 일반 지침으로 다음과 같은 일곱 가지를 제시하였다.

첫째, 동등 효과를 달성하자. 번역 평가의 최종 판정 기준은 도착어로 번역된 글을 읽는 독자가 그 번역문을 읽고 느낀 반응이 출발어의 독자가 출발어 텍스트를 읽고 느낀 반응에 어느 정도로 접근했는가의 여부에 달려 있다.

둘째, 원문의 텍스트를 핵문 단위로 분석하자. 핵문은 의무 변형만을 적용하여 얻은 문장을 말하는데 평서문, 긍정문, 능동문, 완전문, 단문의 요건을 충족시키는 문장이어야 한다. 언어를 매개로 한 텍스트 의미 분석의 기본 단위는 핵문이 되어야 한다. 이를테면 원문 텍스트에서 수동문이 나오면 그 수동문을 그에 상응하는 능동문으로 바꾸어 놓고 의미 해석을 하여야만 더 명료한 의미 해석을 할 수 있다는 것이다.

셋째, 8품사보다 4품사를 선호하자. 실제로 출발어를 도착어로 번역하다 보면 명사, 대명사, 형용사, 동사, 부사, 전치사, 접속사, 감탄사로 단어를 8개의 품사로 분류하는 전통적 품사 체계보다는 나이다(Eugene A. Nida, 1969)가 제시하는 4품사 체계가 실제 번역에서 더 편리하고 더 이치에 닿는다. 나이다는 사물사(object), 사건사(events), 추상사(abstracts), 그리고 연결사(relationals)의 4품사 체계가 번역에서 더 효과적으로 그리고 더 편리하게 사용될 수 있다고 주장한다.

넷째, 형식 대응 번역보다 내용 중시 번역을 상대적으로 우선하자. 번역에서 내용 중심 번역의 효과를 극대화하기 위해서는 번역 대상 텍스트의 기능적 특성을 번역자는 익히 잘 알고 있어야 한다. 가령 심미적 기능의 텍스트를 순수한 지식·정보 전달용으로 번역한다든지 또는 사교적 기능의 텍스트를 지시기능의 텍스트처럼 번역한다면 그런 번역은 의사전달의 동등효과를 내기가 어렵다.

다섯째, 통사역보다 의미역을 우선하자. 번역에서 형태, 즉 통사구조 보다는 의미 구조로 짜여있는 내용을 더 우선시해야 하는 이유는 번역은 출발어의 통사구조 속에 담겨 있는 의미 구조를 축출하여 그 의미를 도착언어의 적합한 통사 구조로 바꾸는 작업이 압도적 비중을 차지하기 때문이다.

여섯째, 올바른 어역(register)을 선택하자. 언어는 그 언어가 사용되는 사회적 상황에 따라 변화된다. 이것을 언어의 이형(異形)이라 하고, 이런 언어의 이형이 존재하는 영역을 어역 또는 언어 사용역이라고 한다. 한 언어는 그것을 사용하는 언어 집단에 따라 다르고, 사용하는 목적에 따라 또한 다르게 나타난다. 지역의 차이와 사람의 계층에 따라 사용되는 언어가 서로 다르다. 그리고 화자와 청자 또는 필자와 독자의 심리적 거리에 따라 각각 사용되는 언어는 동일하지 않다. 이런 어역의 차이에서 오는 언어의 이형을 적절히 반영하지 않으면 번역의 의사 전달역 자체가 급격히 저하되고, 때로는 필자와 독자, 화자와 청자간의 심한 심리적 갈등과 혼란이 발생할 수도 있다. 예컨대, 군인 집단의 언어에는 명령체계의 엄격함이 담겨져 있어 상급자가 하급자에게 내리는 언어 표현은 가급적 짧고, 명료한 명령어로 씀이 특징이다. "우로 봐", "앞으로 가" 등의 구령이 대표적 예이다. 그런데 이런 엄격한 구령이 "우로 보이소, 안보실랍니꺼"로 되든지 "앞으로 가 보이소 예" 등으로 표현되면 언어는 사용역 간의 과도함으로 인하여 이런 어역 파괴 표현이 사용되는 언어 현장은 웃음거리가 될 것이 분명하다.

 일곱째, 생각을 다양하게 바꾸어 쓸 줄 알자. 실제로 우리의 생각은 많은 경우에 다양한 언어 구조로 표현된다. 하나의 주어진 생각이 하나의 주어진 언어 구조로 표현된 다음 그 표현을 구성하고 있는 어휘를 바꾸지 아니하고 같은 의미를 유지하면서 다른 형태로 바꾸어지면 우리는 그것을 변형이라 하고, 구조적 변화와 아울러 원문장의 구성어휘도 바꾸어 가면서 다른 형태로 표현할 때 우리는 그것을 바꾸어 쓰기라 한다. 바꾸어 쓰기는 번역의 재구성 단계에서 제일 많이 쓰인다.

 이상에서 살핀 번역의 기준과 지침들을 종합해 보면 크게 세 가지로 요약할 수 있다.

 첫째, 출발어 텍스트의 분위기나 문체를 가능한 살려야 한다는 것이다. 안정효(1996)는 사람들은 흔히 오역이라는 문제를 따질 때, 어느 한 단어의 뜻이 잘못 전해졌거나 숙어 따위의 어느 구절에 담긴 의미를 잘못 짚어 엉뚱한 번역이 나타나는 사례만 꼬집어 얘기하

곤 하는 문제점을 지적하면서 요즈음의 번역가라면 그런 원시적인 문제에만 머무를 때는 이미 지났다고 주장한다. 그는 아름답거나 힘찬 문장을 조금도 아름답지도 않고 힘차지도 못한 문장으로 옮겨 놓았어도 대충 의미만 전달되면 그만이라는 마음가짐, 그것이 바로 오역의 뿌리이며, 그런 정신 자세에서 나온 작품은 문화를 병들게 하는 독소라고 하였다.

둘째, 출발어와 도착어의 등가성을 확보해야 한다는 것이다. 어떻게 보면 번역에 있어 등가성을 확보하는 것은 불가능할 지도 모른다. 그러나 번역자는 최대한의 등가성을 확보하도록 노력해야 한다.

셋째, 번역자는 도착어의 독자들을 고려해야 한다는 것이다. 출발어의 독자들이 작품을 읽고 느끼는 감동을 도착어의 독자들도 느낄 수 있도록 번역하는 것이 중요하다.

이러한 기준들을 충족시키기 위해서는 출발어에 대한 지식 못지 않게 도착어 즉 한국어 사용 능력이 절실히 요구된다. 사실 우리는 영어를 처음 배울 때부터 번역을 시작해왔다고 할 수 있다. 하지만 학교에서 영어 문장을 해석하는 것과 번역은 명백히 다르다. 영어 문장의 해석은 자기 혼자서 이해하고 넘어가면 그만이지만, 번역은 독자라는 상대를 이해시킬 수 있어야 한다. 우리말로 정확하고 아름답게 표현하지 못하는 '영어실력'은 번역에서는 쓸모가 없다. 결국 독자가 접하는 것은 우리말로 바뀐 텍스트이기 때문이다. 따라서 번역 실력은 '영어 실력'이 아니라 '우리말 실력'에서 차이가 나는 것이라 할 수 있다. 결국 독자가 원문이 의도하는 바를 정확하게 파악하게 하면서도 쉽게 읽어나가도록 인도해주는 번역, 이것이야말로 '좋은 번역'이라 할 수 있다.

3.2. 등가성

대응과 등가 번역 작업에 착수하는 사람들은 '제대로 된 번역을 하려면 원문 텍스트를 그대로 살릴 수 있어야 한다'고 생각한다. 그렇기 때문에 원문 텍스트의 단어나 문장, 심지어는 문장부호까지 도착어에서도 그대로 드러나야 한다고 생각하기 쉽다. 그렇지만 실제 번역 작업에서 이와 같은 일은 쉽지 않을 뿐만 아니라 가능하지도 않다. 왜냐 하면 원문 텍스트와 도착어 텍스트는 일 대 일의 대응 관계를 이룰 수 없기 때문이다. 따라서 번역자는 '등가'가 무엇인가를 알고 있어야 한다.

'등가'(equivalence)란 원문 텍스트의 텍스트성이 훼손되지 않고 도착어 텍스트로 재현되었음을 의미한다. 텍스트성이 훼손되지 않고 재현되었다는 것은 하나하나의 단어나 문장이 그대로 옮겨졌다는 것을 의미하지는 않는다. 만약에 원문 텍스트와 도착어 텍스트가 하나하나의 단어나 문장, 또는 그 이상의 언어 단위에서 일 대 일 관계를 맺고 있다면 그것은 '대응 관계'가 성립됨을 의미한다. 이러한 대응 관계는 번역자의 생각대로 쉽게 이루어지지는 않는다. 그렇기 때문에 번역에서는 '등가'라는 개념이 중요하다.

번역의 궁극의 목표는 다른 언어를 사용하는 독자들에게 원문 텍스트의 내용을 원언어의 독자들이 이해하는 수준과 동일하게 그들의 언어로 표현해야 하는 데 있다. 이것이 가능할 때 완벽한 번역이 되고, 두 텍스트간의 등가의 개념이 성립한다. 그렇지만 현실적으로 등가 개념에 대한 객관적 기준이 없고 등가어의 선정도 번역자마다 다르기에 등가를 한마디로 정의하기란 쉽지 않다. 하트만과 스톡(Hartmann & Stork, 1972:713)에서는 번역을 "특정 언어로 표현된 텍스트 표상을 다른 언어의 등가적인 텍스트 표상으로 대체하는 것"이라 정의하였는데, 이 글에서는 "등가"의 개념을 다음과 같이 밝히고 있다.

(14) 등가의 개념

서로 다른 언어로 된 텍스트는 완벽함에서 부분적 일치에 이르기까지 다양한 정도로, 서로 다른 표상 수준인 문맥, 의미, 문법, 어휘 등의 측면에서, 혹은 서로 다른 통사 단위인 단어, 어구, 문장 등의 단위에서 등가적일 수 있다.

윌스(Wilss, 1977:181)에서는 번역에서의 등가를 1)기능상의 등가, 2)내용상의 불변성, 3)효과의 동일성, 4)기능상의 불변성, 5)의도의 충족성으로 나누고 있다.

번역 등가에 대한 위의 두 주장은 '등가'에 대한 이상적인 정의라 할 것이다. 앞에서 밝힌 바처럼 동일한 한 언어 체계 속에서도 완벽한 등가 개념의 성립은 사실상 불가능하기 때문이다. 하물며 서로 다른 기호와 규칙체계로 이루어진 두 언어 사이의 등가 개념은 더더욱 불가능하다. 따라서 번역에서의 '등가' 개념은 텍스트 혹은 이들의 부분들이 의미의 동일성을 보일 때, 문법 구조나 어휘 선택은 크게 다르더라도 등가라 할 수 있다는 정도이다.

완벽한 번역 등가를 이룬다는 것은 이상적 목표라고 치더라도 번역자는 이를 달성하고자 노력해야 한다. 이에 대해 르드레르(M. Lederer, 전성기 옮김 2001)에서는 번역자가 목표로 하는 번역 등가를 다음 두 가지로 분류하고 있다.

인지적 등가 인지적 등가는 텍스트 의미와 번역자의 개념적 보완물의 결합에서 비롯한다. 번역은 출발어와 다른 언어의 형태들로 동일한 의미를 표현해야 하기에 번역하는 자는 그에 대한 자신의 지식을 십분 발휘하여 표현할 수 있다.

(15) a. They walked holding hands.
　　b. 그들은 손을 잡고 걸었다.
　　c. 군인들과 아가씨들은 손을 잡고 있었다.

(15a)의 문장을 직역하면 (15b)의 문장이 된다. 그러나 번역자는 이야기의 전체에서 젊은 사람들(군인과 아가씨)이 걷고 있었다는 사실을 인지하고 있었다. 독자 또한 그러하다. 따라서 'They'를 '군인들과 아가씨'로 풀이했고, 반면 'walked'에 대한 해석은 생략하였다. 즉 명시적으로 표현된 언어에 번역자의 인지적 지식의 결합으로 등가 관계를 형성하고 있다.

정감적 등가　정감적 등가는 언어적 차원을 넘어서 원텍스트에서 저자가 구체적으로 표현하지는 않았지만 번역자의 감정이나 상상에 의한 표현의 등가를 의미한다.

(16) a. The ties were pulled down a little so the shirt collars could be unbuttoned.
　　b. 그 넥타이는 와이셔츠의 깃을 풀어낼 수 있도록 조금 풀어내려져 있었다.
　　c. 그들은 깃이 벌어지도록 넥타이를 풀어헤쳐 놓았었다.

(16a)의 문장 구조를 염두에 두고 이를 번역하면 (16b)가 된다. 그러나 번역자는 원텍스트의 의미 내용에 문맥 속에서 일어나는 자신의 상상을 보태 (16c)와 같이 표현하였는데, 이러한 표현이 독자들에게 등가의 의미로 이해될 수 있다.
　이와 같은 논의를 종합해 볼 때, 등가의 가치는 인지적 차원에서 이해하든 아니면 정감적 차원에서 이해하든 원문 텍스트와 도착어 텍스트 사이의 재현 정도로 드러날 수밖에 없다. 따라서 등가 번역은 원문 텍스트 이해 및 의미 도출 능력과 도착어 텍스트로의 재현 능력에 의해 결정된다. 그렇기 때문에 도착어에 대한 깊이 있는 소양이 전제되지 않으면 번역 작업은 실패로 돌아가고 말 것이다. 이 점에서 우리말다운 번역은 결국 우리말의 특성 이해 및 사용 능력을 전제로 하지 않을 수 없다.

도착어로서의 한국어 특징

4.1. 한국어의 형태구조

첨가어로서의 한국어 언어는 구조나 형태적 특성에 따라 굴절어, 고립어, 첨가어, 포합어로 분류하는데, 영어나 독일어 등을 굴절어, 중국어를 고립어라 함에 반해 한국어는 첨가어(교착어)라 한다. 아래의 예문을 통해 국어의 첨가어적 특징을 살펴보기로 하자.

(17) a. The man loves the woman.
　　 b. Der Mann liebt die Frau.
　　 c. 他愛她

위 문장은 언어 유형 가운데 굴절어(17a,b)와 고립어(17c)에 속한다. 먼저 (17a)의 경우는 'man, loves, woman'이라는 단어의 배열을 따라 주어, 서술어, 목적어라는 문법적 관계를 나타내며, 서술어는 주어에 따라 3인칭으로 격이 변화된다. 이러한 언어에서는 격변화에 따른 어형 변화, 명사의 단·복수형, 동사의 어형 변화가 이루어진다. (17b)도 (17a)와 동일한 문장 구조로서, 주어(Mann)와 목적어(Frau)라는 판단의 기준이 특정한 단어 'der-des-dem-den'(남성 명사의 격변화)과 'die-der-der-die'(여성 명사의 격변화)에 의해 이루어짐을 확인할 수 있다. 그밖에 중성 명사는 'das-des-dem-das'의 격변화가 따른다. 이처럼 영어나 독일어와 같이 단어에 문법적 관계를 표시하는 특별한 형태소가 결합하지 않고, 어형 변화에 의존하는 언어를 굴절어라고 한다. 반면 (17c)의 중국어처럼 단어의 어형 변화 없이 다른 말과의 문법적 관계가 오직 어순으로만 표시되는 언어를 고립어라 한다. 즉 서술어 앞의 '他'는 주어, '愛'는 서술어, 서술어 뒤의 '她'가 목적어가 된다.

한국어의 문법적 관계는 위의 언어들처럼 어형의 변화나 어순 차이에 의해 드러나지 않는다. 문법적 관계를 나타내주는 특별한 요소들이 첨가되어야 하는데, '남자'에 '-가', '여자'에 '-를'이 첨가되어 주어와 목적어라는 문법적 관계가 성립되는 언어이다. 이를 좀더 자세히 알아보자.

(18) 그 남자가 그 여자를 사랑한다.
　　　-는　　　　　-었다
　　　-도　　　　　-ㄹ 것이다

(18)에서 확인할 수 있듯이, 우리말에서는 체언에 조사를 첨가하여 다양한 문법적 관계를 나타내듯이, 용언에 활용어미를 첨가하여 문법적 관계를 나타낸다. 좀 더 상술하면 영어에서는 인칭 변화에 따라 서술어가 'love-loves'와 같이 단어 형태의 변화가 이루어지지만 국어에서는 다양한 어미의 결합으로 이루어진다. 즉 '사랑한다, 사랑했다, 사랑할 것이다' 등으로 어간 '사랑하-'를 중심으로 어미 '-ㄴ다, -었다, ㄹ 것이다'가 결합한다.

다른 한편 어근을 중심으로 접사를 첨가하는 것도 국어의 첨가어 적인 중요한 특징이다. 서술어 '깨뜨리다'의 경우 어근이자 어간인 '깨-'에 접사 '-뜨리-'를 첨가하여 강세라는 의미를 부여한다. 이러한 접사는 국어의 단어 형성과 사·피동법에서도 중요한 위치를 차지하고 있다. 우리말에서는 각종의 파생 접사, 사동 및 피동 접사가 발달되어 있다.

이상과 같이 영어나 기타 언어와 대조할 때 국어의 특징은 첨가어적인 부분에 있고, 이를 결정하는 중요한 요소가 바로 조사와 어미라는 사실을 알 수 있다. 따라서 우리는 이에 대한 간략한 이해를 해 두어야 한다.

국어의 조사 국어에서의 조사는 항상 다른 말에 첨가되어 특별한 문법적 또는 의미적 관계를 드러내는 것으로 격조사와 보조조사로 나누어진다. 전자는 주격(-이/-가 등), 목적격(-을/-를), 보격(-이/-가), 서술격(-이다), 관형격(-의), 부사격(-으로/-에서 등)으로 나뉜다. 격조사와 달리 보조조사는 앞의 말에 첨가되어 특별한 의미를 부여한다.

국어의 어미 국어의 용언은 어간과 어미로 이루어져 있다. 그리고 일정한 문법적 관계를 나타내기 위해 어간에 첨가하는 어미는 그 모습을 여러 가지로 바꾸게 되는데 이를 활용이라 한다. 활용할 때 단어의 구성요소 가운데 변하지 않고 항상 고정되어 쓰이는 부분을 어간이라 하고, 어간에 붙어 여러 가지로 변하는 부분을 어미라 한다. 어미는 어간에 비해 그 구조가 복잡하다. 어미의 체계는 다음과 같다.

(19) 어미체계

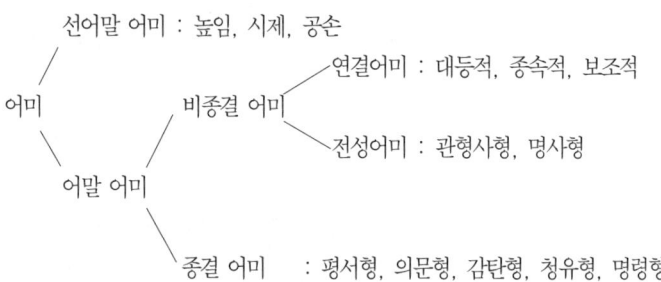

어간을 제외한 나머지 부분이 어미가 되는데, 어말 어미에 앞서는 높임의 '-시-', 시제의 '-는/ㄴ-', '-았/-었-', '-겠-', '-더-' 그리고 공손의 '-옵-' 등을 선어말어미라 한다. 어말 어미는 다시 문장을 끝맺기보다는 문장 접속이나 전성 기능의 비종결 어미와 한 문장으로 하여금 종결형이 되게 하는 기능의 종결 어미로 구성된다.

4.2. 한국어의 문법 구조

영어와 대조적인 국어의 모습은 문법 분야에서 가장 많이 나타날 것이다. 국어의 첨가적인 성질은 여러 문법 구조에서도 중요한 몫을 차지하는데, 구체적으로 문장의 어순과 수식어 구조 그리고 높임법 체계를 통해 살펴보기로 하자.

자유 어순 언어마다 문장을 이루는 순서에 차이가 있는데, 대개 '주어-목적어-서술어', '주어-서술어-목적어', '서술어-주어-목적어'의 세 유형으로 구분할 수 있다. 영어의 경우 '주어-서술어-목적어' 구조로 거의 고정되어 있다.

(20) a. The boy loves the girl.
　　 b. The girl loves the boy.

　예문 (20a)는 the boy가 주어, loves가 서술어, the girl이 목적어로 구성된 문장이다. 그리고 이런 구조를 쉽게 알 수 있는 것은 바로 단어의 배열에 근거한 것이다. 즉 영어의 경우 어형 변화와 함께 어순에 의해 문법적인 기능이 결정된다. 만약 (20b)처럼 동일한 단어를 어순만 달리하면 각각의 문법적 기능과 문장의 의미 구조가 달라지게 된다.
　한국어는 일반적으로 '주어-목적어-서술어'의 어순을 보이지만, 이러한 어순은 영어처럼 고정적이지 않다. 즉 서술어가 문장 뒤에 온다는 규칙만 어느 정도 지켜지면 다른 성분들의 자리 이동이 자유롭다는 것이다. 다음의 경우를 살펴보자.

(21) a. 소년이 소녀를 사랑한다.
　　 b. 소녀를 소년이 사랑한다.

　(21a)와 (21b)의 주어와 목적어의 자리는 자연스럽게 뒤바뀌어 있다. 물론 이 두 문장의 의미가 완벽하게 일치하는 것은 아니다. 강조, 초점의 측면에서 어느 정도의 차이는 있기 때문이다. 그러나 문장의 중심적 의미에는 차이가 없다. 즉 영어에서는 어순의 차이에 의해 주체와 대상이 달라짐에 비해 국어는 그렇지 않다. 그런 점에서 아래의 문장도 가능할 수 있다.

(22) 소년이 사랑한다 소녀를 / 소녀를 사랑한다 소년이
　　 사랑한다 소년이 소녀를 / 사랑한다 소녀를 소년이

수식어 구조 영어와 국어 모두 어떤 성분이 다른 성분을 꾸미게 되는데, 그 꾸밈의 구조에 차이가 나타난다. 영어에서는 꾸밈을 받는 말이 앞에 나오고 그 다음에 꾸미는 말이 뒤따라온다. 즉 '피수식어+수식어' 구조를 보인다. 몇 가지 예를 들어보기로 하자.

  (23) a. a girl whose eyes are brown
     b. a boy who can speak English well

국어는 꾸밈을 받는 말에 앞서 꾸미는 말이 먼저 등장하는 '수식어+피수식어'의 구조를 나타낸다. 위 영어 문장을 국어 문장으로 표현한 아래의 예문을 보면 그 차이를 쉽게 확인할 수 있다.

  (24) a. 갈색눈을 지닌 소녀
     b. 영어를 잘하는 소년

수식어와 피수식어의 관계에서 유의할 점은 의미 차이는 없지만 느낌을 달리하는 문장이 생성될 수 있다는 점이다. 예를 들어 문장에서의 위치가 자유로운 부사의 경우 놓이는 자리에 따른 의미 차이는 없으나 느낌은 상당히 달라질 수 있다. 다음 문장을 살펴 보자.

  (25) 자유부사의 위치

    a. <u>언제든지</u> 우리의 주변에서 문화 유산을 찾을 수 있다.
    b. 우리의 주변에서 <u>언제든지</u> 문화 유산을 찾을 수 있다.

이 두 문장에서 의미 차이가 존재한다고 보기는 어렵다. 그렇지만 (25a)는 '언제든지'가 문장 앞머리에 놓여 있기 때문에 '마음만 먹으면 언제든지' 문화 유산을 찾아 볼 수 있음을 강조하는 표현으로 보인다. 이에 비해 (25b)는 '언제든지' 앞부분에 '우리의 주변'이 놓임으로써 '우리의 주변'에서 마음만 먹으면 문화 유산을 찾을 수 있다는 의미로 풀이된다. 이와 같은 느낌상의 차이를 지각하는 것은 모국어 화자의 직관으로 가능하다. 그렇지만 이 직관이 번역 작업을 수행하는 과정에서 항상 유지되는 것은 아니다. 따라서 국어에 대한 지식을 바탕으로 국어의 구조에 맞는 문장쓰기를 익힐 필요가 있다. 국어 지식을 충분히 갖춘 사람은 번역 과정에서 자연스럽게 배어날 영어 구조식 표현을 피할 수 있게 된다.

문법 요소 문법 요소로 국어의 첨가적 특징이 가장 잘 드러나는 것은 높임법이다. 높임법은 발화 행위에 관여하는 인물들 사이의 존비 관계에 의해 결정되는 것으로 영어에서는 문장의 주체가 누구이든지 그를 높이는 특별한 문법적 장치가 없다. (26)에서처럼 국어에서는 높임의 대상인 '할아버지'의 경우 문장 어디에서도 그러한 요소를 발견할 수 없다.

(26) a. Tom eats apple.
　　 b. Grandfather eats apple.

(26b)에 해당하는 올바른 국어 표현은 "할아버지께서 사과를 드신다."처럼 서술어 어간 '드-'에 높임의 어미 '-시-'를 반드시 첨가하게 된다. 이와 달리 상대 높임법은 상당히 세분화되어 있는 특정 어미를 선택하게 된다. 어미의 종류에 따라 상대 높임법의 종류 또한 결정된다. 구체적으로 '해라체, 하게체, 하오체, 합쇼체'의 격식체와 '해체, 해요체'의 비격식체로 나누어진다. 아래의 도표와 같다.

(27) 상대 높임법 체계

구분	체	높임 등급	예 문
격식체	해라체	아주 낮춤	재우야, 논문 빨리 쓰거라.
	하게체	예사 낮춤	박군, 이리 와서 앉게.
	하오체	예사 높임	여러분! 빨리 청소하시오.
	합쇼체	아주 높임	찾아주셔서 감사합니다.
비격식체	해 체	두루 낮춤	철수야, 빨리 밥 먹어.
	해요체	두루 높임	도움을 주어 감사해요.

4.3. 한국어의 어문 규정

매끄러운 번역을 위해서는 어문 규범에 대한 이해가 필요하다. 현행 한국어의 정서법 원리는 '한글 맞춤법'에 따르는 것이 원칙이며 번역자는 번역물을 올바르게 표현하기 위해서 한국어의 맞춤법을 익히고 표준어와 외래어 표기법과 같은 어문 규범을 올바로 이해해야 한다. 아래에서는 번역자가 틀리기 쉬운 규정을 중심으로 개략하고자 한다.

소리에 관한 규정 이 규정에서 비중 있게 다루어진 것은 두음법칙 조항이다. 이는 'ㄴ, ㄹ'로 시작하는 한자음이 어두에 자리할 때 일어나는 제약 현상으로, 아래와 같다.

(28) 두음법칙 규정

	조건		표기	예외
10항	녀, 뇨, 뉴, 니	→	여, 요, 유, 이	냥(兩), 년(年)
11항	랴, 려, 례, 료, 류, 리	→	야, 여, 예, 요, 유, 이	리(里), 리(理)
12항	라, 래, 로, 뢰, 루, 르	→	나, 내, 노, 뇌, 누, 느	

'신여성'은 '신+여성'으로, '역이용'은 '역+이용', '내내월'은 '내+내월'로 분석이 가능하기에 '여성, 이용, 내월'에 두음법칙이 적용되었다. '한국여자대학, 해외여행, 비논리적'도 같은 이치이다. 그러나 '신년도'의 경우 '신년+도'로 분석되고, '고랭지'의 경우 '고랭+지'로 분석되기에 성격이 다르다. 한편, '미-립자, 소-립자, 수-류탄, 파-렴치'는 '미입자, 소입자, 수유탄, 파염치'로 써야겠지만, 사람들의 발음 습관이 본음의 형태로 굳어져 있다는 이유로 예외 사항으로 다루고 있고, '개-연, 숫-용'은 고유어 뒤에 한자어가 결합한 것으로 하나의 단어로 인식되기에 두음법칙의 적용을 받는다.

한자어 '량(量)'과 '란(欄)'의 표기는 한자어 다음에 오느냐 고유어 다음에 오느냐는 조건에 따라 그 표기가 달라진다. 고유어, 외래어 뒤에서는 '일양, 알칼리양', '어린이난, 고십난'으로, 한자어 뒤에서는 '노동량, 작업량', '공란, 투고란'으로 표기한다. 다음으로 '렬'(列烈裂劣)과 '률'(律率栗慄)의 표기는 '모음이나 ㄴ받침' 뒤에서는 '나열, 백분율'로, 그 외에서는 '명중률, 합격률'로 적는다.

형태에 관한 규정 한글맞춤법 제4장 18항에서는 용언의 어미가 바뀔 경우, 그 어간이나 어미가 원칙에 벗어나면 벗어나는 대로 적는다고 규정하고 있다. 이에 따르면 어간 끝 받침 'ㄹ'이 어미의 첫소리 'ㄴ, ㅂ, ㅅ' 및 '-(으)오, -(으)ㄹ' 앞에서 줄어지는 경우, 준

대로 적어야 한다. 현실 언어생활에서 '하늘을 날으는 비행기'처럼 잘못 표현된 경우가 종종 있다. '날다'의 경우 '날+-으는'으로 어간의 'ㄹ'이 탈락하게 되고, '나는'으로 활용하게 된다. 따라서 '하늘을 나는 비행기'로 표현해야 한다. '거칠은 손'의 경우도 '거친 손'이 올바르다. 형용사의 어간 끝 받침 'ㅎ'이 어미 '-네'나 모음 앞에서 줄어지는 '얼굴이 누렇네'와 '얼굴이 누러네' 그리고 '노랗다'는 위의 조건에 따라 각각 '누러네, 누런, 누러니'로 '노랗다'는 '노라네, 노란, 노라니' 등으로 활용한다. 또한 가끔 학교 시험에서 '다음 중 알맞은/알맞는 답을 고르시오'란 표현을 볼 수 있는데, 이 두 표현 중 올바른 표기는 무엇일까? 형용사는 현재 관형사형으로 '-은'을, 동사는 '-는'을 취한다. '알맞다'의 품사는 형용사이다. 따라서 '알맞은'의 표기가 맞다. 반면 동사 '맞다'의 관형형은 '맞는 답'이 된다.

  그밖에 유의해야 할 규정으로 다음과 같은 것들이 있다. 1) 제39항 어미 '-지' 뒤에 '않-'이 어울려 '-잖-'이 될 적과 '-하지' 뒤에 '않-'이 어울려 '-찮-'이 될 적에는 준 대로 적는다. 2) 제40항 어간의 끝음절 '하'의 'ㅏ'가 줄고 'ㅎ'이 다음 음절의 첫소리와 어울려 거센소리로 될 적에는 거센소리로 적는다. 여기에는 붙임 규정이 있어 어간의 끝음절 '하'가 아주 줄 적에는 준 대로 적도록 하고 있다. 이에 따라 '생각하지'는 '생각지'가 된다. 이와 함께 원래의 어간에 '하'가 없는 말에 '하'를 잘못 덧붙여 쓰는 경우가 있다. '삼가다'와 '서슴다'가 그렇다. 실제 생활에서 '음식물 반입을 삼가해 주십시오.'로 많이 표기하지만 이는 잘못된 표현으로 '음식물 반입을 삼가 주십시오'로 해야 한다.

  현행 맞춤법 이전에는 '습니다/읍니다'의 표현이 가능했다. 그러나 '-습니다'는 어원상 객체를 높였던 '-습-'이 변하여 생긴 말이므로 새로운 맞춤법(문교88-1)에서는 '-습니다'로 통일되었다. 이와 관련하여 '있다, 없다'의 명사형을 '있슴, 없슴'으로 잘못 적용하는 경우를 자주 보게 된다. 어간 '있, 없'에 명사형어미 '-음'이 결합한 구조이다. 참고로 국어의 명사형 어미 '-(으)ㅁ'은 자음 뒤에서는 '-음'으로 모음 뒤에서는 '-ㅁ'으로 적는다.

띄어쓰기 규정 첨가어의 특징은 첨가 요소에 따라 띄어쓰기가 이루어진다는 점이다. 따라서 띄어쓰기는 의미 변별에 중요한 요소가 된다. 우리말 조사는 '꽃에서부터'처럼 몇 개가 겹치더라도 반드시 그 앞말에 붙여 써야 한다. '밖에'도 조사로서 "너밖에 그 일을 할 사람이 없다."처럼 사용된다. 그러나 조심해야 할 것은 "그 사람이 문밖에 서 있다."에서는 조사와 형태만 같을 뿐 구조가 다르다. 즉 명사 '밖'에 조사 '에'가 결합한 구조이기 때문에 앞말과 띄어 쓴 것이다.

의존 명사는 띄어 써야 하는데, 몇몇은 의존 명사와 동일한 형태로 나타나 혼란을 야기한다. 의존 명사 '바'의 경우 "시에서 연락하여 온 바 다음과 같다."처럼 띄어 씀이 옳다. 그러나 "집에 간바 밥이 없었다."에서는 동사 '가'에 어미 '-ㄴ바'가 결합한 구조이기에 붙여 써야 맞다. 이와 동일한 성격을 지니는 것으로 '걸'과 '데'가 있다.

(29) a. 지금 공부 안 했다가는 후회할걸.
    b. 후회할 걸 왜 그랬어?

(30) a. 철수가 <u>무엇인데</u> 그런 소릴 하니?
    b. 철수가 밥을 <u>먹는 데</u> 시간이 걸린다.

(29a)는 어간 '후회하-'에 어미 '-ㄹ걸'이 결합한 말로 붙여 쓴 경우이고, (29b)는 의존 명사가 들어 있는 '후회할 것을'의 정도로 해석되는 구조이다. (30a)는 명사 '무엇'에 서술격조사 '이다' 그리고 어미 'ㄴ데'가 결합한 모습으로, 붙여 써야 되는 경우이다. 그러나 (30b)의 '데'는 의존 명사로 띄어 써야 한다. 이와 같이 두 요소가

한 요소로 녹아들어 하나의 형태소로 바뀌는 과정은 문법화 과정으로 설명할 수 있다. 일반적으로 문법 형태소는 실질적인 의미를 갖는 단어가 변화하여 만들어진다. 예를 들어 동사 '보다'는 추측이나 시도를 나타내는 보조 동사로 사용된다. 좀더 문법화가 진행되면 비교를 나타내는 조사로 바뀌어 쓰이기도 한다. 따라서 문법화(grammaticalization)란 '어휘적인 요소가 덜 어휘적인 요소로 변화하는 과정'으로 정의되는데, 첨가 요소가 발달한 언어에서는 문법화의 정도성에 따라 실질적인 단어인지 아니면 문법 형태소로 굳어진 것인지를 판단하기 어려운 것들이 많다. (29-30)과 같이 띄어쓰기에 혼동을 겪는 까닭은 여기에 있다.

보조 용언은 띄어 씀을 원칙으로 하되, 경우에 따라 붙여 씀도 허용한다. 다만, 앞말에 조사가 붙거나 앞말이 합성 동사인 경우, 그리고 중간에 조사가 들어갈 적에는 그 뒤에 오는 보조 용언은 띄어 쓴다.

(31) a. 아파트에서는 아직 쓸 만한 가전 제품을 많이 버렸다.
　　　b. 인형이 애만 하다.

(31a)의 '만하다'는 보조 용언으로서 용언의 관형사형 '쓸'에 이어질 경우 띄어쓰기가 원칙이고, '쓸만한'으로 붙여쓰는 것도 허용한다. 그러나 (32b)은 보조사 '만'에 용언 '하다'가 결합한 구조이다. 따라서 "조사는 앞말에 붙여 쓴다"는 규정에 따라 앞말에 붙은 '만'과 용언 '하다'는 띄어쓰는 것이 올바른 표기이다.

외래어 표기법　외국어와 외래어를 명백하게 구분하는 것은 어려운 일이다. 그렇지만 외래어는 차용어로서 국어화한 외국어라고 정의된다. 이와 같은 어휘는 국어의 일부를 이루고 있으므로, 맞춤법

제정과 함께 규범을 정하여 사용한다. 외래어 표기법을 정하는 까닭은 외국어가 국어로 수용되는 과정에서 발생하게 되는 표기상의 혼란을 방지하기 위해서이다. 만약 이와 같은 규범이 존재하지 않는다면 동일한 대상을 나타내는 한 단어가 여러 가지로 표기될 수 있다.

우리말 외래어 표기법의 기본 원칙은 다음과 같다. 제1항 외래어는 국어의 현용 24자모만으로 적는다. 제2항 외래어의 1음운은 원칙적으로 1기호만을 적는다. 제3항 받침에는 'ㄱ, ㄴ, ㄷ, ㄹ, ㅁ, ㅂ, ㅇ'만을 쓴다. 제4항 파열음 표기에는 된소리를 쓰지 않는 것을 원칙으로 한다. 제5항 이미 굳어진 외래어는 관용을 존중하되, 그 범위와 용례는 따로 정한다.

구체적 표기를 보면, 먼저 [ʧ]의 표기를 보면, 'bench'의 발음은 [benʧ]이다. 따라서 한국어 표기는 '벤취'가 아니고 '벤치'가 옳은 표기이다. 왜냐하면 국제음성기호에 따르면 [ʧ]는 한글의 '치'에 해당하기 때문이다. 이에 해당하는 것으로는 '코치, 인치' 등이 있다. 'service'의 한국어 표기로 일반인들은 '써비스'로 적는 경우가 적지 않다. 그러나 [s] 발음에 대한 한글 표기가 모음 앞은 [ㅅ], 자음 앞에서는 [스]로 규정해 놓았기에 '서비스'가 옳다. 그리고 '서클, 센터' 등도 이 조항에 따른다. 한국어 언중들은 'frypan'을 '후라이팬'으로 표기하는 경우가 있는데, 발음 [f]의 한국어 표기는 어말과 자음 앞에서 '프'이기 때문에 '프라이팬'으로 적어야 한다.

'center'의 발음은 [sentə]이다. 이를 한국어 표기로 옮기면 '센타'가 아닌 '센터'가 된다. '터미널, 로터리' 등도 그렇다. 그리고 '토마토케찹'의 경우도 [keʧəp]으로 발음되기에 '케첩'으로 표기해야 한다. 'television'의 경우도 [teliviʒən]으로 '텔레비젼'이 아닌 '텔레비전'이 된다. 그러나 영어의 'chocolate'의 발음 [ʧɔkəlit]에서 둘째 음절의 'ə'는 외래어 표기법에 따르면 '초컬릿'이 되겠지만, 'ㅗ'로 발음하는 경향을 존중하여 '초콜릿'으로 표기한다. 따라서 '초코렛,

초콜렛' 등은 잘못된 표기이다.

  이와 함께 인명이나 지명 표기도 좀더 신경을 쓸 필요가 있다. 외래어표기법에 따르면 고유명사 표기는 현지음을 따르는 것을 원칙으로 한다. 그렇지만 널리 알려져 있는 경우는 그 표기를 인정한다. 그렇지만 이와 같은 원칙을 무조건 집착할 수만은 없다. 우리는 번역 작업을 행하는 과정에서 수많은 고유명사를 접하게 된다. 그런데 경우에 따라 특정 외국인의 이름을 어떻게 발음하여 읽는가가 모호할 경우도 많다. 예를 들어 '시저'와 '케샤르'는 동일인이지만 영어식으로 읽었는가 아니면 로마어식으로 읽었는가에 따라 음이 달라진다. 더욱이 널리 알려지지 않은 사람이라면 그 사람의 출신을 하나하나 알기도 어렵고(미국, 영국, 프랑스, 독일, 유태계 등에 따라 부르는 방식이 다르다.) 따라서 일관되게 한글로 적기도 어려울 경우가 많다. 이 경우 많은 사람들은 원문의 로마자를 그대로 옮겨 적는 경우가 많다. 하지만 번역물을 접하는 독자를 위하여 좀더 매끄럽게 옮기고자 한다면 현지음을 고찰하여 한글로 적는 것이 바람직하다.

번역학과 번역 교육

5.1. 국어학과 번역학

  번역학의 현황 지금까지 번역은 전문 번역가들의 개인적인 역량에 의존해 왔을 뿐 올바른 번역을 위한 책략적인 이론들이 수립되지 못하고 있다. 따라서 이를 바탕으로 한 번역학이 독립된 학문으로 제대로 정립되지 못하고 있다. 번역학이 아직 독립된 학문분야로 자리매김하지 못하는 이유는 번역학이 언어학의 하위 분야에 포함될 수 있으면서도 동시에 민속학, 문화인류학, 사회학 등의 연구를 필요로 하는 학제적 성격의 학문이기 때문이다. 또한 번역이 제2의 창작이라는 인식 부족과 번역자에 대한 대우가 너무나 열악하기 때문이다.

이러한 시점에서 번역대학원과 번역학 연구소, 번역학회 등이 설립된 것은 그나마 다행한 일이다. 그 동안 국내에서는 한국외국어대학교에 최초로 통·번역대학원이 설립되었고, 그 이후 외국어대, 이화여대, 성균관대, 명지대 등에 번역대학원 과정이 설치되어 있다. 그리고 연세대학교, 이화여자대학교 등 몇 개의 대학에 번역학 연구소가 설립되었다. 그리고 1999년에는 한국번역학회가 창립되어 학회지인 『번역학 연구』 창간호를 발행하고 매년 1회 학회지 발간 연 2회 전국대회를 개최하고 있다. 회원은 대부분 한국문학 혹은 외국문학을 전공하였거나 실제 번역에 종사하는 번역가들이 중심이 되어 있다. 이 학회를 통하여 번역방법론에 관한 논의가 더욱 활발해졌고, 번역이론의 체계화에 크게 기여하고 있다.

국어학 속의 번역학 번역은 언어에 의한 행위이다. 글이든 말이든 어떠한 경우라 하더라도 번역은 언어를 떠나서는 이루어질 수 없다. 번역은 서로 다른 두 언어 체계를 대상으로 하기 때문에 각각의 언어 체계를 비교·대조해야 하며 따라서 당연히 언어학의 한 분야로 자리잡아야 한다. 번역을 언어학의 하위 범주로 분류할 수 있다면 외국어를 한국어로 번역할 경우에 발생하는 문제들은 국어학의 하위범주에서 다루어야 할 것이다.

민현식(2000:14-15)에서는 언어학을 이론언어학과 응용언어학으로 나눌 수 있는 것처럼 국어학은 이론국어학(순수국어학)과 응용국어학(거시국어학)으로 크게 나눌 수 있다고 하였다. 응용국어학은 다시 미시 응용국어학(국어교육)과 거시 응용국어학으로 나눌 수 있다. 거시 응용국어학은 순수국어학의 보조 분야로 파생된 국어 문체론, 국어화용론, 국어 텍스트학 등을 포함하는 보조국어학과 인접학문과의 학제간 연구로 존재하는 인접국어학으로 나눌 수 있다. 이 인접국어학의 하위 범주에 통역번역학의 범주를 설정할 수 있다.

국제응용언어학회(IAAL:International Association of Applied Linguistics)에서는 응용언어학의 하위 연구 모임 분과로 그들의 홈페이지(http://www.brad.ac.uk/acad/aila)에 25개를 제시하고 있다. 이중에 '통역과 번역'(interpreting and translating) 분과가 설정되어 있다.

대학의 학부과정에 번역학과를 설립하기에는 아직은 시기 상조일 수 있다. 그러나 어문학계열의 학과에서는 번역과 관련된 강좌를 개설해서 번역학의 정립에 노력을 기울여야 한다. 이에 발맞춰 국어국문학과에서도 번역과 관련된 강좌를 개설할 필요가 있다. 흔히 번역은 외국어계열의 학과에만 관련이 있는 것처럼 생각되기 쉽다. 그러나 번역의 궁극적 목표는 출발어를 도착어(한국어)로 얼마만큼 정확하게 재현하는가 하는 데 있기 때문에 한국어 표현 능력이 매우 중요하다.

흔히 일어나는 잘못된 번역의 원인을 분석해 보면 첫째는 영어 원문 파악의 오류이고, 둘째는 영어와 국어 구조의 차이에 대한 이해의 부족이고, 셋째는 국어 자체의 잘못된 사용이다. 넷째는 문화적 차이를 이해하지 못한 데서 오는 잘못이다. 이들 네 유형은 명확한 한계를 갖는다기보다 어느 정도 서로 맞물려 있다고 보는 것이 옳다. 그런데 중요한 것은 첫째 오류는 출발어 사용 능력의 부족에서 기인한 것이지만 둘째와 셋째 원인은 도착어, 즉 한국어에 대한 능력과 이해 부족이라는 점이다. 이러한 사실은 한국어 표현 능력이 번역에 있어 얼마나 중요한 지를 잘 보여 준다.

번역자는 표현 과정에서 출발어와 도착어의 차이로 인해 생기는 언어적 제약을 벗어나 도착어의 모든 묘미와 가능성을 제대로 살려야 한다. 이를 위해 출발어 고유의 문법적 특성이나 단어 배열의 질서는 도착어로 의미를 표현하는 과정에서 도착어의 틀로 녹여야 한다.

5.2. 번역 교육과 국어교육

전통적 번역 교육과 그 문제점 과거의 전통적인 번역은 중·고등학교 또는 대학에서 진행되는 독해와 작문을 들 수 있는데 이러한 번역을 '학습 번역'이라고 일단 정의한다. 이러한 학습번역은 부분적인 텍스트를 대상으로 해서 언어 내적인 측면에만 초점이 맞추어져 있었다.

가르니에(B. Garnier, 1998)는 프랑스 번역 교육의 문제점을 지적하는 글에서 다음과 같이 학습 번역의 문제점을 지적하고 있다.

(1) 학습 번역에서 번역의 지위는 거의 달라진 것이 없다. 문법 항목에 맞춰 구성된 이러한 번역 연습은 학습자가 언어 구조(통사 및 계열)들을 인지할 수 있는가, 목표 언어의 구조에 맞게 원전의 구들을 제대로 찾아내어 조합할 수 있는가 그리고 이렇게 찾아낸 문장 구조와 프랑스어 문장의 품위에 충실하게 어울리는 제대로 된 프랑스어 텍스트를 만들어 낼 수 있는가 평가하는 것이다. 그런데 이러한 번역 방법은 철저하게 따르다 보면, 무엇보다도 발췌된 텍스트를 발췌한 작품 전체와 연관지어 살펴보는 경우가 거의 없으므로 번역시 나타나는 텍스트성에 대한 문제를 대개 간과하게 된다.

전통적인 학습 번역은 단지 목표 언어의 형태・통사적 제약들을 준수하여 페어 맞춘 문장들 속에 낱말들을 옮겨 놓는 것이 번역이라는 그릇된 생각을 학생들에게 심어줄 위험을 내포하고 있다. 르드레르(Lederer, 1994:133)에 의하면 의미의 이론 또는 해석 번역 이론을 추종하는 이론가들은 끊임없이 학습 번역과 작문을 "제대로 된 번역교육이라고 할 수 없다"고 내놓고 비난해 왔다. 그들은 이 연습들이 언어 교육 차원에서 시행되므로 근본적으로 전문 번역의 대상인 담화의 현실이 아니라 언어 지식들에 대한 학습 도구일 수밖에 없다고 본다.

라보(Lavault, 1993:130)에서도 학생들의 대부분은 번역을 단순한 코드전환과 동일시하는 경향이 있다. 바로 이러한 이유 때문에 번역자이면서 동시에 교단에 서 있는 교육자들은 "학생들은 자신들에게 낱말들과 (대어적)등가 낱말들에 대해 가르쳐 준 언어 교육으로 인해 '경직되어' 있기 때문에 언어 강의 시간에 길들여진 버릇들을 제거하기 위해 학생들을 재교육시켜야 한다"고 주장한다.

이러한 학습 번역의 문제점은 국내에서도 동일하게 나타난다. 중학교, 고등학교 그리고 대학 학부 과정에서조차도 번역은 여전히 구문 학습에서 획득한 언어능력을 활용하는 것으로 여겨지는 듯하다. 이러한 교육틀 안에서는 논문을 번역하는 것과 시와 같은 문학작품을 번역하는 것 사이에는 아무런 차이가 없다.

번역자들은 기계적으로 낱말들을 모사할 것이 아니라, 다른 언어로 표현된 작가의 생각을 이해하고 필요할 경우 비교도 하여 가능한 정확한 등가 표현을 찾아야 한다.

올바른 번역 교육 학습 번역의 문제점을 개선하고 올바른 번역 교육을 하기 위해서는 언어 내적인 요소에만 집착해서는 안 된다. 언어 외적인 요소에 대한 관심이 중요하다. 번역은 단순히 하나의 언어 체계를 다른 언어 체계로 전환시키는 즉 추상적이고 잠재적인 성격의 랑그를 또 다른 랑그로 바꾸는 작업으로만 한정될 수 없다. 번역은 실현된 텍스트 또는 담론을 대상으로 하여 그에 내포되어 있는 모든 인지적·감정적·미적 기능들과 더불어 각각의 언어 체계에 고유한 문화적 특성까지도 그에 상응하는 것으로 대체하는 작업이다. 이와 같은 사실은 번역이 단순히 언어적 지식만을 요구하는 것이 아닌, 매우 복합적인 작업이라는 것을 보여 준다. 번역이란 단순한 언어기호의 전환이 아니고 그 언어를 사용하는 언어공동체의 구성원만이 직감적으로 알 수 있는 역사적-사회적(문화적)으로 전수된 복합적 요인을 내포한 언어기호를 다른 언어기호를 옮기는 작업 즉 문화의 변용이다. 그만큼 언어와 문화는 아주 밀접한 연관 관계를 맺고 있다.

무냉(Mounin, 1976:75)은 "번역을 하기 위해서는 언어지식만으로는 충분치 않고, 〔…〕 그 언어가 통용되는 나라, 그 언어의 용법, 관습, 문명 그리고 문화에 대한 지식이 필요하며, 가능하면 직접 현장에서의 답사가 필요하다."고 하였다. 또 푸르케(Fourquet, 1972:64)도 번역에서 언어지식을 넘어 고려해야할 사항으로 이 인지적 축적물을 들고 있다. 그는 "문학 번역 교정자는 학습자의 문학에 대한 성취 정도에 대해서뿐만 아니라 자신이 가르치는 언어를 사용하는 나라의 문명에 대해서도 어쩔 수 없이 평가를 하게 된다."고 하였다.

텍스트의 언어 내적인 요소와 언어 외적인 요소를 총체적으로 이해하기 위해서 번역 교사들은 번역하려는 텍스트를 먼저 정독하고, 그 다음에 여러 번 읽기를 권유해야 한다. 항상 텍스트에 대한 최대한의 정보를 수집하도록 하기 위해 단순한 철자 이외의 구성 요소들도 고려하여 텍스트를 더 섬세하게 파악하도록 권해야 한다. 그런데 상당수의 학생들은 낱말들이 서로 얽혀 언어외적 현실을 반영하고 있는, 눈에 보이는 관계와 눈에 보이지 않는 관계들에 아랑곳하지 않고 여전히 낱말에서 낱말로의 언어 치환 작업을 계속한다. 당세트(Dancette, 1995)는 학습자는 조금이라도 어휘가 어려워지면 맥락(context)을 활용할 생각을 하지도 않고 곧장 사전을 뒤적인다고 개탄하고 있다. 이런 사전 찾기는 대개는 제대로 텍스트를 읽지 않은 데서 비롯된다.

전문 번역 능력 수준에 가장 근접하는 번역 능력 교육을 학교 번역교육의 목표로 책정한다면 번역 교육은 어떤 주어진 커뮤니케이션 행위 틀 안에서 시행되어야 할 것이다. 여기서 학습자는 번역을 학교에서 하는 연습이 아니라 실제 커뮤니케이션이 필요해서 수행하는 작업으로 인식해야 한다. 학습자는 부분적인 텍스트를 번역하는 연습을 하는 것이 아니라 하나의 가상 현실을 만들고 그 현실에 알맞게 번역하는 연습을 해야 한다. 이 때 학생들은 언어 내적인 요인뿐만 아니라 언어외적인 요인까지도 해결해야 한다.

국어 교육에서의 번역 교육 즈다니스(J. Zdanys, 1987)는 문학 번역 교육을 논하면서 양면가치에 관하여 최초로 언급하였다. 그래서 그는 시의 이론 및 실습 차원에 관심이 깊은 번역자들은 적어도 시를 감상할 수 있는 경지에서 시를 번역하는 바람직하다는 견해를 피력하면서 세미나의 구성 및 그 성공 사례들을 예시하였다. 그가 평소에 가지고 있었던 지론은 번역은 반드시 교육을 통해서만 이루어지는 것이 아니라는 것이었다. 그러나 김효중(2000:29-30)에서는 번역의 기술은 교육을 통해 증진시킬 수 있을 뿐 아니라 시, 언어, 미학, 해석 분야에 대한 인식능력을 기르게 할 수 있는 것이라는 것과 창작 재능은 천부적인 것이라는 가설을 공유한다고 하였다. 그는 번역은 제2의 창작이라는 말이 있는 것을 감안하면 번역은 교육을 통해 개선될 수 있다고 하였다.

전성기(2002:58)에 의하면 한국에서 번역에 관심을 갖는 사람들이 우선적으로 해야 할 일은 이중어사전들에 아직 등재되지 않은, 수많은 번역서들에 여기저기 흩어져 있는 잘된 번역의 경우들을 모아서 사전이나 문법서에 싣는 것이다. 시인들이 문법의 한계에 도전함으로써 새로운 표현들을 얻어내듯이, 치열한 의식적 노력을 통해 번역자들이 얻어낸 새로운 어휘적, 통사적, 문체적 표현 수단들을 정리하는 것은 한국어 표현 역량의 향상을 위해서도 의미 있는 일이 될 것이다.

이상에서 살핀 바와 같이 한국어 사용 능력의 향상을 위한 국어 교육이 체계적으로 이루어져야 한다. 나이다와 태버(Nida & Taber, 1974)에 따르면 번역이란 첫째로는 의미상으로, 둘째로는 문체상으로 원어 메시지를 역어로 가장 가깝게 자연스러운 등가로 재생산해 내는 것이다. 이 때 번역자는 출발 텍스트가 주는 미적 효과를 도착어의 독자가 동일하게 느낄 수 있도록, 즉 등가성을 지닌 표현으로 재현해야 한다. 이러한 독자의 욕구를 충족시키기 위해서는 번역자에게는 출발어에 대한 지식 못지 않게 도착어 즉 한국어 사용 능력이 절실히 요구된다. 우리말로 정확하고 아름답게 표현하지 못하는 '영어실력'은 번역에서는 쓸모가 없다. 결국 독자가 접하는 것은 우리말로 바뀐 텍스트이기 때문이다.

아직 국어 교육에서 번역 교육에 기여할 수 있는 구체적 방안이 마련되지는 못했다. 다만 올바른 번역을 위한 번역자의 교육에 국어 교육자들의 동참이 필요하다는 인식을 갖는 것이 중요하다고 생각한다. 이러한 인식이 실천에 옮겨져서 우리말 사용능력이 우수한 번역자를 양성할 수 있는 교육 프로그램을 하루빨리 마련해야 할 것이다.

II

번역과 텍스트 이론

1. 번역 이론과 텍스트 해석
2. 응결성고 응집성
3. 의도성과 용인성
4. 정보성(informative)
5. 상황성과 텍스트 상호성
6. 문화적 요인

II 번역과 텍스트 이론

번역 이론과 텍스트 해석

1.1. 텍스트 언어학

텍스트 언어학(Textlinguistic)이란 개념은 1960년대부터 유럽, 특히 독일어 사용 지역에서 정립되어 오고 있으며, 불어권 영역에서는 '텍스트과학'(science du texte), 영어권에서는 '담화분석'(discourse analysis)이라고 부르고 있다.

텍스트 언어학 발생 이전의 전통적 언어학은 문장 이하의 단위만을 연구대상으로 삼았다. 구조주의 언어학은 각각의 언어의 언어체계를 찾아내는 것을 과제로 삼았고, 변형생성문법은 이상적인 청자와 화자의 내재적인 능력을 기술하는 것을 그 과제로 삼았다. 구조주의 언어학은 문장의 구조분석과 기술, 특히 문장 층위에서 음소,

형태소, 문장성분과 같은 언어단위를 분석하는 일에 전념했다. 변형 생성문법은 언어능력을 한 언어의 능력 있는 화자가 문장들을 생산하고 이해하는 능력이라고 정의하면서 한 언어의 무한한 문장집합을 생성할 수 있는 규칙체계의 형식을 택하고 있다.

텍스트 이론의 발생초기에는 언어 체계적 단위(음소, 형태소, 단어, 문장성분, 문장)의 계층구조가 '텍스트'의 단위로 확장되는데 그쳐 텍스트를 단순히 '문장의 연쇄'로 파악하였기 때문에 텍스트 연구를 "텍스트 문법(Textgrammatic)"이라 불렀다.

그러나 1970년대 초에 접어들면서 언어 화용론을 발판으로 삼아 "통보 지향적 텍스트 언어학"이 등장했다. 이 이론에 의해 언어 체계나 언어 능력 개념은 통보능력으로 확장되었고 텍스트는 단순한 문장연쇄가 아닌 복합적인 언어행위로 정의되었다. 통보행위를 텍스트로 간주함에 따라 "텍스트 이론" 또는 "텍스트학"이라 부르는 경우도 있었다. 최근에 와서는 앞으로 언어학이 나가야 할 길이 텍스트의 구조와 기능을 밝히는 길로 이어져야 한다는 인식이 깊어짐에 따라 "텍스트 언어학"이란 말이 자리를 잡아가고 있다.

텍스트학(Textwissenschaft)은 텍스트를 대상으로 하는 모든 학문을 가리키고, 텍스트를 유형화할 수 있는 기준 설정을 그 과제로 삼는다. 모든 학문 영역에서는 텍스트를 다양한 관점에서 다양한 목표를 설정하여 연구한다. 예를 들면 신학에서는 종교적인 텍스트(성서)의 해석을, 역사학에서는 역사적인 불변사실들을 규명하고 텍스트 유형의 변이형들과 이들을 기초하는 데 근거가 되는 사회적, 정치적 문화적인 정황들을 연구한다. 사회 심리학은 일정한 텍스트 구조들과 이 구조들이 개인이나 그룹의 영향지식, 견해, 태도, 행위에 미치는 영향 관계를 연구한다. 텍스트 언어학은 텍스트학의 한 부분으로 그 주된 과제는 브링커(Brinker, 1992:8)에 따르면 구체적인 텍스트의 바탕을 이루는 텍스트 구성의 일반적인 조건과 규칙들을 체계적으로 기술하고 텍스트를 수용할 때 갖는 이들의 의미를 밝혀 내는 일이다.

르네 디르뱅(René Dirven, 이기동 외 옮김, 1999)에서는 텍스트 언어학이란 어떻게 S(화자, 청자)와 H(청자, 독자)가 텍스트를 이용하여 의사소통을 하는가에 대한 연구라고 하였다. 다시 말해, S가 만들어 내거나, H에게 주어진 텍스트(곧, 단어들)의 범위를 넘어서 어떻게 문장과 단락, 소절 등의 사이에 나타나는 관계를 파악하는가에 대한 연구이다.

결국, 텍스트 언어학은 통화를 목적으로 하는 발화체로서의 텍스트를 언어적 요인뿐만 아니라 심리적 요인, 사회적 요인, 정보 처리적 요인까지를 구명함으로써 통화적, 유의적 총체로서 텍스트의 본질과 역동성을 구명하려 한다.

1.2. 텍스트 해석

텍스트의 이해와 재현 번역은 등가의 의미를 지향하면서 출발어의 구체적인 표현을 도착어의 구체적인 표현으로 바꾸는 것을 의미한다고 하였다. 이러한 번역의 과정을 다음과 같이 도식화할 수 있다.

(1) 번역의 과정

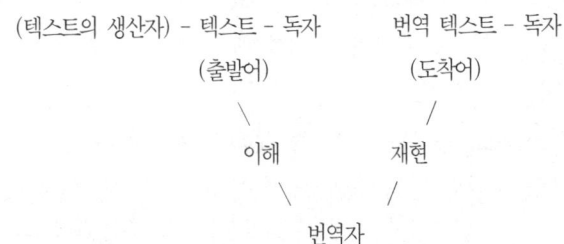

번역의 일차적 과정으로 나타나게 되는 것은 번역가의 이해이다. 언어 체계가 의미론적·통사론적·구문론적·가치론적 층위에서 완전히 일치하는 이상적인 두 단어 체계란 존재하지 않기 때문에 번역가는 해석이라는 과정을 통해 출발 텍스트를 이해해야 한다. 이 때 번역가들의 이해는 일반 독자의 이해와는 달리 보다 명확해져야 할 필요가 있다. 왜냐하면 일반 독자는 자신이 읽는 텍스트의 의미를 뚜렷이 한정시키지 않고 모호한 하나의 전체로서 받아들일 수 있고 또 텍스트가 주는 미적 효과를 단지 막연하게 느끼기만 해도 되지만 번역가는 보다 뚜렷이 의미를 포착하여 경계짓고, 미적 효과를 분석하여 그러한 미적 효과를 자아내는 구성 요인들을 찾아내며, 그렇게 하여 얻어진 의미와 미적 효과를 다른 언어를 통해 다시 재현시켜야 하기 때문이다.

번역은 단순히 하나의 언어 체계를 다른 언어 체계로 전환시키는 즉 추상적이고 잠재적인 성격의 랑그를 또 다른 랑그로 바꾸는 작업으로만 한정될 수 없다. 번역은 실현된 텍스트 또는 담론을 대상으로 하여 그에 내포되어 있는 모든 인지적·감정적·미적 기능들과 더불어 각각의 언어 체계에 고유한 문화적 특성까지도 그에 상응하는 것으로 대체하는 작업이다. 이와 같은 사실은 번역이 단순히 언어적 지식만을 요구하는 것이 아닌, 매우 복합적인 작업이라는 것을 보여 준다. 어느 한 언어를 말하거나 완벽하게 습득했음은 그 언어에 역사적, 사회적으로 전수된 현실 파악의 방법을 정확히 이해했음을 의미한다. 따라서 번역이란 단순한 언어기호의 전환이 아니고 그 언어를 사용하는 언어공동체의 구성원만이 직감적으로 알 수 있는 역사적-사회적(문화적)으로 전수된 복합적 요인을 내포한 언어기호를 다른 언어기호로 옮기는 작업 즉 문화의 변용이다. 그만큼 언어와 문화는 아주 밀접한 연관 관계를 맺고 있다.

번역 이론의 정립   이난희(1995:435)에 의하면 전통적인 번역 작업의 주된 논의는 번역 가능성의 문제와 더불어 출발어에 초점을 맞추어 번역할 것인가, 번역에 초점을 맞추어 번역할 것인가, '충실하게' 직역할 것인가, '자유롭게' 의역할 것인가 등이었다. 이에 대해 지금까지도 "가능한 한 글자 그대로 그리고 필요한 만큼만 자유롭게" 번역할 것이 권장되어 왔다. 이 때에 어떤 언어 단위를 기준으로 '충실할 지', '자유로울 지'에 대해서는 구체적인 언급은 없으나 아마도 문장 이하의 언어 단위를 염두에 둔 것 같다. 이는 그 동안의 언어학이 문장을 분석의 단위로 언어 체계 내에서 문법성과 적격성 분석에 치중한 시각의 결과라 하겠다.

그러나 최근 들어 언어사용의 맥락 및 상황 요인에 대한 인식이 높아지면서 문장은 텍스트를 이루는 일부로서 문맥과 연관성을 갖을 때 그 의미가 있으며, 결코 독립되어서는 의사소통의 단위를 이룰 수 없다는 견해가 지배적이다. 그러므로 현대 언어학에서는 – 특히 그것이 언어사용에 주안점을 두었을 경우 – 문장이 아니라 텍스트가 의사소통의 기본 단위이며, 언어 기술의 기본 단위로 간주된다.

이러한 텍스트 언어학적인 언어 기술의 시각 변화는 번역학에도 새로운 인식 전환의 계기가 되었다. 보그랑데와 드레슬러(1981)에 의하면 번역은 무엇보다도 언어의 실현과정을 포함하는 것이므로, 잠재적이고 자기 충족적인 체계에 몰두했던 전통언어학은 번역이론의 발전을 저해하였다. 이러한 점은 바로 기계번역의 유일한 근거로 잠재적 체계를 사용했을 때 극적으로 드러났는데, 문법과 사전(양쪽 다 잠재적 체계)만 가지고 작업하는 컴퓨터는 믿을 만한 기능을 발휘하지 못했다. 왜냐 하면, 그러한 컴퓨터는 맥락을 평가할 수 없었기 때문이다. 세계에 대한 사전지식을 갖춘 컴퓨터가 훨씬 좋은 기능을 보였는데, 그것은 어떤 개념들과 그 개념 관계들이 텍스트 세계에서 우선적으로 결합될 것인가를 결정할 능력이 컴퓨터에 있었기 때문이다. 이러한 우선 선택적 모델들은 텍스트 언어학에 의해 만들어질 수 있을 것이다.

바스넷-맥과이어(1980:37)에서는 "번역 이론의 목적은 번역 행위에 수반되는 번역 과정을 이해하기 위한 것이지, 종종 오해가 되는 것처럼 완벽한 번역을 성취하기 위한 일련의 규범을 제공하려는 것이 아니다."라고 하였다.

간단히 말해서 어떤 번역이 다른 번역보다 더 낫다는 식의 주관적이고 자의적인 판단을 내리거나 훌륭한 번역이란 부과된 일련의 규칙들을 충실히 따르는 데서 얻어진다고 주장하는 대신에, 우리가 지향하는 목표는 출발어 텍스트가 도착어 텍스트로 바뀌는 동안 번역자가 경험하게 되는 단계화 순서를 객관적으로 기술하려는 것이다. 다시 말하면 번역 그 자체보다도 번역을 창출하는 과정에 초점을 두려는 것이다.

보그랑데(de Beaugrade. R. 1978:135. Factors in a Theory of Poetic Translating, van Gorcum, Assen)의 경고는 이러한 번역 이론에 대한 문제점을 잘 간파하고 있다.

> (2) 번역 이론 모형이 번역자가 당면하게 되는 모든 문제를 해결해야 한다고 기대하는 것은 옳지 않다. 번역 이론은 그 대신 문제점들을 해결하고 관련된 여러 양상들을 조정하기 위한 일련의 책략을 세우는 것이다.

이러한 논평이 명확하게 보여 주는 것은 번역 연구란 번역 과정이건 결과이거나 간에 규범을 배제하고 기술의 방향으로 재정립되어야 하고, 번역 결과를 다루는 가장 효과적인 방법은 텍스트 언어학의 범위 내에서 다루어져야 한다는 것이다.

고영근(1999:380-382)에서도 번역은 단순히 출발언어를 목표언어로 바꾸는 기계적인 옮김의 과정이 아니라고 하면서 번역자는 원작품의 언어 밑바닥에 흐르고 있는 문화적 속성까지 송두리째 이해하여 새로운 다른 언어로 창조해야 한다고 하였다. 그는 이런 의미에서 번역을 이미 존재하는 인지적 구성체에 대한 메타구성체(Metakonstrukte)로 정의하였다. 나아가 텍스트 이론에 대한 연구가 깊어지고 그것이 번역학의 이론 정립과 실제문에 응용되는 분위기가 조성되면 번역문화에도 새로운 지평이 열릴 것이라고 했다.

2002년 텍스트 언어학회 학술대회에서는 "번역과 텍스트 언어학"이라는 주제로 텍스트 언어학 이론을 통한 번역이론의 정립 방향에 대한 논의가 진행되었다. 이 발표회에서 박여성(2002)은 기존의 어휘의미론적-통사론적 번역학의 한계를 넘어서 텍스트 언어학과 기호학의 연구성과를 이용하는 가능성을 모색하고자 하였다. 구체적으로는 화용론(화행단위, 담화 격률)과 텍스트 언어학(표층결속성, 심층결속성, 용인성, 상황성, 정보성, 간텍스트성) 및 기호학(현실모델, 기저이분법, 은유 및 환유, 동위성)의 이론소들이 번역의 문제를 해결하는데 기여하는 방식을 보여줄 것이며, 이 연구를 통하여 향후 문학작품의 원본과 번역작품을 대비 구축한 다중언어 병렬 코퍼스의 구축 및 번역비평과 번역수업에도 기여할 수 있을 것으로 전망했다.

1.3. 텍스트성

텍스트성(textuality)은 텍스트를 텍스트답게 만드는 데 작용하는 여러 요인들을 말한다. 통화행위 속에 실현되는 텍스트성은 모두 일곱 가지인데, 텍스트적 요인에 해당하는 응결성과 응집성, 심리적 요인에 해당하는 의도성과 용인성, 사회적 요인에 해당하는 상황성과 텍스트 상호성, 정보처리적 요인에 해당하는 정보성이 그것이다.

이와 같은 텍스트성을 유지하지 못하는 텍스트는 비텍스트가 되는

데, 실제 통화상에 있어서는 텍스트성을 유지하지 못하는 경우가 흔히 발생하게 된다. 이 때 생산자의 오류에 의해 텍스트성이 유지되지 못하는 경우에는 그 텍스트를 비텍스트로 처리할 수 있겠지만, 문제는 생산자의 의도에 의해 텍스트성이 고의로 파괴되는 경우가 있다는 것이다. 더욱이 출발언어를 도착언어로 번역하는 과정에서는 출발언어의 텍스트성이 도착언어에 와서는 변화되는 경우가 많고, 이러한 과정에서 본래의 의미가 변질될 가능성이 매우 높다.

따라서 본 장에서는 도착언어로 번역된 문장을 중심으로 텍스트성을 살피고, 어떤 번역이 출발언어의 의도를 살리면서, 동시에 도착언어를 사용하는 언중들의 언어 표현에 적합한 것인지를 살펴보고자 한다.

응결성과 응집성

2.1. 응결성(cohesion)

응결성과 응집성의 개념 번역 텍스트(이를 출발어 혹은 출발 메시지 Language Departure or Message Departure, 또는 원문 언어 Source Language 라 부르기도 한다.)를 올바로 옮기기 위해서는 텍스트를 구성하고 있는 여러 요소들을 분석하고 종합할 수 있어야 한다. 여러 가지 요소가 합쳐져 하나의 텍스트를 구성할 때, 각각의 요소는 충실히 자기의 기능만을 맡고 있는 것은 아니다. 이는 마치 줄다리기의 원리와도 같다. 줄다리기는 개개인의 힘에만 의지하지는 않는다. 아무리 힘 센 사람들끼리 한 편을 이룬다고 할지라도 협동의 원리가 지켜지지 않으면, 승리를 거둘 수 없다. 그 까닭은 당기는 힘이 개개인의 힘의 총량과 일치하는 것은 아니기 때문이다.

텍스트의 구성 원리도 이와 마찬가지이다. 텍스트를 구성하는 개개의 요소가 합쳐져 한 편의 글을 이루어 내는 것이 아니라, 맥락이나 상황에 따라 텍스트의 또 다른 면을 만들어 낸다. 이렇게 텍스트를 텍스트답게 만드는 요인에는 응결성과 응집성이 있다.

응결성(cohesion)은 통사구조의 구성요소들이 상호관련을 맺는 연결성을 뜻하고, 응집성(coherence)은 텍스트 기저에 있는 각 개념과 그들 관계의 구성체의 성분들이 상호 수용 가능하고 적합성을 띄는 방식에 관여한다. 하나의 텍스트를 의미 있는 것으로 받아들일 수 있다면 그 텍스트는 응집성을 지니고 있다고 볼 수 있다. 결국 응결성과 응집성은 텍스트의 연결관계를 나타내는데 응결성은 표층구조의 연결성을, 응집성은 텍스트 기저의 개념들의 연결성에 관여한다. 그리고 이들은 텍스트의 구체적인 실현수단으로서 상보적인 관계를 형성한다.

이러한 응결성과 응집성의 차이는 벨(Bell, 박경자·장영준 옮김, 2000:222-224)에서 제시한 예문을 통해 쉽게 이해할 수 있다.

(1) a. I had a cup of coffee. I got up. I woke up.
→ 나는 커피를 마신다. 나는 일어났다. 나는 깼다.
b. I woke up. I got up. I had a cup of coffee.

위의 (1a)는 완전히 응결이 있는 문장이지만, 현실 세계 지식을 통해 알 수 있듯이 응집성이 없다. 사람들은 보통 잠에서 깨어 일어나서 커피를 마시기 때문이다. 물론 자리에서 커피를 마시는 것이 가능하기는 하지만 매우 드물다. 왜냐 하면 이미 일어난 후에 커피를 마시고 그 후에 잠에서 깨어나는 것은 매우 흔한 일이기 때문이다. 이 문장에서 사용된 절은 다 괜찮지만 이 절을 통해 표현하는 행동의 순서가 뒤바뀌었다. 따라서 (1b)와 같은 순서로 재구성했을 때 응결성과 응집성을 구비한 텍스트가 될 수 있다.

응결성 장치 이현호(1993)에서는 응결성과 관련 있는 요인들을 응결성 장치(cohesive devices)라 하고, 응결성 장치란 표층 텍스트에 실현되어 나타나는 발화체들의 연속성에 기여하는 모든 문법적, 통화적 도구들 및 구조와 패턴을 뜻한다고 하였다.

응결성 장치는 다음과 같은 목적으로 사용된다.(구체적 내용은 Ⅲ. 번역의 층위. 1. 어휘 및 문법요소, 2. 통사 구조를 참고.)

첫째, 불확실성이나 논란의 여지를 텍스트에서 배제하고자 할 때는 ① 회기법, ② 부분적 회기법, ③ 병행구문, ④ 환언 등의 수법을 사용한다.

둘째, 표층 텍스트를 간결하게 만들고자 할 때는 ① 대용형, ② 생략 등의 수법을 사용한다.

셋째, 텍스트 세계의 사상과 상황의 내적 관계나 그들 상호간의 관계를 명시하고자 할 때는 ① 시제와 상, ② 접속구조 등의 수법을 사용한다.

넷째, 그밖에 ① 기능적 문장 투시법, ② 억양 등의 수법을 사용한다.

2.2. 응집성(coherence)

응집성의 결정 요인 번역에서 텍스트의 응집성에 유의해야 하는 까닭은 개별언어의 특성이 텍스트의 응집성을 달리 만들기 때문이다. 예를 들어 'regret'와 관련된 다음 문장을 살펴보자.

(2) a. I regret that I cannot speak English. (that 절)
    b. 내가 영어를 잘 하지 못하는 것이 유감이다.

위의 두 문장이 같은 의미를 지닌다고 할 때, 두 문장을 구성하는 요소는 다르다. (2a)는 that-절로 이끌린 문장으로 전체 문장의 주어와 절의 주어가 모두 드러나 있는데 비해 (2b)는 주절을 안은 문장이지만 전체 문장의 주어는 '것'이라는 의존명사로 표시된다. 이처럼 같은 의미를 드러내는 문장일지라도 그 구성 요소는 다르다. 이 때 (2a)든 (2b)이든 하나의 문장, 또는 그 이상의 단위가 의사소통에 기여하는 단위로 파악될 때, 텍스트 언어학에서는 그것을 '텍스트(text)'라고 부른다.

텍스트는 그 텍스트를 구성하는 하위 요소들의 단순한 집합이 아니다. 하나의 문장이 하나의 텍스트를 이룰 수도 있고, 여러 개의 문장이나 발화된 단위가 모여 텍스트를 이룰 수도 있다. 달리 말해 텍스트의 성격은 텍스트를 구성하는 단위에 의해 결정되는 것이 아니라, 현실 시간과 공간 속에서 의사소통을 이룰 수 있는 것으로, 장면성, 상황성, 발화자의 의도 등에 의존하게 된다. 이 점에서 번역자는 번역하고자 하는 대상의 텍스트성을 잘 살펴야 한다. 좀더 자세히 말하면 번역하고자 하는 글이 종합적으로 어떤 의미를 갖는가는 텍스트를 구성하는 여러 요소들이 어떤 의미를 재생산하는가를 이해하는 일과 같다. 예를 들어 단어나 문장이 생성하는 의미는 상황이나 맥락에 따라 다양해질 수 있다. 그것은 텍스트 구성 요소들이 갖는 응집성이 만들어 내는 결과인 것이다.

여기에서 우리는 응집성에 대한 텍스트 언어학적 해석을 유념해 볼 필요가 있다. 텍스트 언어학에서는 텍스트성의 기본 개념으로

'응결성(cohesion)'과 '응집성'을 구분한다. 초창기 텍스트 언어학이 발전할 때에는 두 개념을 구분하지 않았으나(권재일 1999:209), 두 개념은 명백히 구분된다. 응결성이란 겉으로 드러난 언어 자료의 문법적 적형성을 의미한다. 이에 비해 응집성은 적형성을 지닌 그 언어 자료를 생산하는 데 동원된 인지적 장치들의 유기적 관계를 의미한다. 여기에서 인지적 장치란 각각의 요소가 결합하여 새로운 의미를 생산하는 요인을 말한다. 개별 언어에서 텍스트의 응집성을 결정하는 요인은 동일하지 않다. 다음 문장을 살펴보자.

(3) a. I regret the fact that I cannot speak English. (the fact 삽입)
  b. I regret being unable to speak English.(동명사구)
  c. I regret the fact of being unable to speak English.(the fact 삽입과 동명사구)
  d. I regret my inability to speak English.(파생명사)

　(3)은 영어에서 감정을 나타내는 동사 'regret'를 사용하여 앞서 나온 예문(2)의 의미를 생산할 수 있는 다른 방법을 제시한 것이다. 여기에 나타난 문장은 모두 적격문이며 심층적인 의미도 (2)와 동일하다. 그런데 이 문장을 한국어로 번역한다면 '내가 영어를 할 수 없는 것이 유감이다.'라는 하나의 문장으로 통일된다. 만약 한국어로 이들 문장을 직역한다면 어색한 문장이 될 것이다. 이와 같이 텍스트를 구성하는 여러 요소들이 모여 하나의 텍스트를 생산해 낼 때, 그 쓰임은 개별 언어마다 다르다. 다음 문장을 살펴보자.

(4) a. English is spoken in Canada.
  b. → 영어가 캐나다에서 말해진다.
  c. → 영어는 캐나다에서 쓰인다.
  d. → 캐나다에서는 영어를 쓴다.

(4a)는 직역하면 (4b)가 된다. 그런데 한국어에서 이 문장은 어색한 문장이 된다. 그 까닭은 한국어 어휘항에서 '말하다'의 피동어휘로 '말해진다'가 존재하기 않기 때문이다. 그렇다면 (4c)와 같은 문장으로 옮길 수 있는데, 그 경우 실제 텍스트가 의도하는 바와는 전혀 다른 의미가 된다. 실제로 이 문장은 (4d)의 의미를 드러내고자 하는 문장이기 때문이다. 이처럼 개별 언어에서 텍스트를 구성하는 요소들이 응집하여 실제 의사소통에 기여하는 의미를 생산할 때 응집성이 달리 작용한다. 번역자는 이 점을 유의해야 한다.

또 다른 예문을 살펴보자.

(5) a. Burn the paper in the incinerator.
　　b. He found her an efficient typist.

위의 예문은 두 가지로 적절한 해석이 가능하지만 다음과 같은 구문상의 중의성이 있다.

(6) a. ㉠ 서술어 목적어
　　　 ㉡ 서술어 목적어 부가어
　　b. ㉠ 주어 서술어 직접 목적어 보충어
　　　 ㉡ 주어 서술어 간접 목적어 직접 목적어

어휘와 구문에 의한 응집적 결합인 기호의 관련성만으로는 위의 중의성을 해결할 도리가 없다. 언어적 맥락에 의존해서도 중의성을 해결하는 데는 불충분하다. 이러한 상황에서 중의성을 없애기 위해서는 기호에서 벗어나서 기호 사용 맥락에 대한 지시나 언급을 함으로써 성취될 수 있다. 즉 실세계의 지식에 의존함으로써 그리고 그러한 실세계의 지식을 근거로 한 추론에 의해서만이 가능하다.

우리는 통사구조의 근거를 이루는 명제구조를 알아야 한다. (6a)

를 보면 in the incinerator는 분명히 '-에 적용되는' 관계를 실현한 것이지만 무엇에 적용되는, 즉 종이에 적용되는 것 또는 타기나 태우기에 적용되는 것인가에 따라서 의미가 달라진다.

그리고 (6b)는 행위자-과정-운반자-속성, 즉 '그는 그녀를 유능한 타자수로 알았다'로 해석해야 하는지, 아니면 행위자-과정-도달점, 즉 '그는 그녀를 위하여 유능한 타자수를 찾아 주었다'로 해석해야 하는지가 문제이다.

이러한 중의성의 문제를 해결하기 위해서 우리는 텍스트 혹은 텍스트 세계에 의해 제시된 그런 세계를 우리가 알고 있는 세계, 즉 실제세계와 어울리게 해야 한다. 종이는 항상 태워지기 위하여 반드시 준비된 소각 장소에 있어야만 하는가? 우리의 상식으로는 그렇지 않다는 것을 알 수 있다. 발화의 특정 상황에 관한 더 이상의 정보 없이는 중의성만을 얻게 된다.

또 우리는 남자 상관이 자신과 성(性)이 다른 여성을 위하여 유능한 타자를 고용하는 세상에 살고 있는가? 또는 타자수들은 보통 능력있는 여성들인 세계에서 살고 있는가? 전자는 불가능한 것이고 따라서 우리는 후자의 의미를 받아들이기가 더 쉽다.

응집과 매개 변인 올바른 번역을 위해 텍스트의 성격과 개별 언어의 관계를 이해해야 한다. 번역에서 대상이 되는 텍스트는 출발언어이다. 번역자는 이 텍스트를 도착어로 다시 옮기게 되는데 그 과정에서 텍스트의 본질적인 기능이 훼손되지 않도록 해야 한다. 이와 같이 하려면 텍스트를 생산하는 데 필요한 요소가 무엇인지, 그리고 무엇 때문에 출발어와 도착어가 일치하지 않게 되는지를 이해해야 한다.

이 점에서 일반언어학에서 사용하는 '언어 능력'은 번역 과정에서 텍스트의 동질성 유지를 이해하는 데 도움을 줄 수 있다. 일반언어학에서는 문법의 목표를 겉으로 드러난 형식 표시와 의미 표시의 관계를 나타내는 것이라고 한다(이홍배 1987:28). 곧 하나의 문장 (통사부)은 구절 구조를 갖추며, 그 구조는 다시 음성 형식과 논리 형식으로 표출된다. 이러한 요소들의 관계를 규칙화하는 것을 문법이라 부르며, 이 문법 이론은 좁은 의미에서 언어 능력에 관한 이론이 된다. 이 때 음성 형식과 논리 형식은 문법적인 능력, 개념 체계, 신념 체계, 화용적 능력, 그리고 언어 생성과 분석 능력과 밀접한 관계를 맺는다.

촘스키(1981)에 따르면 세계 언어에 작용하는 보편적인 규칙이 존재하지만, 그 원리 체계는 개별 언어에 따라 상당한 차이를 보인다고 한다. 이 차이를 매개 변인(parameter)이라고 부르는데, 동일한 개념을 벗어나지 않는 범위 내에서도 여러 가지 변화가 있을 수 있다는 뜻이다.

문법 연구와는 달리 번역에서는 이러한 매개 변인이 더욱 많다. 엄밀히 말한다면 번역에서는 이를 '매개 변수'라고 불러야 할 것이다. 이에 대해 페르니에(M. Pergnier, 김현권·노윤채 옮김 2001)에서는 매개 변수를 다음과 같이 그림으로 나타낸 바 있다.

(7) 메시지의 매개 변수

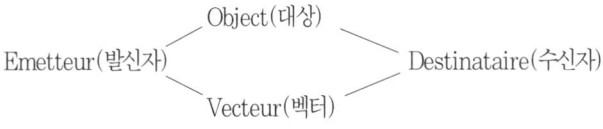

(7)은 메시지가 생산되어 수용되는 과정까지의 그림이며, 이 과정에서 대상과 '시간 및 공간적인 상황'을 뜻하는 벡터가 중요하게 작용한다. 그런데 번역자는 단순히 이 도식 내부에 들어 있지 않다.

그 까닭은 번역자는 단순히 메시지를 생산하고 수용하는 사람이 아니기 때문이다. 이 점에서 페르니에는 메시지를 단순히 받아들이는 수신자와는 달리, 메시지를 정확히 이해함으로써 모호성이나 애매성을 갖지 않도록 비판하는 수용자라는 개념을 사용하고 있다. 그에 따르면 번역자는 발신자, 대상, 벡터, 수신자를 모두 이해하는 사람이어야 한다. 그는 각각의 매개 변수와 번역자의 관계를 다음과 같이 정리하고 있다.

(8) 매개 변수와 번역자

a. 번역자는 일반적으로 메시지의 수신자가 아니며, 따라서 메시지 전달의 도식 내에 있지 않다.
b. 번역자는 단순히 수용자가 아니다. 왜냐 하면 번역을 하면서 그는 그 자신이 스스로 발신자가 된다. 수용자로서 그는 수신자로 교체되기를 원한다. '재발신자'로서 그는 원래의 발신자로 교체되기를 원한다.
c. 메시지를 재발신하면서 그는 다른 언어와 관련해서뿐만 아니라 새로운 상황 자료와 관련해서 발화 산출의 새로운 상황을 만들어 내고 재발화한다.

결국 번역자는 출발 언어 텍스트를 수용하는 입장이면서 동시에 도착 언어로 바뀐 새로운 메시지 발신자가 되는 셈인데, 아무리 뛰어난 번역자일지라도 자신이 수용한 메시지와 번역 행위를 함으로써 생산된 메시지가 완벽하게 같을 수는 없다. 그 이유는 번역자와 관련된 매개 변수가 복합성을 띠고 있기 때문인데, 그러한 변수로는 메시지 전달 경로상의 요소들과 함께, 개별 언어의 차이(어휘, 문법 구조 등), 번역자 개인어·문체·수사학 등이 있다.

올바른 번역자는 이러한 변수를 제대로 이해하는 사람이다. 그런데 우리는 간혹 잘못된 번역이나 불완전한 번역을 대할 때가 있다. 우리가 번역 이론을 공부하면서 유의해야 할 일은 왜 이러한 오역이나 불완전한 번역이 나타나는가 하는 점이다. 텍스트 언어학적 관점에서 텍스트를 구성하는 여러 요소들이 유기적으로 결합하여 이루는 '응집성에 대한 이해'는 개별 언어의 차이에서 비롯되는 오역 문제를 해결하는 방안이 될 것이다.

응집성의 등가 번역에 있어서 '등가(equivalence)'의 개념은 가장 핵심적인 논의 대상이다. 번역의 궁극의 목표는 출발어의 내용을 도착어를 사용하는 독자들에게 출발어를 사용하는 독자들이 이해하는 수준과 동일하게 이해시키는 데 있다. 이것이 가능할 때 완벽한 번역이 이루어지고, 두 텍스트간의 등가의 개념이 성립한다. 그러나 이는 현실적으로 실현되기가 어려운 문제이다. 다만 가능하고자 노력할 뿐이다.

앞서 논의한 대로 동일한 언어 체계 속에서도 완벽한 등가 개념의 성립은 사실상 불가능하다. 하물며 서로 다른 기호와 규칙체계로 이루어진 두 언어 사이의 등가개념은 더 더욱 불가능하다. 따라서 번역에서의 '등가'개념은 텍스트 혹은 이들의 부분들이 의미의 동일성을 보일 때, 문법구조나 어휘 선택은 크게 다르더라도 등가라 할 수 있다.

정호정(2001)에 의하면 등가에 대한 논의 역시 번역학의 발전상을 그대로 반영하고 있다. 본격적 의미에서의 번역학이 태동하기 시작한 60년대 말과 70년대에는 언어적 등가가 논의의 핵심이었다. 그러나 번역학이 점차 발전하면서부터는 등가를 구성하는 요소들의 범위가 점차 확대되었고, 오늘날에는 어휘 의미적, 화용적, 커뮤니케이션 상황적, 기능적 고려 사항을 모두 포함하는 포괄적 등가, 바꾸어 말하자면 텍스트와 텍스트 사이의 총체적 가치 동등성, 곧 텍스트간 등가(inter-textual equivalence)를 논하기에 이르렀다.

다음 예문을 보자.

(9) You are quite a stranger.
→ 당신은 꽤 낯설군요.

위 번역문은 '주어+부사어+서술어'라는 원문의 구조를 그대로 따르고 있다. 즉 응결성을 지키고 있다. 그러나 '당신은 꽤 낯설군요'라는 문장을 도착어의 독자들은 제대로 이해할 수 없다. 이 경우 응결성의 등가성은 확보되었을지 모르지만 응집성의 등가성은 확보되지 못한 셈이다.

이를 '이젠 잘 볼 수가 없군요' 정도로 번역한다면 원문의 응결성은 파괴되었지만 응집성의 등가성은 제대로 확보되었다고 할 수 있다.

결국 응결성의 등가를 확보한다는 것은 거의 불가능한 일이며 응집성에서의 등가를 확보하는 일이 번역의 최대 과제이며 올바른 번역이 나아갈 길이다.

2.3. 직역과 의역

완벽한 등가성을 이루는 번역이 불가능하더라고 번역가들은 최대한 등가성을 이루는 번역을 시도한다. 이러한 과정에서 나타나는 문제가 직역과 의역의 문제이다.

여기서는 직역의 중요성과 의역의 필요성에 대해 살펴보고자 한다. 그리고 직역과 의역의 과정에서 발생하는 텍스트의 응집성 문제를 살펴보겠다.

직역의 중요성과 문제 직역은 출발 텍스트를 가능한 한 문자 그대로 도착 텍스트로 옮기는 방법이다. 다시 말해 출발 텍스트의 통사론적·구문론적 구분과 배열을 가능한 한 그대로 옮기는 것, 즉 언어의 형태적 구조에 집착하는 태도이다.

(10) a. Good morning.
→ 좋은 아침.
b. Merry Christmas and happy New Year.
→ 즐거운 크리스마스와 희망찬 새해를 빕니다.
c. I go to school.
→ 나는 학교에 간다.
d. This train arrives at Union Station at ten.
→ 이 기차는 열 시에 중앙역에 도착한다.
e. Where are you?
→ 당신은 어디에 있습니까?

위의 예문에서 알 수 있듯이 직역의 방법은 번역할 때 발생할 수 있는 오역 또는 주관적 해석에 의한 원본의 왜곡을 피할 수 있다는 장점이 있다. 번역가가 출발어 텍스트를 읽고 생각한 것이 독자가 도착어 텍스트를 읽고 생각한 것이 반드시 일치하는 것은 아니다. 즉, 번역자의 판단과 독자의 판단이 반드시 일치하지 않을 수 있다는 것인데 직역은 이런 판단의 불일치를 미연에 막아주는 이점이 있다.

번역가는 직역을 통해 출발어 텍스트의 언어 구조를 어떠한 간섭 현상에 의해서도 흐리게 하거나 굴절시킴이 없이 그대로 도착어의 구조 속에 투영시키는 것이다. 즉, 직역에서는 텍스트라는 존재를 존재 그대로 옮긴다는 것이 중요하며, 그런 과정에서 생길 수 있는 이질적이고 낯선 것은 그대로 받아들이는 것이다.

그러나 번역가가 무의식적으로 출발어의 텍스트를 문자그대로 직역하다 보면 번역문을 읽는 독자들이 이해하기 힘든 텍스트를 생산해내는 현상이 나타날 수 있다.

(11) a. Take a break in the rush.
→ 돌진에서 중단을 하다.
b. He plays second fiddle to him.

→ 그는 제2의 바이올린을 연주한다.
c. He races over the house.
→ 그는 있는 힘을 다해서 집을 위로 돌았다.
d. He is filled with loneliness.
→ 그는 외로움을 가지고 있다.

(11)의 예문들은 원문을 그대로 직역한 것이다. 이 경우 도착어의 독자들은 이해하기가 힘들거나 이해를 하더라도 매우 어색하다. (11a)의 경우는 '잠깐 쉬다'로 (11b)는 '그는 단역을 맡고 있다'로 (11c)는 '그는 있는 힘을 다해서 집을 한바퀴 돌았다.'로 번역해야 독자가 쉽게 이해할 수 있다. 또한 (11d)는 '그는 외롭다'로 번역해야 자연스럽다.

번역가가 무의식적으로 출발어 텍스트를 문자 그대로 직역하려다 보면 출발어 텍스트의 구문 구조를 도착어 텍스트의 구조에 강요하게 되고, 결국은 전혀 이해할 수 없는 말들을 나열하는 결과를 초래하게 된다.

의역의 필요성 의역은 원문의 형태를 중시하는 직역과는 달리 출발어 텍스트보다는 도착어 텍스트에 중점을 두어 텍스트를 옮기는 방법이다. 다시 말해 도착어 텍스트의 자연스러운 사용에 의한 의미에의 충실성을 지향하는 번역 방법이다. 의역은 원어 텍스트를 직역하면 문장의 의미가 통하지 않고 어색한 문장이 되며 의미가 잘 통하지 않을 때 사용하는 방법이다.

(12) a. Is this your first visit?
    (a′) 이번이 처음 방문입니까?
    (a″) 이번에 처음 오시는 겁니까?
b. A cow has four legs.

(b′) 암소는 다리를 네 개 가지고 있다.
(b″) 암소는 다리가 넷이다.
c. His story is seldom told by his own telling.
(c′) 그의 이야기가 스스로의 입으로 말해진 일은 거의 없다.
(c″) 그가 스스로 자기 이야기를 말한 일은 거의 없다.
d. His attendance record was not very good.
(d′) 그의 출석률은 그렇게 좋지는 않았다.
(d″) 그는 결석을 자주 하였다.

위의 예문에서 앞의 번역은 직역의 방법을 사용한 경우이고, 뒤는 의역의 방법을 사용한 예라 할 수 있다. 각 예문들을 통해 직역의 방법으로 번역한 것보다 의역의 방법으로 번역한 것이 보다 이해하기가 쉬운 것을 알 수 있다.

번역의 목표가 무엇보다도 의미의 충실한 재현에 있다고 할 때 의역의 장점이 있다. 요컨대 하나의 단어를 그에 상응하는 단어들로 대치하는 것이 아니라, 전체적인 의미를 포착하는 것, 그리고 그에 덧붙여 표현들의 어조와 가치를 유지하는 것을 통해 원어 메시지의 이해를 원활하게 한다는 데 의역의 장점이 있다. 의역에 있어 가장 중요한 것은 전체적 의미와 의미 효과의 등가성이다.

이종인(1998)에서도 직역과 원문의 형태를 바꾸는 의역의 필요성을 제시하고 있는데, 이 때 원문의 형태를 바꾸는 것은 응결성에 변화를 주는 것을 의미한다. 즉 의역은 출발어 텍스트와 도착어 텍스트의 응결성은 달라지게 하지만 출발어와 도착어 사이에 있어 응집성의 등가성을 확보하기 위해 필요하다.

다음 예문을 보자.

(13) Minipause. Which would have been much longer were she
not in haste to catch her plane. "Hey, you sound slightly

pissed."
I weighed my worlds. I didn't want to aggravate her problems.
→ 잠시 침묵. 그녀가 서둘러 비행기를 타러 가야 할 상황이 아니었더라면 그 침묵은 좀더 오래 이어졌을 것이다.
"저어, 약간 화나신 것 같아요."
(   ) 나는 그렇잖아도 여러 가지 문제로 골치 아픈 문제로 그녀에게 부담을 주고 싶지 않았다.

위의 예문 중 밑줄 친 부분을 다음의 두 경우로 번역할 수 있다.

(14) a. 나는 내 말의 무게를 달았다.
　　　b. 나는 신중하게 대답을 생각했다.

동일한 뜻을 전달했다는 점에서는 위의 두 문장이 모두 맞는 번역이라고 할 수 있다. 그러나 형태와 속뜻이라는 두 가지 기준을 적용하면 (14a)는 직역, (14b)는 의역이 된다. 결국 의역은 속뜻을 보다 잘 전달하기 위해 원문의 형태를 과감히 바꾸는 것을 의미한다.

모든 텍스트를 번역할 때 가능한 직역이 최선이다. 그러나 다음 두 가지 경우에는 의역을 생각해 보아야 한다.

첫째, 직역하면 문장이 통하지 않는 경우이다. 사람들은 흔히 번역을 해석과 같은 것으로 생각하는 경우가 많다. 그래서 원문의 형태를 그대로 유지하면, 그것이 곧 훌륭한 번역이 된다고 생각한다. 다음 예문을 보자.

(15) All work is intrinsically honorable in ways that are rarely understood as they once were. Only the fortunate toil in ways that express them directly.

→모든 일은 한때 그것들이 이해되었던 것과는 달리 드물게 이해되는 방식으로 본질적으로 명예롭다. 오직 운 좋은 사람들만이 그들을 직접적으로 표시하는 방식으로 일한다.

이 번역문은 they, them의 대명사를 원문의 형태 그대로 번역하고 있어서 독자가 금방 그 뜻을 파악하기가 어렵다. 응결성은 출발어에 가깝지만, 응집성에 문제가 발생하게 된 것이다. 따라서 다음과 같이 번역하는 것이 바람직하다.

(16) 모든 직업은 본질적으로 명예롭다. 한때 직업이 이해되는 방식은 아주 고귀한 것이었으나 지금은 그렇지 못하다. 왜냐하면 지금은 운 좋은 사람들만이 자기 자신을 직접적으로 표현하는 방식으로 일을 하기 때문이다.

이 의역은 두 문장의 원문을 세 문장으로 분해하여 원문의 형태를 따르지 않았지만, 속뜻을 전달한다는 점에 있어서는 직역의 경우보다 훨씬 자연스럽다.

둘째, 직역하면 어색한 문장이 되는 경우이다.

(17) New York doesn't have monopoly on satisfaction.
→뉴욕은 만족에 대해서 독점권을 가지고 있지 않다.

물론 이것은 틀린 번역은 아니다. 그러나 대단히 어색하다. 이 번역을 읽는 독자는 순간 의의의 불연속성에 빠지게 된다. 이 경우도 역시 원문의 응결성을 바꾸어야 한다. 평서문인 원문을 의문문으로 바꾸어서 다음과 같이 의역할 수 있다.

(18) 어디 만족스러운 도시가 뉴욕뿐이겠어요?

여기서 우리는 원문의 형태를 변경하는 문제를 살펴 볼 필요가 있다. 독자가 원문의 내용과 등가성을 유지하면서도 쉽게 도착어를 읽기 위해서는 필요한 경우 도착어의 응결성을 출발어의 응결성과 달리 변경할 필요가 있다. 즉 응집성을 확보하기 위해 불가피하게 결속구조를 변경하는 것이다. 그 구체적 방법은 다음과 같다.

첫째, 길다란 원문을 두세 문장으로 끊는다.
둘째, 두세 문장으로 된 원문을 한 문장으로 통합한다.
셋째, 원문에 없는 말을 두세 마디 보태어 의미를 더 잘 통하게 한다.
넷째, 원문에 있는 단어(들)를 빼버린다.
다섯째, 원문의 한 두 문장을 통째로 빼버린다.
여섯째, 원문의 구조를 바꾼다.(평서문→의문문 등)
일곱째, 원문의 시제를 바꾼다.(현재 구문→과거 구문 등)

직역과 의역의 조화 직역과 의역의 장·단점에서 알 수 있듯이 번역함에 있어 직역과 의역 중 어떤 방법이 더 좋은 번역의 방법이라 결정할 수 없다. 좋은 번역의 방법은 텍스트에 따라, 누구를 위해, 그리고 무엇을 위해 번역하는가 하는 목적에 따라, 그리고 번역가 개개인이 번역에 대해 가지고 있는 사고와 번역가가 속한 시대와 계층의 취향에 따라 적절하게 사용해야 된다. 만약 번역이 너무 지나치게 의미중심적이면, 양 언어 사이에 형태상의 상응관계가 조화를 이루지 못하게 되고, 번역이 너무 지나치게 형태중심적이면, 양 언어 사이에서 의미의 조화로운 상응 관계가 깨어져 버리기 때문이다.

따라서 좋은 번역이란 대상인 텍스트에 따라, 누구를 위해, 그리고 무엇을 위해 번역하는가 하는 목적에 따라, 그리고 번역가 개개인이 번역에 대해 가지고 있는 사고와 번역가가 속한 시대와 계층의 취향 등을 고려해 직역과 의역의 방법을 적절히 사용하여 출발어 텍스트의 메시지를 손상시키지 않으면서 그 메시지의 의미를 도착어 텍스트로 가장 가깝게 번역해 내는 일이다. 결국 출발어 표현의 일차적 의미를 그대로 옮길 경우 그에 내포된 이차적 의미가 도착어로 옮겨졌을 때도 커다란 변화 없이 동시에 옮겨지는 것이라면 출발어의 표현을 존중할 수 있으며, 일차적 의미가 이차적 의미의 추출에 아무런 가능성을 보이지 않는다면 이차적 의미 중심으로 번역되어야 할 것이다.

2.4. 응집성의 결여

앞서 우리는 텍스트를 의미 있는 것으로 받아들일 수 있다면 그 텍스트는 응집성을 지니고 있는 것으로 볼 수 있다고 하였다. 지금부터는 이러한 응집성에 문제를 발생시키는 잘못된 번역 사례들을 살펴보겠다.

(19) the huge, filthy birds sat, their naked heads sunk in the hunched feathers
 → 추잡한 새가 부풀은 날개 속에다 털이 빠진 모가지를 움츠리고
(안정효, 1996:186)

독자들은 죽은 짐승이나 인간의 시체를 파먹기 위해서 모여드는 흉측한 콘도르 새를 영화에서 여러 번 보았을 텐데, 여기에서 묘사하는 새가 바로 그런 아프리카 콘도르이다.
(19)예문에 대한 안정효의 지적은 다음과 같다. 우선 번역자는

"추잡한 새"라는 표현을 썼는데, 추잡하다는 개념은 다분히 도덕적인 것이지 시각적인 인상은 아니다. 새가 '흉측'할 수는 있겠지만, 어떻게 추잡해질 수 있단 말인가? 또한 콘도르는 "털이 빠진" 머리를 '가진'것이 아니라 아예 털이 나지도 않은 '맨대가리(naked)'이며, 번역된 문장의 "날개"는 'wings'가 아니라 원문에서는 '깃털'을 날개라고 하는 것은 '손가락'을 '팔뚝'이라고 번역하는 격이다. 똑같은 얘기가 되풀이되는 셈이지만, 날개 속에다 파묻은 "모가지"라고 번역자가 얘기한 것은 '목(necks)'이 아니라 '대가리(heads)'이다. 목을 날개 속에 파묻는 동작은 해부학적으로 불가능한 일이다.

다음 예문을 보자.

> (20) Three are characterless managers who tick over day by day, pushing papers around, <u>waiting for problem to reach their desk</u> and then deflectting them on to someone else.
> → 특성이 없는 관리자는 하루하루를 그럭저럭 살아가면서 <u>그들의 책상으로 문제점이 도착할 때까지</u> 자신에게 온 서류를 건성으로 대한다. 그들은 자신의 결점을 남에게 떠넘긴다.
> (트랜스쿨, 2000:33)

위 밑줄 친 구절의 번역은 단어를 우리말로 그대로 옮겨놓은 수준에 불과하다. 독자가 그 의미를 제대로 이해하기 어려울 뿐만 아니라 설령 이해한다고 하더라도 너무 부자연스럽다. 원문이 가진 의미는 살리되 표현 방법이 자연스러워야 한다. 그리고 한 개의 문장으로 이루어진 원문을 두 개로 나누어 번역했는데 이로 인해 번역이 더 어색해져 버렸다. 다음과 같이 고치는 것이 무난하다.

(21) 주위를 살펴보면 그저 하루하루를 판에 박힌 듯이 살아가며 서류나 뒤적이다가 정작 해결해야 할 문제가 닥치면 다른 사람에게 떠넘겨버리는 무미건조한 매니저들이 있다.

이번에는 제목을 번역하는 경우를 살펴보자.

(22) 원문 제목 : Feedback is the breakfast of champions
번역 제목 : 피드백은 챔피언의 아침식사이다.
(강주헌, 2002:66)

(22)의 번역 제목으로 글의 내용을 짐작하기는 매우 어렵다. 그러므로 "피드백은 챔피언의 아침식사이다"라고 제목을 붙여놓고, 번역가로서 역할을 다했다고 생각한다면 잘못이다.

일단 피드백은 정해진 개념이라고 가정해 보면, 챔피언과 아침식사가 뜻하는 바를 생각해야 한다. 글의 내용상 챔피언은 누구를 뜻하는가? 그리고 아침식사는 그들에게 무엇인가? 이런 의문을 두고 고민해야 한다. 챔피언은 '적극성을 띠고 성공한 사람'일 것이고, 아침식사는 '첫걸음' 쯤의 뜻으로 짐작된다. 따라서 이 글의 제목을 "피드백은 동기유발을 위한 첫걸음이다"라고 붙이는 것이 훨씬 적합할 것이다.

다음은 김정우(2000:80-81)에서 제시한 이솝우화 '매미와 개미'의 한 구절이다.

(23) "Only we ants, of all living creature, rival man in regularly waging war against our own species, destroying ourselves more numerously than any natural enemy we possess."

밑줄 친 부분은 자칫 직역을 하다가는 중의성을 유발해서 독자에게 혼란을 줄 수 있는 부분이다. 대략 "우리가 전쟁을 해서 우리의 천적보다 우리 종족을 더 많이 죽인다."는 정도의 내용이 된다. 이렇게 번역을 하면 밑줄 친 부분이 주어인 '우리'와 대응이 되는지 아니면 동사 '죽이다'의 목적어인 '우리 종족'과 대응이 되는지가 불투명해진다. 따라서 이러한 중의성을 해소하는 장치를 반영해야 한다. 다음과 같은 정도의 번역이면 무난하다.

> (24) "자기 종족을 상대로 정기적으로 큰 전쟁을 벌여서 천적이 우리 종족을 죽이는 것보다 훨씬 더 많이 우리 종족을 죽인다는 측면에서 인간과 견줄 수 있는 동물은 우리 개미뿐이기 때문이지."

2.5. 문맥

응집성은 개념들의 연결관계를 의미하는데 이러한 개념들의 연결관계를 파악하는 데 있어 가장 중요한 것이 문맥이다.

김윤진(2000:47-52)에서는 번역자가 텍스트를 그것에 비추어 읽어야 할 문맥을 언어적 문맥, 인지적 문맥, 상황적 문맥, 그리고 전반적인 사회-역사적 문맥으로 나누어 설명하고 있다.

번역 텍스트의 언어적 문맥은 텍스트를 구성하는 모든 요소들이 어우러져 형성하는 텍스트 내적 의미 맥락을 지칭하며, 번역가의 인식에 있어 표층적 층위를 형성한다. 하나의 짧은 단어는 그 자체로는 번역의 충분한 단위를 이루지 못하며, 그 단어를 포함하는 보다 큰 단위인 문장 속에서 의미를 지니게 된다. 따라서 실제로 번역 작업을 할 때 우리의 앞에 놓이는 것이 하나의 단어 또는 문장이라 하더라도 그러한 단어나 문장들은 언제나 그것을 감싸고 이는 보다 큰 단위들에 의해 끊임없이 해석되고 조명되어야 할 것이다. 즉 실제의 작업은 하나의 단어나 구문으로부터 그보다 큰 단위들로 전개되어 가지만, 번역가의 인식적 작업은 언제나 큰 단위들로부터 작은 단위로 향하는 역방향으로 전개되는 것이다. 이 언어적 문맥은 텍스트적 요인인 응결성과 응집성에 밀접하게 관련되어 있다.

인지적 문맥이란 담론 또는 텍스트의 독서가 시작되는 동시에 받아들여진 정보들로서 담론이 진행됨에 따라 점차 증가한다. 번역가는 번역하는 과정에서 출발 텍스트에 대한 앞선 이해를 지니고 있다는 것이다. 그리하여 실제의 번역은 일련의 독서 행위를 통해 계속 앞선 이해를 교정하고 마침내 그 이상 더 나은 것이 없다고 생각되는 등가체들을 발견하고, 그러한 등가체들을 도착어로 옮김으로써 이루어진다.

상황 문맥이란 담론이 발화되는 테두리로서, 파롤의 행위가 생길 때의 장소, 대상, 인물 등의 모든 상황 요소들을 포함하는 것이다. 이러한 상황 문맥은 의미작용을 실현시킴으로써 유효한 의미를 획득하는 데에 있어서 필수적인 것이다. 이를테면 'La porte'라는 하나의 단어가 문장을 이루는 경우, 그것이 발화의 상황 문맥에 의해 해석되지 않는다면 아무런 의미도 없다. 만약 발화자가 더운 방안에서 이야기하는 것이라면 그것은 '문을 열라'는 의미로 해석될 수 있을 것이고, 막 출발한 버스 안이라면 '위험하니 문을 닫으라'는 의미로 해석될 수도 있다. 이 상황 문맥은 뒤에서 다룰 상황성과 밀접하게 관련되어 있다.

전반적인 사회-역사적 문맥이란 하나의 언표를 이해하기 위해 필요한 사건들, 약호, 사회적 관계들의 총체를 지칭한다. 이는 문화적인 문맥 속에 포함시킬 수 있다. 출발어나 도착어는 모든 문화에 공통적이고 영속적인 보편 언어가 아니라 언제나 시간과 공간, 그리고 개별적인 문화의 특징을 이미 지니고 있는 문화어(langue-culture)이므로 하나의 단어, 구문, 표현이 지닌 문화적 특성과 기능에 대한 선행적 인식 역시 텍스트의 의미를 파악하는 데 있어 매우 중요한 매개변수로 작용한다. 번역가는 자신이 접하고 있는 하나의 단어, 하나의 표현에서도 그 이면에 자리잡고 있는 문화의 실마리를 찾아낼 수 있어야 하며, 그것이 텍스트 전체의 이해에 있어 어떠한 파급 효과를 가져올 수 있을지를 가늠해 보아야 할 것이다.

이와 같은 문맥의 분류는 결국 텍스트를 구성하고 있는 언어적 문맥과 텍스트를 벗어난 주변적 문맥이라는 두 가지로 환원될 수 있을 것이다. 언어적 문맥이 텍스트의 표층적 층위를 형성하는 것이라면, 주변적 문맥이란 텍스트를 둘러싼 모든 문맥들, 즉 상황적·인지적 문맥은 물론 각각의 언어에 내재하는 문화적 특징을 지칭하며, 따라서 번역가의 인식에 있어 심층적 층위를 형성하는 것이다. 이러한 사실은 번역이 표면적 구조로 드러난 텍스트의 언어적 문맥의 등가성은 물론 언어의 저변에 깔려 있는 문화적 등가성까지 동시에 획득해야 하는 작업임을 의미한다.

번역을 할 때 문법보다는 독해 실력이 더 중요하다. 아무리 문법에 통달해 있다 해도 모든 문법적 지식을 완벽하게 갖추기란 불가능하며, 또한 원어민들이 정확하게 문법에 맞는 표현을 구사하는 것도 아니기 때문이다. 하지만 전체적인 문맥과 분위기를 잘 파악하면, 설령 문법적으로 분석이 되지 않는다 해도 충분히 유추해낼 수 있다. 따라서 번역을 하다가 해석이 되지 않는 대목을 만나면 앞뒤의 문맥을 한 번 더 살펴보는 것이 좋다.

(25) The big question is cost. If you don't own a holiday home but have a house in the city, <u>the last thing you want to do</u> is a undertake the additional cost of trying to impulsively find a place in the country.   (트랜스쿨, 2000:114)

흔히 밑줄 친 부분을 '가장 마지막 단계에 해야 할 일'로 번역하기 쉽다. 그러나 앞 뒤 문맥을 살펴보면 오히려 '당신이 죽어도 하고 싶지 않은 것'이라는 강한 부정의 의미를 담고 있음을 간과해서는 안 된다. 따라서 다음과 같이 번역하는 것이 바람직하다.

(26) 가장 큰 문제는 비용이다. 별장이 아니라 도시의 평범한 주택에 사는 사람들은 시골에 또 하나의 거처를 마련하기 위해 과외의 비용을 들이는 것이 결코 만만하지 않을 것이다.

의도성과 용인성

3.1. 의도성(intentionality)

의도성의 개념 응결성과 응집성이 텍스트적 요인에 해당한다면 의도성과 용인성은 텍스트 생산자와 수용자의 심리적 요인에 해당한다.

의도성은 좁은 의미에서는 텍스트 생산자가 지금 생산하고 있는 언어 구성체를 결속구조와 결속성을 구비한 텍스트로 만들고자 의도한다는 것이다. 그런데 상황에 따라서는 시간과 처리수단의 제약 때문에 제시되는 텍스트가 이 의도를 완전히 실현시키지 못하는 경우가 있다.

(1) But that was - then you went to Fred's
 → 그렇지만 그것은 - 그리고 나서 당신은 프레드의 집으로 갔다.

(1)의 예문은 응결성이 결여되어 있다. 그런데 이러한 일관성이 없는 표층구조에는 상황적 요인들의 영향이 작용했다. 즉 (1)의 화자는 아직 분명하지 않은 사상을 재구축하기 위한 노력을 하면서 발화의 플랜을 변경했다. 이와 같은 플랜변경은 의사소통에 지장이 없고 특히 그 이유가 분명한 한, 흔히 수용자에 의해 관용된다.

응집성이 부족한 경우도 같은 주장을 할 수 있다. 당면 상황이 어떤 면에서 방향 잡기가 곤란할 때, 텍스트 생산자는 혼동되고 일관성 없는 발언을 하게 된다. 경우에 따라 텍스트 생산자는 특수한 효과를 내기 위해서 응집성을 마음대로 약화시킬 수 있다.

다음 예문을 보자.

(2) "You will convey the very impression which is in your own mind-a dying man-a dying and delirious man. Indeed, I cannot think why the whole bed of the ocean is not one solid mass of oysters, so prolific the creatues seem. Ah, I am wandering!"
→ "자네는 자네 마음 속에 있는 바로 그 인상을 말해도 좋아. 그것은 죽어 가고 있는 한 남자, 죽어가면서 정신착란이 되어버린 남자겠지. 사실 나는 왜 저 바다가 그 번식력 왕성한 굴의 한 덩어리 양식장이 아닌지 그 이유를 모르겠어. 아, 나는 방황하고 있다네!"

(보그랑데와 드레슬러, 1981)

셜록 홈즈가 스스로 정신착란인 것처럼 꾸미려 할 때, 그의 플랜을 위해서는 결속성을 상실한 것처럼 와트슨을 속이는 것이 필요했다. 즉 '굴(oysters)'에 대한 재미있는 이야기를 두서 없이 늘어놓으면서도, 자신이 의도하는 화제에서 벗어나지 않으려고 조심하고 있다.

보다 넓은 의미에서의 의도성은 텍스트 생산자가 의도하는 바를 추구하고 달성하기 위해서 텍스트를 사용하는 모든 방식을 가리킨다. 벨(2000:25)에 의하면 응결성과 응집성이 있다 하더라도 의사소통 활동에 의해 텍스트는 텍스트로 의도되어야만 하고, 또 그런 것으로 받아들여져야 한다. 즉 텍스트를 만드는 사람은 텍스트로 하여금 어떤 목표, 예를 들면 정보주기, 정보 요구하기, 재화와 용역의 교환에 공헌할 수 있도록 하며, 텍스트를 수용하는 사람은 텍스트가 그런 목표를 성취시키고 있음을 받아들여야 한다. 텍스트를 만드는 사람과 받는 사람은 서로의 역이 된다. 즉 의도성이란 보내는 사람이 취하는 방향이고 수용성은 받는 사람이 취하는 방향이다. 또한 이 둘은 화행 능력과 발화 효과 화행 이론, 그리고 인간 의사소통을 표시하는 전체 협력체계상의 개념에 필적하는 것이다.

의도와 화행(speech acts) 화자의 의도가 발화의 형식이나 의미와 실제로 어떻게 연관되어 있는가 하는 문제에 대한 대답으로 써얼(Searle)은 화행 행위의 개념을 발전시켰다. 화행 이론은 모든 발화의 중심행위로 인식되는 언표 내적 행위를 체계적으로 분류하고 각각의 언표 내적 효력과 그것의 표현에 이용되는 문장의 통사론적 특징과의 관계를 규칙화하여 언어 사용의 원리를 규명하는 것을 핵심과제로 삼는다.

발화행위(화행)란 예를 들면 불평이나 문의를 하거나, 사과하거나 누구를 칭찬하는 발화에 수반되는 힘을 말한다. 발화행위의 화용론적 분석은 모든 발화를 진술과 행위, 즉 발화의 의미와 발화가 행위 속에서 수반하는 힘(발화 수반력)이라는 이중적 기능의 관점에서 본다.

결국 하나의 발화행위를 통해서 '언표 행위', '언표 내적 행위', '언표달성 행위'의 세 가지 행위가 수행된다는 것이다. 여기서 '언표행위'는 무엇인가를 말하는 행위를, '언표 내적 행위'는 무엇인가를 말하는 가운데 이뤄지는 행위를, '언표달성 행위'는 무엇인가를 말함으로써 이루어지는 행위를 뜻한다. 예를 들면 '문 닫아'라는 발화는 추측컨대 질문(의문)의 힘을 수반할 수 있는 명령이지만, 단적으로 청자를 화나게 만들 수도 있다.

번역에서 발화수반력이 전통적인 의미와 다르거나 특히 궁극적인 효과가 어느 한 단면의 기대를 허용하지 않는 경우에는 구분이 매우 중요한 것으로 밝혀졌다. 화행론 지향적인 번역모델에서 보면, 번역 행위 자체가 발화행위의 성공적인 수행을 위한 시도이다. 번역자들은 의미의 동일성을 획득하기 위하여 최종결과물(번역물)이 도착어에서도 동일한 발화효과행위를 가질 것이라고 기대하며 발화행위 및 발화수반행위를 재현하려고 한다.

통역에서도 화행으로 인해 야기되는 커뮤니케이션의 문제가 생긴다. 박여성(2002:31)에서는 다음과 같은 실제적인 예를 제시하고 있다.

What were the contents of the letter you handed to King Fahad?(당신이 파드 국왕에게 건네준 편지의 내용이 무엇이었소?)라는 질문에 대하여 튀니지의 장관이 말한 '이것은 오로지 사우디아라비아 사람들만 고민할 사안이오.'라는 내용에 대하여, 통역자는 장관의 대답에 함축된 화용론적 기술(즉 불쾌감을 수반한 경고)을 간파하지 못하고 아랍어 문장을 곧이곧대로 '이 일은 사우디인들에게 관심있는 일입니다' 정도로 통역했다. 장관의 진술은 분명히 '더 이상 이런 식의 질문을 추궁하지 마시오.'라는 화용론적 요지를 전달하기 위한 것으로서, 영국 기자라면 쉽게 이해할 수 있는 메시지이다.

함축적 의미와 대화의 격률(maxims) 문장을 사용하는 언어사용자가 언어적으로 외연화하지는 않았지만 그 문맥에서 전달하고자 하는 "의도된 의미"도 중요하며, 이것까지를 포함하여 파악하고 전달할 때에만 의도하는 커뮤니케이션 효과를 달성할 수 있다고 전제한다. 그러나 언어적으로 외연화되지 않은 의도된 의미를 파악하고 전달하기 위해서는 그것을 추론해 낼 기제를 커뮤니케이션 당사자들이 모두 갖고 있어야 한다. 그라이스(Grice, 1975)에 의하면 이런 추론을 가능하게 해주는 것이 협동원칙 및 대화격률이다. 그라이스가 제시한 내용은 다음과 같다.

 ※ 협동의 원리(co-operation)는 "당신이 나누고 있는 대화가 지금 이루어지고 있는 상태에서 지향한다고 인정되는 목적이나 방향의 요청에 합치되도록 기여하게 만들라"는 것이다.
 1) 수량(quantity)의 격률은 "필요한 양만큼의 정보를 제공하라(요구한 바 이상으로 정보성을 갖게 하지 말라)"는 것이다.
 2) 질(quality)의 격률은 진실성과 관련이 있다. 즉 "당신이 거짓이라고 믿고 있거나, 타당한 근거를 갖지 않은 것은 말하지 말라"는 것이다.
 3) 관련성(relation)의 격률은 단순히 "적합성 있는 말을 하라"는 것이다.
 4) 방법(manner)의 격률에는 텍스트 내용을 배치하고 전달하는 여러 가지 방식이 포함된다.
  ① 명쾌하라 - 말하고자 하는 당신의 의도가 분명하게 드러나도록 하라.
  ② 표현의 애매함을 피하라.
  ③ 중의성을 피하라.
  ④ 간결하라 - 수량의 격률이 얼마만큼 말할 것인가에 관여한다면, 간결성은 시간이 얼마만큼 걸릴 것인가에 관여한다.
  ⑤ 순서대로 말하라

이상의 협동원칙과 소원리인 대화격률에 입각하여 이를 준수하거나 혹은 고의적으로 위배하는 행위 모두 의도된 의미를 전달할 수 있는데, 이렇게 대화상황, 혹은 문맥에 의해 추론해낼 수 있는 방식으로 전달되는 의도된 의미가 대화상 함축이다.
 이러한 격률과 대화상 함축을 고려한 번역이 필요하다.

(3) Money not being needed, the possession of gold or silver is proscribed, except for contemptuous utilitarain objects such as <u>chains for slaves</u>.

위의 밑줄 친 구절을 '노예를 위한 쇠사슬'이라고 번역하기 쉽다. 그러나 노예에게 쇠사슬이 필요한 것은 그들을 묶어두기 위해서이지 그들을 위한 것은 아니기 때문에 위 번역은 의미의 모호함을 가져온다. 이 때 번역가는 그라이스가 제창한 '방법의 격률' 중 '표현의 애매함을 피하라'고 하는 격률을 준수하는 번역을 해야 한다.

(4) 돈이 필요 없으며, <u>노예를 묶어놓기 위한</u> 쇠사슬 등 공동창고에 없는 물품을 사기 위해서가 아니면 금이나 은을 소유하는 것도 금지되어 있다.

다음의 경우도 의미가 모호한 경우이다.

(5) <u>Utopians</u> strive to construction a better society on earth.
→ 유토피아인들은 지구상에 보다 나은 사회를 건설하려고 노력하고 있다.

'유토피아인'이라는 말의 의미가 다소 애매하다. 얼핏 들으면 '유토피아에 사는 사람'이라는 뜻인 것도 같다. 그러나 그런 의미는 아니다. 따라서 의미를 명확히 하기 위해서 '유토피아를 주장하는 사람들' 또는 '유토피아를 신봉하는 사람들' 정도로 번역하는 것이 무난하다.

공손성(politeness)의 등가 앞서 살핀 협동원칙과 대화의 격률만으로는 함축상으로 동일한 의도된 의미를 갖는 발화라도 서로 다른 다양한 방식을 언어적으로 외연화되는 현상을 설명하지 못한다.

이러한 문제점을 보완하기 위해 등장한 개념이 '공손성'이다.

여기서는 정호정(2001)을 중심으로 공손성의 등가성 문제를 살펴보고자 한다. 공손성이란 언어사용자들이 자신이 커뮤니케이션 상황에서 전달하고자 하는 의미, 즉 명제적 의미와 의도된 의미의 합을 전달하면서 효율성이나 경제성을 극대화하려는 욕구를 갖는 이외에 커뮤니케이션을 보장하려는 공통의 목적을 달성하기 위해 사용하는 공손어법을 통해 상대방의 체면을 극대화해줄 필요 역시 언어사용의 또 다른 기본원리라는 것이다.

고프만(Goffman)은 모든 언어사용자들이 자신이 속한 언어문화집단 내에서 다른 구성원들에게 자신의 긍정적 이미지를 인정받고자 하는 기본 욕구, 곧 "체면의식"을 갖고 있는데 이 체면의식이 언어사용행태에 영향을 미친다고 하였다.

미국과 영국 등 개인주의와 자율성을 존중하는 대부분의 서구문화권에서는 부정적 체면의식이 중요성을 갖는 반면 홍콩, 일본, 한국 등 집단주의와 조화를 강조하는 대부분의 아시아 문화권 국가와 스페인 등 일부 서구문화권에서는 긍정적 체면의식이 상대적으로 강조된다. 이런 점을 충분히 감안한다면 번역자는 공손성을 구현하기 위해 원문텍스트에 사용된 공손어법 관련 전략을 제대로 파악하고 이를 번역텍스트에 등가가 보장되는 방식으로 옮김으로써 "공손성의 등가"를 구현하는 것이 바람직한 번역의 요건이다.

다음의 예문들은 『헨리포토와 마법사의 돌(Harry Potter and the Sorcerer's Stone)』을 번역한 글이다.

(6) My dear professor, surely, surely a sensible person like yourself can call him by his name?
→ 이봐요, 교수, 당신같이 분별 있는 사람은 그의 이름을 불러도 되지 않겠소?

화자는 주인공이 다니게 될 마법학교 교장이고, 청자는 교감이다. 이런 직위의 상하관계 이외에도 마법사계 지명도나 영향력 면에서도 화자가 청자보다 앞서므로 둘의 힘의 관계는 일방적 수직관계이다 그러나 둘은 서로 믿고 같은 뜻을 도모하는 사이라는 점에서 사회적 거리가 상대적으로 적다. 여기서 청자가 화자에게 하는 이야기는 표면적으로는 청자의 능력을 서술하는 행위이지만, 충고와 요청의 예비조건을 언급함으로써 앞으로 그렇게 하라는 간접화행의 형태를 취하고 있다. 이렇게 단도직입적 충고를 자제하고 간접화행을 택한 점, 그리고 청자의 긍정적 체면의식을 충족시켜주는 완화장치로 'a sensible person like yourself'라는 구체적 어휘를 채택하고 있는 것은 화자가 청자에게 존경과 존중을 하고 있음을 보여 준다. 번역문에서도 원문에서와 동일한 완화표현을 그대로 살려주고 있다. 다만 간접화행 대신 "당신이…해도 되지 않겠고?"의 직접 충고의 형태로 바뀌었다는 점에서 원문텍스트에서보다 부담의 정도를 강화하는 결과를 낳고 있다.

다른 예문을 보자.

(7) Couldn't make us a cup of tea, could you?
→ 차라도 한잔 끓여 마시는 게 어떻겠수?

청자는 마법사학교의 실질적 심부름꾼이고, 화자는 해리를 양육한 평범한 인간이다. 초면인데다가 한쪽은 마법사 세계의 일원이고 다른 쪽은 그 세계에 적대감을 갖고 있어서 수평적 거리가 최대이다. 또 이야기 진전상 아직 화자가 청자에 대해 상대적 힘의 우위를 갖고 있지 못하다. 그런 상태에서 차(茶)부탁을 하는 것이기 때문에 그렇게 해줄 가능성을 의심하는 부정문의 형태로 표현하는 한편 부가의문문을 사용하고 있다. 그러나 번역에서는 이런 부정과 부가의

문문의 기재가 살아있지 않은데다 표준어가 아닌 좀더 캐주얼한 종결어미인 "…어떻게수?"를 선택함으로써 마치 청자가 사회적 거리를 인정하지 않고 친한 척 하면서 초면에 뻔뻔하게 부탁 또는 제안을 하고 있는 것처럼 느껴진다.

    (8) Stop! Stop right there, sir! I forbid you to tell the boy anything?
    → 그만! 이제 그만 하시오, 선생! 그 아이에게 더 이상 말하는 건 허락하지 않겠소!

화자는 해리를 양육한 인간으로 해리에게 의당 알렸어야 했을 정보를 숨겼다는 이유로 도덕적 우위를 상실한 상태이다. 또 신체조건과 마법 면에서도 청자에게 어느 정도 주눅이 들어있다. 따라서 화자는 청자의 체면을 위협하는 행위를 하지 못한다. 이것이 청자에게 "sir"라는 공식적 호칭을 사용하는 것으로 나타난다. 그럼에도 불구하고 "Stop!"이라는 가장 경제적이고 직접적인 체면위협행위를 사용하는 것은 상황의 급박성 때문이다. 즉 묵과할 수 없는 정보가 해리에게 흘러들어가는 것을 더 이상 방치할 수 없다는 절박감 때문에 체면위협행위의 정도가 최대인 공손어법을 사용한 것이다. 번역에서도 "선생"이라고 받은 것, "그만!"이라는 직접형태를 쓴 것 등은 대체로 공손성의 등가가 이루어진 것으로 보인다.

3.2. 용인성(acceptability)

가장 좁은 의미에서 용인성은 텍스트 수용자로 하여금, 한 언어 구성체를 결속구조와 결속성을 만족시킨 사용 가능한 텍스트로서 수용하게 한다. 넓은 의미에서 용인성은 담화에 참여하고 공통의 목표를 가지려는 능동적 의지로서 수용행위를 포함한다. 그리고 의도성이 텍스트를 생산한 사람의 입장이라면 용인성은 텍스트를 수용하는 사람의 입장이다.

번역에 있어 텍스트를 생산한 작가의 의도를 최대한 반영하는 것이 중요하듯이 텍스트를 수용하는 독자의 입장을 반영하는 것도 매우 중요하다. 번역문이 아무리 작가의 의도를 최대한 반영하였다고 하더라도 수용자인 독자에게 용인되지 않는 한 무의미하기 때문이다. 요즘은 국적도 알 수 없는 말들이 예술계를 뒤집고 있다. 퍼포먼스, 모티브인지 모티프인지, 오브젝트인지 오브제인지 구분이 안되는 말들로 가득하다. 과연 이런 단어들을 용어라는 이름으로 번역가가 아무런 노력없이 그대로 수용해야 하는지는 의문이다.

(9) 지난 세기들과는 달리 21세기의 특징은 이 세 가지 분야의 결합, 즉 '공동상승효과'가 될 것이며, 이는 과학의 발전에 있어 획기적인 전환점이 될 것이다. (강주헌, 2002:130)

이 번역에서 번역자는 'synergy'를 '공동상승효과'라고 번역했다. 우리에게 '시너지 효과'는 익숙해도 '공동상승효과'라는 낱말은 낯설다. 하지만 이 책의 번역자는 과감히도 '국어사랑'을 실천했다. 이런 점에서 번역가의 의도를 높이 평가해야 한다. '그래도 전반적으로 통용되는 용어인데 꼭 우리말로 바꾸어주어야 할까'라고 무성의하게 넘겨서는 안 된다. 우리가 처음부터 '공동상승효과'라고 우리말로 바꿔주는 노력을 해서 통용시켰다면 지금쯤 자연스럽게 사용되고 있을 것이다.

안정효(1996)는 영어로 귀에 익은 말과 표현을 우리말 사고 방식으로 풀어 나가는 습성을 강조하고 있다. 미국인들은 굉장히 배가 고플 때 "I can eat a horse."라고 말한다. 하지만 이것을 "나는 말한 마리를 먹을 수 있어."라거나 조금 의역을 해서 "나는 말 한 마리라도 먹을 수 있을 만큼 배가 고파."라거나 조금 더 발전시키면서 아예 'too~to~'용법까지 활용하여 "나는 배가 너무 고파서 말이라도 잡아 먹을 정도야."라고 했다면, 그것은 '말을 잡아먹는다'는 영어식 표현에서 벗어나지 못한 '모자라는 번역'이라고 하겠다.

영어로는 부정관사까지 포함해서 겨우 다섯 단어인데 우리말로 옮겨놓으니까 거의 두 배로 늘어났을 때는 이미 어딘가 어색해서 구차한 설명이 들어간 것이 아닌가 의심해야 한다. 그래서 '말을 잡아먹는다'는 표현을 치워 버리고 나면 "배고파 죽겠어."라거나 "배고파 환장하겠어." 따위의 번역이 쉽게 이루어진다. 이것 또한 의역이 아니라 좋은 번역에 속한다.

그러나 지나치게 수용자의 입장을 인식하다 보면 원작자의 의도와는 전혀 다른 방향으로 번역이 이루어질 수 있다는 것을 간과해서는 안 된다. 안정효(1996)에 의하면 텔레비전에 방영된 먼스터 가족 (The monsters Now)에 사용된 표현들에 이런 문제점이 잘 나타나 있다.

   (10) a. "차라리 아무 말도 안 하면 중간은 가지."
       b. "청와대 앞길도 개방했겠다. 좋을 수밖에."
       c. "어찌나 못생겼는지 누가 메주인 줄 알고 된장을 담그려고 그랬다지 아마"

우리 나라 사람들끼리만 통하는 이런 내용을 외화의 번역에다 일방적으로 접목시키는 행위는 본디 작품과 작가에 대한 노골적인 모독이다. 또 어떤 번역작품들에는 '투전판', '화류계 계집'과 같이 너무 토착적인 개념을 지닌 우리말 어휘로 번역한 경우가 있는데 이 경우도 '도박', '창녀' 등으로 바꾸는 것이 좋다. 가능한 우리말에 적합한 표현으로 번역하는 것이 원칙이나 지나친 한국적 표현은 원문의 분위기를 해치고 작가의 의도에서 벗어날 위험성이 있음을 늘 생각해야 한다.

너무 한국적인 것을 고집하면서 발생하는 문제는 특히 음식 이름을 번역하는 과정에서 많이 발생한다. 'syrup'만 해도 그렇다. 맛과 모양이 아무리 조청(造淸)과 같다고 해도, 시럽을 '조청'이나 '물엿'이라고 번역하면 '엿'이 지나치게 한국적인 먹을거리여서 어딘가 어색해 보인다. 그러니 치즈(cheese)는 치즈요, 버터(butter)는 버터라고 하는 도리밖에 없다.

하지만 '닭튀김'이나 '생버섯'이라고 우리말로 충분히 표현이 되는 것까지도 '프라이드 치킨'이나 '로우 머슈룸'이라고 번역할 필요는 없으리라고 본다. 참고로 우리 음식의 영어 표기법을 보면, '불고기'는 그냥 'pulgogi'이고, '김치'도 『웹스터 대사전』에 보면 'Kimchi'로 수록되었다. '막걸리'도 'rice wine'이라고 하면 너무 막연해서인지 오히려 'makkolli'라고 해야 더 잘 통한다.

정보성

4.1. 정보성의 개념

정보성의 정의 정보성이라는 용어는 수용자에게 제시된 바가 얼마나 새롭거나 비예측적인가 하는 정도를 나타내는 것으로서, 텍스트 구성상 선택항들을 선택하고 배열하는 데 중요한 제어 기능을 발휘한다.

선택과 개연성 텍스트의 정보성은 선택과 개연성의 개념에 근거를 둔다. 샤논과 위버가 제창한 정보이론은 주로 통계적 개연성에 바탕을 두고 있는데 주어진 시점에서 가능한 대체형이 많을수록 그 중 한 선택의 정보가치는 높아진다. 즉 텍스트란 일련의 선택사항들 가운데서 취한 선택의 실현으로 간주된다는 것이다. 따라서 선택을 하게 되는 시점마다 다소간 개연적인 실제 선택을 할 수 있는 경우들이 있다. 개연성과 예견 가능성이 보다 작은 선택이 되면 될수록 보다 더 정보적이고 흥미롭게 된다. 반대로 전적으로 예견 가능한 선택은 비정보적이고 흥미가 없다.

그러나 너무나도 많은 정보, 가령 어떤 상한선을 초과하게 되는 예견 가능하지 않은 출현 발생 빈도는 텍스트를 이해하지 못하게 한다. 반대로 너무 적은 정보는 시발점에 도달하지 못하는 있음직하지 않은 것의 출현 발생 빈도로 인해 읽기 쉬운 것이지만 읽을 가치가 없는 것으로 만든다.

(1) a. Him who disobeys, me disobeys.
   → 그를 복종하지 않는 자는 나를 복종하지 않는 자다.
   b. Whoever disobeys him is disobeying me.
   → 누구든지 그를 복종하지 않는 자는 나를 복종하지 않는 것이다.

(1a)는 결속성 측면에서는 평범하지만, (1b)와 같은 일상적인 어순으로 재배열한 것과 비교하면 그 응결성면에서는 평범하지 않다. 평범성은 정보처리를 용이하게 만들지만, 비범성은 처리과정에 흥미를 유발한다.

4.2. 세 단계의 정보성

언어의 각 발화체의 일반적 개연성의 범위를 높고 낮은 정도에 따라 상정해서 세 단계의 정보성을 설정할 수 있다. 각 단계는 근사치로 충분한 폭을 지니므로 언어사용자들은 실제 통화과정에서 그 구별을 할 수 있을 것이다.

제1차 정보성 하나의 선택상이 높은 정도의 개연성, 즉 통각적으로 가장 가능성이 큰 후보들 중에서 선택되면, 그것은 제1차 정보성을 전달한다. 제1차 정보성을 갖는 발화체들은 대체로 분명한 것들로 전혀 새롭지 않고, 너무 쉽게 예측할 수 있기 때문에 거의 주목받지 못하고, 흥미롭지도 못하다.

내용보다는 관계를 나타내는 기능어는 정보성이 너무 낮기 때문에 전보와 신문 표제어와 같은 텍스트에서 기능어가 자주 생략된다. 그러나 그 기능은 쉽게 주변의 언어맥락으로부터 추론할 수 있다.

내용어들은 기능어보다 훨씬 큰 선택항의 집합을 가지고 있기 때문에 일반적으로 더 많은 정보를 지닌다. 그러나 텍스트 생산자는 이 두 가지 낱말 유형이 갖는 보편적 기능을 또한 변화시키거나 바꾸어 놓을 수 있다. 예를 들어, 기능어들은 그 자체로서는 평범하지만, 매우 평범하지 않은 자리에 나타날 수 있다.

(2) a. wish by spirit and if by yes.
　　b. long along the in and out of grey car.

(보그랑데 · 드레슬러, 1981)

(2a)와 (2b)에서 각각 'if'는 "조건"이고, 'in'과 'out'는 각각 "입구"와 "출구"라는 특별한 의미내용이 주어진다. 따라서 이러한 경우

에는 기능어들의 역할을 설명하기 위해서 통상 내용어들을 사용하고 있음에 주의해야 한다.

제2차 정보성 발화체가 높은 정도의 개연성에 미치지 못할 때는 제2차 정보성을 얻게 된다. 2차 정보성은 텍스트적 통화에서 기준이 되는 단계를 의미한다. 텍스트적 통화에서는 어느 정도의 2차 정보성 발화체가 존재하는 것이 일반적이다. 왜냐 하면 1차 정보성 만으로는 흥미롭지 못하고, 3차 정보성 만으로는 의의의 불연속성에 빠지기 때문이다.

벨(Bell, 박경자·장영준 옮김, 2000:229)에 의하면 이 수준은 1차 정보성과 3차 정보성 사이의 중간 단계를 표시하며 첫 순서 기대가 이루어지지 않을 때, 혹은 기대되지 않지만 있음직 하지는 않은 선택을 하는 경우에 발생한다. 예를 들어 'Coffee and tea are ____'를 포함하는 텍스트에서 개연성의 상위 영역에 속하는 선택은 'popular drinks'와 우리가 기억에 저장하고 있는 몇몇 다른 가능성이 될 것이다. 커피와 홍차가 일반인에게 인기 음료라는 것을 우리 모두 알고 있기 때문에 이것은 사실이지만 흥미가 없다. 그러나 만약 이 문장을 'dangerous drugs'라는 말로 완성한다면, 이는 2차 정보성의 단계로의 격상(格上:upgraded)이 이루어진 것이다.

제3차 정보성 이 수준은 기대되는 선택사항 범위 밖의 것에 의해 이루어진다. 또한 정보가 생략되는 것처럼 보이는 불연속(discontinuities) 또는 텍스트에 제시되는 것과 우리 지식이 일치되지 못하는 모순적인 특징을 드러낸다.

3차 정보성 발화체들은 처리과정이 다소 힘이 들지만, 그 대신 흥미를 더 유발한다. 수용자는 3차 정보성 발화체가 의미하는 바가 무엇이고, 왜 선택되었는가를 알아내기 위해 동기탐색을 해야 하고,

그 동기 탐색을 통해 3차 정보성 발화체를 2차 정보성 발화체로 격하할 수 있다.

번역에 있어 번역자는 3차 정보성 발화체를 2차 정보성 발화체로 격하시켜 독자가 텍스트를 쉽고 정확히 이해할 수 있도록 해야 한다. 이 때 번역자는 맥락에 주의를 기울여야 한다.

> (3) a. The sea is water.
> b. The sea is not water. It is actually a solution of gases and salts.

(3a)의 경우 바다는 당연히 물로 이루어져 있다는 규정적 지식이 아무런 목적 없이 제시되고 있다. 그리고 (3b)의 앞 문장도 수용자가 편안히 받아들일 수 없는 불안정한 정보상태를 만들어 낸다. 이와 같은 상태가 뒤에 나오는 문장에 의해 2차 정보성 발화체로 격하되고 텍스트의 안정성을 회복하게 된다.

정보성 파악의 실례　벨(Bell, 박경자·장영준 옮김, 2000 :227-228)을 중심을 정보성 파악의 실례를 살펴보자.

> (4) a. Friar Sparks sat wedged between the wall and the realizer.
> → 스파크 수사는 벽과 송신기 사이에 쐐기 모양으로 끼어 앉아 있었다.
> b. He was motionless except for his forefinger and his eyes.
> → 집게 손가락과 두 눈을 제외하고는 아무런 움직임도 보이지 않았다.
> c. From time to time his finger tapped rapidly on the key upon the desk, and now and then his irises, gray-blue as his native Irish sky, swivelled to look through the open door of the *toldilla* in which he crouched, the little shanty on the poopdeck.

→ 때때로 손가락으로 책상에 놓여 있는 열쇠를 재빨리 가볍게 툭 치고 있었고 가끔 아일랜드의 하늘처럼 푸른 두 눈동자를 그가 웅크리고 앉아 있는 톨딜라의 열린 문을 통해 선미루(船尾樓) 갑판 위 작은 오두막집에 고정시켰다.

위 문장 (4a)는 문미의 realizer에 이를 때까지 2차 정보성을 주로 갖는다. 어휘 realizer에 관해서는 첫째, 이것은 무엇인가를 실현시키는 것이라는 사실을 알 수 있다. 둘째, 앉아 있는 사람이 그것과 벽 사이에 쐐기 모양으로 끼어 있을 수 있다는 것을 알 수 있다.

문장 (4b) 또한 집게손가락이라는 어휘가 이상하지만 역시 2차 정보성을 가지게 되어 realizer의 문제를 해결하는 데 아무런 도움이 안 된다.

문장(4c)의 경우도 어휘 key가 3차 정보성에 해당하지만 역시 2차 정보성이 지배적이다. 이는 범선에 연관된 해상 용어를 분명히 기대하지 않기 때문에 toldilla는 즉시 little shanty(작은 오두막)이라는 것으로 설명된다. 이와 함께 poopdeck(선미루)라는 어휘에서도 3차 정보성이 나타나지만 역시 2차 정보성이 지배적이다.

원문 텍스트에는 네 줄로 된 단락이 계속되는데, 거기서 우리는 수도승이 산타 마리아(Santa Maria)에 있고 콜럼버스(Columbus)와 더불어 대서양을 건너 미국 대륙 발견으로 끝나게 되는 항해를 하고 있음을 추론하게 된다. 그러나 여전히 realizer가 무엇인지를 알지 못한다. 다음에 제시된 텍스트에서는 2차 정보성 이하의 정보를 좀 더 많이 제공하여 독자로 하여금 한층 많은 단서를 얻을 수 있도록 보다 명확한 맥락을 형성한다.

(5) The single carbon filament bulb above the monk's tonsure showed a face lost in fat and in concentration.
(6) The luminiferous ether crackled and hissed tonight, but the

phones clamped over his ears carried, along with them, the steady dots and dashes sent by the operator at the Las palmas station on the Grand Canary.

→ 그 수도승의 삭발 머리 위로 한 개의 탄소 필라멘트 밸브가 땅딸막하고 농축된 몸에 가려진 얼굴을 비쳐 보여 준다. 발광성 물질이 오늘밤 딱딱 소리와 쇳소리를 내었지만 두 귀에 고정된 수화기에서는 전화 소리와 더불어, 그랜드 카나리 라스팔마스역에서 교환원이 보내는 모르스 부호음이 끊임없이 들려오고 있다.

이 글에서 문장 (5)는 앞 맥락에서, 일련의 개인적 선택사항 범위 밖에 있는 탄소 필라멘트 밸브의 선택으로 시작된다. 여기서 우리는 촛농이 흐르는 촛불과 같은 것을 기대할 수 있다.

문장 (6) 역시 있음직하지 않은 선택들 ether, phones, dots and dashes, operator, station 등을 사용하여 정보적 농도를 매우 짙게 하여 realizer가 무엇을 의미하는지 알게 된다. 그러나 1942년 전기와 라디오가 사용되고 아일랜드의 수도승들이 카나리 군도와 같은 섬에서 송신자들이 보내는 모르스 부호로 매시지를 받는 라디오 교환원들처럼 행동하였던 상상의 세계, 즉 텍스트 세계를 받아들이는 값을 치르고 나서야 알게 된다.

상황성과 텍스트 상호성

5.1. 상황성(situationality)

상황성의 개념 상황성이라는 용어는 한 텍스트를 현재의 발화체 상황이나 복원 가능한 상황에 적절히 관련지어 주는 요인들에 대한 일반적 명칭이다. 다시 말해 하나의 텍스트가 상황 또는 분위기에 적절한 지를 결정 짓는 요인들을 말한다.

텍스트 적절성 평가에서 텍스트가 어떤 상황에서 발생했으며 그 기능이 무엇인지를 아는 것은 매우 중요하다. 예를 들어 다음과 같은 텍스트를 대할 때 우리는 어떤 것을 얻을 수 있는가?

(1) GHINESE TAKE AWAY FOOD

위 텍스트가 발생하는 상황을 알지 못하는 한 우리는 이 텍스트의 의미를 찾아낼 수 없다. 신문의 어떤 뉴스 항목 위에서 이 텍스트를 보게 된다면 이를 헤드라인으로 이해하게 되고, 만일 이 텍스트를 어떤 상점 밖에서 볼 수 있다면, 확실히 즉석 요리 판매 대리점을 표시하는 간판으로 이해하게 될 것이다.

발생 상황에 근거한 이런 식의 구별 능력은 필연적으로 실제 지식 즉, 발화, 스키마, 전체 윤곽 등의 문맥 지식으로부터 파생되고 개인적 목표, 가치 그리고 자세에 의하여 조정된다. 사실 텍스트의 수용성은 실세계를 얼마나 정확하게 지시하는가 하는 지시(reference)의 정확성이 아니라 오히려 상황(situation)에 대한 참여자들의 태도에 연관된 텍스트의 신뢰도와 관계성 측면에서 자주 판단되고 비판

되는 것으로 주장되었다.
 앞서 우리는 상황 문맥이 상황성과 밀접한 관련이 있다고 했다. 상황 문맥이란 담론이 발화되는 테두리로서, 파롤의 행위가 생길 때의 장소, 대상, 인물 등의 모든 상황 요소들을 포함하는 것이다. 이러한 상황 문맥은 의미작용을 실현시킴으로써 유효한 의미를 획득하는 데에 있어서 필수적인 것이다.
 나이다(Nida, 송태효 옮김, 2002:10)에서도 텍스트마다 시간, 장소, 참여자, 이에 따른 환경, 전달 매체 등이 설정되어 있는데, 이러한 요소들을 제대로 인식하지 못하면 텍스트의 실제적인 이해도 불가능하다고 하였다. 동시에 담화의 구술상의 맥락 관계도 중요하다. 예를 들어 "인디언이 곰을 잡았다 the Indians slaughtered the bears"라는 말이 역사책에서 다루어질 때와 스포츠란에서 다루어질 때 그 의미는 크게 다르다. 역사책에서는 인디언이 실제 곰이라는 짐승을 사냥했다는 의미이지만, 스포츠란에서는 인디언이라는 닉네임을 가진 팀이 곰을 닉네임으로 하는 팀을 운동경기에서 이겼다는 의미이다.

 상황점검과 상황관리 상황점검은 전형적으로 상황이 기대에 어긋났을 때 텍스트 생산자가 주로 그 불일치나 불연속성을 해소하려 할 때 아니면 자신의 기대를 최소한 재확인하려 할 때 수행된다. 이에 반해서 상황관리는 상위목표가 존재한다. 동일한 상황이나 사상에 대해서 전혀 동떨어진 점검들이 행해졌을 때 강력한 중간조정을 제공하는 것이 목표가 된다. 이때 여러 목표가 한 행위자에 의해서 달성되기가 불가능하므로 상황관리에는 목표절충이 포함되어야 한다. 이것은 다른 이들의 동의와 협력을 구하는 방법이다.
 이러한 상황점검과 상황관리는 '문제-해결'과 흡사한데 번역 과정에서도 그대로 적용될 수 있다. 번역자는 서로 다른 사회·문화적 현실들을 담고 있는 두 언어 상황 사이에서 두 문화 구조를 중개하는 협상 주체라고 할 수 있다. 여기서 협상이란 합의에 이르고 더 나아가 어려움을 줄이고 장애를 극복하는 것을 목표로 하는 역동적 행위, 즉 커뮤니케이션 과정이다.

라보(E. Lavault, 1998)에 의하면 번역자는 가상 독자, 즉 미래의 독자들과 자신의 번역에 대하여 협상을 해야 한다. 왜냐하면 번역자는 원본 텍스트 저자의 문체와 관계없이 또는 원본 텍스트가 애매 모호하고 서투르거나 심지어 조리에 맞지 않더라고 이와 관계없이 독자들에게 가장 읽기 쉬운 텍스트를 제공하려고 노력하기 때문이다. 이와 같이 협상을 통해 번역된 텍스트는 그야말로 제대로 된 텍스트이며, 정확성에 대한 인증은 텍스트의 지침대로 기계를 사용해 봄으로써 확인 가능하다.

라보(1998)에서는 영어도 모르고 동네 슈퍼마켓에서 장을 보는 할머니를 위해 미국 요리법을 프랑스어로 옮긴 번역자의 실수를 예로 들어 상황에 알맞게 번역하는 협상에 대해 설명하고 있다. 이를 간단히 요약하면 다음과 같다.

번역자는 주어진 텍스트가 요리법이라는 점을 감안하여 프랑스인 독자라면 누구나 요리책을 폈을 때 보기를 기대하는 "재료 소개" 항목과 "6인분 요리" 항목을 첨가하는 등 여러 가지 각색을 위한 노력을 하였다. 그러나 그는 수치들의 변환을 생각하지 못했다. 미국 사람들을 위한 원본 텍스트에는 화씨를 나타내는 기호 °F가 쓰여 있지 않았는데, 번역자는 이를 변환해야 할 것을 망각한 것이다. 야채와 크림 등에 대한 수치는 훨씬 더 까다롭다. 낱말 "잔tasse"은 애매 모호하여 cup 용량을 제대로 반영하지 못하므로, 어쨌든 반드시 프랑스 사람들의 소비 습관에 맞게 각색되어야 한다. 프랑스 사람들은 버섯을 113그램 단위로 사지도 않고, 야채나 요구르트 등을 컵으로 측정하지 않는다. 따라서 가상 독자, 여기서는 정말 실존하는 할머니와 협상한다는 것은 텍스트를 상황에 맞게 수정하는 것과 프랑스 문화에 대한 실질적인 지식을 갖추는 것을 전제로 한다. 할머니는 분명 다음과 같은 글을 읽기를 원했을 것이다. 파리에서 온 버섯 125그램, 다진 양파 두 개, 가늘게 썬 녹색 배추 약 200 그램, 크림치즈 세 스프스푼 등. 즉 번역자가 독자가 기대하는 수치 유형으로 요리법 규범들에 맞게 명확하게 작성된 요리법을 할머니에게 넘겨드리는 것이 좋을 것이다.

상황과 분위기에 알맞은 번역의 실례 먼저 다음 예문을 보자.

(2) He won't panic, He'll just call in his secretary and calmly give her some instructions.
→ 그는 그의 비서에게 전화를 하여 약간의 지시사항을 알려줄 것이다.

위 예문에서 비서를 둔 직장인의 모습을 떠올려 보자. 그와 비서라는 인물이 등장하고, 장소는 같은 회사 내의 사무실이다. 이 경우 같은 회사 내의 비서에게 '전화를 건다'는 표현은 다소 어색하다. '인터폰'이라고 의역하는 것도 좋지만, '전화'라는 내용을 아주 생략하고 '그저 비서에게 몇 가지 지시를 하면 그만이다.' 정도로 번역하는 것이 무난하다.

다음 예문을 보자.

(3) "Perfectly", she said.
"Your health?"
"Physically..." She hesitated. There was no sense in lying.
"Physi- cally-I supose I'd say normal."
"The man?"
"I'd prefer not to talk about it."

"I'm afraid I must insist."
→ "그야 물론이죠." 그녀가 말했다.
"건강은?"
"신체적으로는······." 그녀가 머뭇거렸다. 거짓말을 해봤자 다 소용없는 일이었다. "신체적으로는-정상이라고 해도 되겠죠."
"남자는?"
"그 얘긴 하고 싶지 않은데요."
"미안하지만 난 꼭 듣고 싶은데요."

위 글은 어윈 쇼(Irwin Shaw)의 『하나님은 여기 오셨지만 일찍가 버렸다(God Was Here But He Left Early)』의 일부분이다. 위 대화에서 '그녀'는 자신 없는 항변을 계속하고 있다. 뭔가 풀이 죽고 자신이 없는 상황을 살리기 위해서는 완곡한 표현이 필요하다. 이에 번역자는 번역에서도 "되겠죠(I'd say)", "생각이 없는데요(I'd prefer not)", "싶은데요(I'm afraid)"와 같은 완곡한 표현을 써서 소설의 분위기를 살리고 있다.

우화의 경우 의인화 수법을 사용하는데 종종 번역자들이 이러한 상황을 고려하지 않고 번역하는 경우가 있다.

(4) A crow sat in a tree holding in his break a piece of meat
    that he had stolen.   (김정우, 2000:26)

이솝우화 '까마귀와 여우'의 첫 대목이다. 밑줄 친 'break'는 사전에 '새의 부리'나 '동물의 주둥이' 정도로 나와 있다. 등장 인물인 까마귀를 생각하면 당연히 '부리'로 옮겨야 하겠지만, 의인화라는 표현 기법을 고려하면 '입'으로 옮기는 것이 낫다. 그러나 '입'으로 옮겨놓고 보면 너무 원문의 의도를 훼손한 것 같은 느낌이다. 따라서 '주둥이'라는 단어를 쓰는 것이 가장 바람직하다. '주둥이'는 '동물이 입

(부리)'도 되면서 동시에 '사람의 입을 조금 낮추어 부르는 말'도 되기 때문이다.

    (5) "I want to run away from home because..."
                                                 (안정효 1996:102-103)

  이런 말을 한 청소년은 아마도 자신이 가출했던 이유를 누구에게인가 설명하는 모양이라고 추측이 되겠는데, 그가 하는 말에서는 왜 도망치려고 했는지 하는 가출 이유가 핵심이다. 그러나 그는 차마 말이 나오지를 않아 가장 중요한 부분은 머뭇거리면서 고백하지를 못한다.
  이유를 설명하는 'because'는 주절 뒤에 따라 나오는 종위접속사이면서도 등위접속사 노릇을 해서 사실상 여기에서는 주인 노릇을 한다. 학교에서는 이런 경우에 'because' 다음에 나오는 종속절을 앞으로 끌고 나와서 "(뭐니뭐니 했기) 때문에 나는 가출을 하고 싶었다."라고 번역하라고 한다. 하지만 'because' 다음의 문장이 생략되어 버렸으니 어떻게 하나? 아마도 어떤 사람은 이렇게 문장을 잘라서 번역해 놓을지도 모르겠다.

    (6) "나는 가출을 하고 싶었습니다. 그 까닭은……."

  그러나 이는 짧은 문장으로 잘라 가면서 자신의 뜻을 소신껏 밝히는 인상을 준다. 그것은 가출을 했다가 붙잡혀 와서 무릎을 꿇고 앉아 벌을 받으며 우물쭈물 넘어가려고 하는 청소년의 말투가 아니다.

    (7) "제가 집에서 도망치고 싶었던 건……."

이렇게 번역해 놓으면 주인공이 어물어물 말꼬리를 흐리는 장면이 눈에 보이는 듯해서 소설의 분위기를 잘 살릴 수 있다.

> (8) A hungry fox tried to reach <u>some clusters of grapes</u> which he saw hanging from a vine trained on a tree, but they were too high.   (김정우, 2000:49)

단위 명사 'cluster'는 '덩어리'나 '송이'의 뜻을 가진 단어로 특히 포도송이를 가리킬 때 많이 쓰인다. 그래서 밑줄 친 구절을 '포도송이' 정도로 옮길 수 있다. 그러나 이 단위 명사는 그 자체가 복수이기 때문에 원문의 분위기가 살지 않는다. 그러니까 포도가 그냥 한 송이만 매달려 있는 게 아니고 여러 송이가 매달려 있는 광경을 그려내야 한다. 이육사의 〈청포도〉에 나오는 '주저리주저리'라는 표현을 생각해 보면 분위기를 이해할 수 있다. 따라서 '주렁주렁 열린 포도송이' 정도로 옮기는 것이 좋다.

또 다른 예문을 보자.

> (9) Malak burst through the doorway into the hall. In the dark, he rummaged furiously through his saddlebags and equipment.
> → 마락은 복도를 통과하여 거실로 들어섰다. 어둠 속에서 그의 손길이 다급히 가방과 장비들을 뒤지기 시작했다.
>   (트랜스쿨, 1999)

'burst through'는 그냥 얌전하게 걸어서 들어가는 것이 아니라, 문짝이 떨어져나가도록 '박차고 들어가는' 동작을 묘사하는 것이다. 단순히 거실로 들어섰다고 하면 의미는 전하겠지만, 긴박한 작품의 분위기를 살리지 못하는 밋밋한 번역이 되고 말았다. 이 경우는 '마락은 힘겹게 복도를 지나서 거실바닥에 쓰러졌다' 정도로 번역하는 것이 무난하다.

번역을 하다 보면 원문과 한국말이 아닌 제3국어를 접하게 된다. 이럴 때 그 3국어를 우리말로 옮겨놓는 것은 잘못된 것이다.

(10) a. "너 sensitive한 사람을 좋아하니, 아니면 tough한 character를 좋아하니?"
b. "너 감성적인 사람을 좋아하니, 아니면 사내다운 성격을 좋아하니?"

예를 들어 어떤 한국 여자가 (10a)처럼 얘기했다고 하자. 그리고 이것을 (10b)와 같은 문장으로 바꿔 놓았다고 하자.

만일 (10a)와 (10b)가 다른 두 여자가 한 말이라면 우리는 그렇게 말한 사람의 인품이나 성격이 판이하게 다르다는 것을 당장 짐작한다. 첫 번째 여자는 겉멋이 들고 조금밖에 없는 지식을 과시하고 싶어서 안달을 하는 경박한 여자일 테고, 두 번째는 젊고 교양 있는 여자이겠다. 따라서 (10a)와 (10b)는 절대로 같은 여자가 한 얘기일 수가 없다.

제3국어를 사용한 것은 작품의 분위기를 만들어 가는 원작자의 의도가 반영된 것이므로 제3국어를 그대로 살리는 것이 바람직하다.

5.2. 텍스트 상호성(intertextuality)

텍스트 상호성의 개념 텍스트 상호성은 주어진 텍스트성을 생산하고 수용함에 있어서 참가자들이 그들의 여타 텍스트에 의존하는 모든 방식을 의미한다. 텍스트 상호성은 유형화된 텍스트와의 관계, 다른 텍스트와 관계, 나아가 특정한 시대의 다양한 문화형태와의 관계까지도 포괄한다. 다시 말해서 텍스트 처리 장치로 하여금 새로운 텍스트에서 이제까지 접한 다른 텍스트의 특징과 자질을 인식하도록 하는 요인들을 말한다. 텍스트 상호성은 텍스트 유형과의 관계와 다른 텍스트의 인유 문제로 나누어 살필 수 있다.

텍스트 유형론의 필요성 텍스트 언어학에서는 텍스트를 텍스트 종류로 구분하는 텍스트 유형화에 관심을 가졌다. 보그랑데와 드레슬러(1981)에서는 텍스트 유형론은 담화행위 유형론 및 그 상황의 유형론과 밀접한 상관관계를 가지고 있다고 하면서 텍스트를 하나의 유형으로 분류하는 것은 그 텍스트가 통화상에서 갖는 기능에 의존하는 것이지, 단순히 표층 형식에 따르는 것은 아니라고 하였다. 그는 전통적으로 확립된 텍스트의 유형을 '기술적 텍스트', '화술적 텍스트', '쟁론 텍스트', '문학 텍스트', '시 텍스트', '과학 텍스트', '교훈적 텍스트' 등으로 분류하였다.

텍스트 종류에 대한 지식은 텍스트 언어학의 이론적인 측면뿐만이 아니라 대조 언어학, 외국어 습득, 문체 연구, 번역 등 응용 언어학 분야와도 밀접한 관계가 있다.

텍스트 유형에 따른 번역문제에 대해서는 김윤진(2001:35-38)에서 자세히 다루고 있다. 그에 의하면 번역가는 모든 텍스트들에 대해 동일한 번역의 방식을 적용하지는 않는다. 법조문을 신문 기사처럼 번역하지 않으며, 상품 광고를 연설문처럼 번역하지도 않는다. 또한 난해한 철학 서적을 서한문처럼 옮기지도 않으며, 역사 서적을 소설책처럼 옮기지도 않는다. 그러한 텍스트들은 나름대로의 고유한 어법과 어휘 체계를 가지고 있으며, 그러한 어법과 어휘 체계란 각각의 텍스트가 전달하고자 하는 것을 가장 효과적으로 전달하기 위한 방편으로 구축되어 왔고 또 굳어진 관례를 형성하게 된 것이다.

이를테면 법조문들은 인간의 모든 행위들에 대한 규범 체계를 정의하고 각각의 행위들을 그러한 규범 체계에 비추어 분류하고 해석·판단할 수 있는 근거로 자리잡기 위하여, 그리고 규범을 위반하는 행위들에 대한 통제와 처벌의 권위를 스스로에게 부여할 수 있도록 하기 위해 단정적이고도 객관적인 어조를 취하고 있다. 따라서 텍스트의 번역 방법론은 그 대상 텍스트의 유형에 종속적이다. 그러므로 실제의 번역 작업에 있어 가장 선행하는 것은 텍스트의 유형을 파악하는 것이다. 텍스트가 지향하는 바가 과연 무엇인가에 따라 번역의 목표가 정해지고 그 정해진 목표에 따라 방법론도 달라질 수 있기 때문이다.

그런데 문제는 텍스트 유형의 분류는 무엇을 기준으로 삼는가에 따라 매우 다양해질 수 있다는 것이다. 만일 텍스트가 다루는 내용으로 분류한다면, 그것은 텍스트가 다루는 삶의 모든 영역을 분류하는 것과 마찬가지로 무한해질 것이며 결국 그러한 분류의 시도 자체를 무용하게 만들 것이다. 텍스트의 형태에 따른 분류 또한 어려운 일이다. 형태적 특성이 텍스트가 지향하는 바와 일치하지 않을 수도 있고, 또한 형태적 특성이란 경우에 따라 제거되거나 변형될 수 있기 때문이다. 물론 형태가 번역 작업시 고려되어야 할 하나의 요소이긴 하지만 궁극적으로 텍스트를 구성하고 있는 언어 체계 내에서는 불가능할 수도 있다는 것이다. 그런 까닭에 텍스트의 목적론적 성격, 즉 독자의 인식적 영역에 호소하는 것인가, 아니면 정서적 또는 미적 영역에 호소하는 것인가를 파악하는 것이 번역에 있어 유효한 분류의 기준이 될 수 있을 것이다. 그것은 곧 텍스트 내의 언어 사용의 양태와도 일치하는 것이라고 할 수 있다.

언어가 도구로 사용되는 텍스트들이란 언어를 넘어선 세계 내에서의 인간의 실제적인 삶에 관여하는, 실용적인 목적의 텍스트들이다. 텍스트를 구성하는 언어를 도구로 하여 궁극적으로는 실제적 행위를 요구하든 아니든 독자로 하여금 어떠한 사실을 인식시킬 것을 목적으로 한다. 그리하여 거기에는 어떤 의도성이 개입된다. 그것은 무엇보다도 인식시키고자 하는 내용을 지니고 있으며 그 내용의 전달, 즉 의도성을 인식시키는 것이 텍스트의 주기능으로 자리잡는다. 따라서 그러한 텍스트들의 번역이란 의도성의 올바른 포착과 전달을 주된 목표로 설정하게 되는 것이다.

그에 비하여 언어를 본질로 인식하는 텍스트들이란 언어와 언어가 지시하는 세계 사이에 거리를 둔다. 그 때 언어의 기능은 도구적이라기보다 차라리 가치 창조적 기능에 가깝다. 이러한 텍스트들은 독자로 하여금 세계에 대한, 또는 삶에 대한 실제적 행위를 유도하거나 지식을 전달하는 것이 목적이 아니라 자체로 자족적(自足的)인 가치 세계를 형성하여 독자의 존재에 어떤 내면적인 변화를 야기시킬 수도 있다. 그러나 그러한 텍스트의 효과는 의도적인 것이 아니라 파생적인 것이다. 따라서 그러한 텍스트의 번역은 상응하는 가치들의 창출에 주안점을 두어야 한다.

만일 텍스트들을 도구론적 합리성에 의존하는 텍스트들과 가치론적 합목적성에 의거하는 텍스트들로 크게 나누면, 그것은 곧 비문학적 텍스트들과 문학 텍스트들이라는 구분으로 표면화될 수 있을 것이다. 전자가 의도성을 재구성하는 번역을 요구하는 것이라면, 후자는 등가적 가치 세계를 재창조할 수 있는 번역을 요구하는 것이다.

번역을 위한 텍스트 유형의 분류 이난희(1995)에서는 번역학의 측면에서 거론되고 있는 대표적인 텍스트 유형 구분을 소개하면서 그 문제점들을 살피고 있다. 여기서는 이난희(1995)를 중심으로 여러 학자들의 번역을 위한 텍스트 유형의 분류를 정리해 보자.

레이브(K. Reiβ, 1983)에서는 텍스트 유형이 번역을 결정하며, 알맞은 번역을 하기 위해서는 출발어 텍스트 저자가 무엇을 어떻게 전달하는가뿐만 아니라 무엇보다도 무슨 목적으로 글을 썼는가 하는 해당 텍스트가 갖는 의사 소통적 기능에 착안하여 그에 부합하는 번역 방법을 모색해야 한다고 하였다. 그러면서 텍스트를 다음 세 가지로 구분하였다.

첫째, '정보 중심적 텍스트'로 여기에는 보고서, 논문, 문서, 사용 설명서 보도, 전문서, 계약서 등이 포함된다. 이 유형 텍스트의 번역의 목표는 내용의 불변성에 있다. 언급 대상에 대한 보다 충실한 정보를 전달하기 위해서 번역자는 원작자의 위치에서 주석, 부연, 각주 등을 이용해서 보충 설명을 할 수 있다.

둘째, '표현 중심적 텍스트'로 언어 예술 작품이나 시 문학작품으로 불리워질 수 있는 것들이 여기에 포함된다. 이 유형에서는 원작자의 예술적 의도를 재구성하고, 미적 감각을 가지고 저자의 표현 의지를 공감하면서 출발 텍스트의 미적 효과에 상응하는 형식으로 번역해야 한다.

셋째, '호소 중심적 텍스트'로 광고, 정치 선전문, 선교문(Missionstexte), 논쟁문 등이 속한다. 이 유형에서는 출발어 텍스트에 내재하고 있는 호소의 효과와 일치하도록 번역하는 것이 중요하다. 따라서 도착어 독자의 사회 문화적 배경과 성향을 필수적으로 고려해야 한다.

쾰러(Koller, 1992)는 번역의 측면에서 텍스트를 '사실 텍스트'와 '허구 텍스트'로 구분하였다. 텍스트 저자(발신자)의 의도에 초점을 맞춘 텍스트를 기능의 측면에서 구분한 레이브와 달리 쾰러는 텍스트 수용자로서 독자의 관점에서 텍스트를 구분하였다. 그에 따르며 한 텍스트가 반드시 어느 한 텍스트 장르에 고정되어 속해 있는 것이 아니라 독자의 이해와 기대에 따라 장르가 변할 수 있다. 예를 들어 성경은 특정한 신학적인 관점에선 사실 텍스트로 볼 수 있으나 다른 관점에서 허구 텍스트로 읽혀질 수 있다. 반면 보통의 경우 허구 텍스트로 보고 있는 문학 텍스트도 만일 누군가 옛날 소설에서 사회적 상황의 서술에 관심을 갖는다면 허구 텍스트가 아니라 사실 텍스트로 수용될 수 있다.

이러한 퀼러의 분류는 번역에 있어서 언어 내적인 요소 이외에 언어 외적인 요소인 텍스트 수용자로서 독자의 입장이 고려되었다는 점에서 그 의의를 찾을 수 있다. 그러나 사실 텍스트와 허구 텍스트는 기존의 실용 텍스트(비문학 텍스트)와 문학 텍스트로의 구분과 결과적으로 다를 것이 없다는 한계를 지니고 있다.

스톨즈(Stolze, 1992)는 번역자가 원본 텍스트와 번역 텍스트와의 특별한 관계에 있는 것을 고려하여 해석학적 입장에서 자신의 번역 태도를 의식적으로 검토하고 비판적으로 반영하여야 한다고 하였다. 그는 텍스트를 실용 텍스트, 전문 텍스트, 문학 텍스트와 같은 어떤 특정한 텍스트 유형으로 구분하여 그 유형에 따라 구별되는 특별한 번역 방법을 적용하는 것이 아니라 번역 범주를 설정하여 모든 텍스트에 적용하고 있다. 그는 번역 범주로 '주제 범주', '의미 범주', '어휘 범주', '화용 범주', '문체 범주' 등으로 나누었다. 여기서 주제 범주, 의미 범주, 어휘 범주는 이해의 과정인 수용의 범주이고, 화용 범주, 문체 범주는 표현의 측면에서 생산의 범주에 속한다. 이상에서 살핀 범주에서 중요한 것은 어떤 텍스트를 번역할 때 대개는 이 모든 범주들이 동시에 적용되는 것은 아니라는 것이다. 그러므로 위 범주들은 번역할 때 결코 기계적으로 모두 차례로 적용되어야 할 틀이 아니라 오히려 번역에 있어서 고려되어야 할 관점으로서 다양한 텍스트 측면에 대한 번역자의 감각화에 기여하게 될 것이다.

이러한 스톨즈의 번역 범주는 실제에 있어서는 경계가 불분명하므로 이론적인 기술에 있어서는 그들 범주들을 엄격히 구분하는 것이 언제나 가능하지 않다는 문제점을 지닌다.

이상에서 살핀 여러 견해를 정리해 보면, 레이브의 텍스트 기능 측면에서의 텍스트 유형 구분은 원 저자의 의도에 초점을 맞춘 것이고, 퀼러의 구분은 번역어의 수신인에 초점을 맞춘 것이다. 스톨즈는 번역자에 초점을 맞추어 번역에 중요하게 관여하는 요소의 해석과 그 요소들간의 연관 관계를 고려하려 하였다.

효율적인 번역을 위해서는 레이브나 쾰러처럼 텍스트를 하나의 유형으로 고정시키는 것보다는 스톨즈처럼 해석학적 입장에서 번역자가 직접, 간접으로 참여하는 언어 내적, 또는 언어 외적 요소를 함께 고려하는 방안이 바람직하다.

배경지식의 중요성 텍스트를 이해하는 데 있어 배경지식은 매우 중요한 역할을 한다. 번역자에 있어서도 배경지식 특히 출발어의 언어외적인 지식은 번역에 있어 매우 중요하다.

안정효(1996:74-75)에 의하면 예수의 생애를 인간적인 측면에서 그렸기 때문에 로마 교황청의 금서 목록에 오른 니코스 카잔차키의 장편 소설 『그리스도의 최후의 유혹(The Last Temptation of Christ)』의 어느 대목에서는 예수가 손에 들고 있었던 지팡이에서 꽃이 피어나는 장면이 나온다. 그런데 국내의 어느 번역본을 보면 꽃이 피어나는 얘기가 한 마디도 나오지 않는다. 지팡이에서 꽃이 피어난다는 상징적인 표현을 역자가 제대로 이해하지 못해서 그랬던 것 같다. 하기야 『신약성서』 어디를 봐도 그리스도의 지팡이에서 꽃이 피었다는 기적의 얘기가 없고, 그래서 번역자는 'flower(꽃피다)'라는 단어에 대해 고민하다가 슬그머니 꽃이 핀다는 얘기를 빼 버렸다. 초현실적인 상상력을 동원해서 글을 쓰는 작가의 작품을 번역하려면 번역가도 그들 못지 않게 많은 상상력을 발휘해야 한다. 번역가가 작가의 상상력을 따라가지 못할 때는 지팡이에서 꽃이 피어나는 아름다운 장면이 무참히 희생되고 만다.

번역가는 다양한 분야에 대한 풍부한 상식을 지니고 있어야 한다. 강주헌(2002:52-55)은 한 경제·경영서 내용 중에서 'Fortune 500'이란 단어를 '돈을 많이 번 500인'이라 번역된 구절을 보면서 실소를 금치 못했다고 한다. 〈포춘〉이란 잡지가 있다는 사실을 간과한 결과이다.

때로는 번역은 역사적 상식을 요구하기도 한다. 어떤 소설을 번역하던 중에 'Was she the last of the vivandieres?'라는 구절이 나왔고, 이를 당연히 '과연 저런 여자가 전쟁터에서 물건을 팔았던 상인이었단 말인가? 라고 번역했다. 전쟁터에 물건을 팔러 다니는 사람이라니 요즘에는 잘 이해가 가지 않는 말이다. 그러나 과거에는 분명한 직업으로 존재했다. 독일의 극작가 베르톨트 브레히트의 『억척 어멈과 그 자식들』을 읽어보면, 전쟁터를 쏘다니며 물건을 팔아대는 억척어멈이 나온다

전문서적을 번역할 때는 해당 분야에 대한 기초적인 배경 지식이 필요하다. 그러한 배경 지식을 토대로 번역자는 자신이 번역하고 있는 내용을 어느 정도는 이해하고 있어야 한다. 원문은 비교적 평이한데, 번역문의 내용이 쉽게 파악되지 않는 경우가 많은데 대부분 번역자가 내용을 제대로 파악하지 못한 채 단순히 단어만을 우리말로 옮기는 경우에 발생한다.

다음 예문을 보자

> (11) In Buddhism, it, is the same type of enlightenment which leads you to discover what you are, what is the truth. In this simultaneous enlightenment of yourself and the truth, you discover that your self was only an illusion.
> → 불교에서는 자기 자신이 무엇인지, 진리가 무엇인지를 발견하게 해주는 깨달음은 서로 다른 유형이 아니라 똑같은 유형의 것이다. 자기 자신과 진리에 대한 깨달음이 똑같기 때문에, 불교도들은 자기 자신이 하나의 환상(불교용어로는 '空')임을 발견한다.

여기서 불교에 대한 지식이 뒷받침되지 않는다면 illusion을 그냥 환상으로 번역할 수 있다. 그러나 불교에 대한 지식을 조금만 갖추고 있다면 이것이 〈반야심경〉에 나오는 색즉공(色卽空), 공즉색(空卽色)의 그 공을 가리킨다는 것을 알 것이다. 또한 이 공의 의미는 〈금강경〉에 나오는 '대체 눈에 보이는 형상 있는 것은 모두 허망한 것이니, 만일 모든 형상 있는 것이 형상 아님을 알면 이는 곧 여래(如來)를 본 것이니라'의 그 허망을 가리킨다는 것도 알 수 있다.

따라서 중요한 것은 'illusion=공'이라는 대응어만을 알고 있어서는 안 된다는 사실이다. 오히려 공의 의미를 소상히 알고 있어야만 이 때문에 뜻을 명확히 파악하여, 원문의 뜻을 정확하게 전달할 수 있는 것이다. 그렇지 않으면 형태에만 매달리는 기계적인 번역이 되고 말 것이다. 이렇게 중요한 배경지식이 오히려 번역에 오류를 가져오는 경우도 있다. 번역자가 잘못된 배경지식을 지니고 있었기 때문이다.

다음은 이솝우화 '왕을 원한 개구리들'의 일부이다.

> (12) The snake had a tremendous appetite and lived exclusively on a diet of frogs, eating as many as he could catch.
> → 엄청난 먹성을 자랑하는 대왕 물뱀은 닥치는 대로 개구리를 잡아 삼시 세 끼를 완전히 개구리 식사로만 때우기에 이르렀다.
>
> (김정우, 2000:101)

요즘은 흔히 'diet'하면 '몸무게를 줄이는 식이 요법'의 뜻으로 이해한다. 그러나 원래의 의미는 '식품'이나 '음식물'을 뜻한다. 위에서도 'diet'는 '음식물'이라는 뜻으로 쓰였다. 이렇듯 그 의미가 확장되거나 변화한 단어들에 대해서는 특별한 주의가 필요하다.

사전 찾기의 중요성 번역가는 어떤 책을 번역하느냐에 따라서 그때마다 최소한의 번역준비를 해야 한다. 특히 적어도 세 가지 종류의 사전이 필요하다. 『영한사전』, 『영영사전』, 그리고 『국어사전』이다. 더 나아가면 『전문용어사전』도 필요하다. 경제 분야를 번역하려면 『증권용어사전』, 『경제용어사전』, 사회과학서적을 번역하려면 『시사용어사전』, 수학분야를 번역하려면 『수학용어사전』, 의학분야를 번역하려면 『의학용어사전』이 필요하다.

이종인(1998)에서는 이러한 사전 찾기의 중요성을 잘 다루고 있다.

   (13) "Come out to the office," I said.
        "Where is the office?"
        "Le water," I said.
    → "사무실로 나가세." 내가 말했다.
       "사무실이 어딘가?"
       "화장실 말일세." 내가 말했다.

이 예문은 미국의 소설가 피츠제럴드가 역시 미국의 소설가인 헤밍웨이를 찾아가 고민을 털어놓으면서 한 말의 일부분이다. 그런데 여기서 I(헤밍웨이)가 말한 office라는 단어는 누구나 알고 있다고 '생각하는' 단어이다. 그래서 아마도 이 문장을 읽을 때 번역자는 office에 대해서 별 생각 없이 '사무실'로 번역할 지 모른다. 그러나 그 밑에 바로 나오는 Le water가 이상하다고 생각하는 번역자는 혹시 모른다고 생각하여 office의 뜻을 사전에서 찾아볼 지도 모른다. 그러면 office라는 단어의 뜻이 10번째 뜻으로 '(구어) 화장실'이라고 풀이되어 있는 것을 발견하게 될 것이다. 헤밍웨이는 '화장실'이라는 뜻으로 말했는데 피츠제럴드가 '사무실'로 알아들으니까, 헤밍웨이가 다시 Le water라고 익살스럽게 받아넘기고 있는 것이다. 어떤 추리 소설에 두 순찰 경관이 무전장비가 장착된 순찰용 박스

카를 타고서 매복하는 장면이 나온다. 그때 한 경관이 다른 경관이 이렇게 말했다.

(14) "Please don't fart."

이것은 "제발 방귀를 뀌지 마라"는 뜻이다. 그런데 그 소설에서는 "제발 차안에서 돌아다니지 마"로 그럴듯하게 번역되어 있다. 이 fart를 사전에서 찾아보면 다음과 같다.

(15) fart 1. 방귀 뀌다.
        2. 바보짓을 하며 돌아다니다.

또 다른 예문을 보자.

(16) Futhermore, during an extended fast you may <u>lose lean body mass</u>, which would cause <u>wasting</u> of your vital organs.
→ 게다가 단식 기간이 길어지게 되면 필수적인 기관의 <u>낭비</u>를 유발하기 때문에 <u>날씬한 몸매를 잃어버릴 수도 있다.</u>

번역문만 봐서는 의미를 파악하기가 쉽지 않다. 'Waste'는 '낭비하다'라는 의미로 쓰이는 경우가 많기 때문에 쉬운 단어로 생각해서 좀처럼 사전을 찾지 않게 된다. 그러나 '필수적인 기관을 낭비한다'는 것은 도무지 이해할 수 없는 말이다. 또한 '날씬한 몸매를 잃어버리다'는 말은 곧 '뚱뚱해진다'는 뜻인데, 단식을 하는데 어떻게 뚱뚱해진다는 말인가? 이러한 의문을 느낀다면 곧바로 사전에서 이들의 의미를 확인하는 작업이 필요하다. 'waste'에는 '쇠약해지다'라는 의미가 있고, 'lose lean body mass'라는 말은 '제지방량'이라는 전문용어이다. 따라서 다음과 같은 번역이 무난하다.

(17) 게다가 단식 기간이 길어지면 체지방량이 줄어들어 필수적인 장기가 손상될 수 있다.

역주 달기의 필요성 번역가는 번역하는 것으로 책임이 끝나지 않는다. 자신이 번역한 글에서 일반적 상식으로 이해할 수 없는 부분이 있는 지까지 확인해서 역주를 첨가하는 태도를 보여야 한다. 역주 달기에 대해서는 강주헌(2002)에 자세히 다루고 있다.

예를 들어 '한 잠수부가 윈치의 케이블을 타고 바다 위로 내려가더니 잠수정의 선체에 몇 개의 고리를 연결했다'는 글이 있다고 하자. 그런데 '윈치'가 무엇일까? 이 단어를 우리말로 번역해서 권양기(捲揚機)라 썼더라도 낯선 개념이기는 마찬가지이다. 물론 이 정도의 단어는 독자가 알아야 한다고 강요할 수도 있다. 게다가 이 단어의 뜻을 정확히는 모르더라도 글을 읽어 내려가는 데는 어려움이 없다. 하지만 윈치를 썼든 권양기를 썼든 그 뜻이 '밧줄이나 쇠사슬을 감았다가 풀었다가 함으로써 물건을 위아래로 옮기는 기계'라고 역주를 달아준다면, 독자로서는 매우 쉽게 이해할 수 있을 것이다.

또 다른 예문을 보자.

(18) "You Christians are so occupied in misinterpreting the fourth commandment that you have never thought of making an artistic application of the second."
→ "너희 기독교인들은 네 번째 계명을 너무나 엉뚱하게 해석하는데 집착해서, 두 번째 계명을 예술적으로 응용할 생각조차 하지 않았다."

어렵지 않은 계명이다. 그러나 기독교인이 아닌 독자입장에서는 두 번째와 네 번째 계명을 알지 못할 것이고, 그렇다면 위 글의 내용을 이해할 수 없게 된다. 그렇다고 독자가 일부러 『성경』의 내용까지 확인할 수는 없다. 그것을 알려주는 것이 번역가의 책임이다.

십계명의 두 번째 계명은 '나 이외에 다른 우상을 만들지 말라'는 것이고, 네 번째 계명은 '안식일을 기억하고 거룩하게 지키라'는 것이라고 간단히 설명해 주는 것이 바람직하다.

또 한 가지 언급하고 싶은 것은 인물이나 작품에 대한 역주이다. 독자들이 모든 작가나 그들의 작품에 대한 지식을 지닐 수는 없다. 따라서 번역자는 작가가 어느 시대의 사람인지와 작품이 대략에 대한 설명을 덧붙이는 것이 바람직하다.

중역(重譯)의 문제 김병익(1986)은 한국에 있어서 번역문학의 '가장 고질적인 문제'를 중역이라고 지적했다. 중역은 출발어를 제3의 언어를 거쳐 도착어로 번역하는 방법이다. 해방 이후는 일본을 통한 서양서적의 번역이 번역물의 대부분을 차지하고 있었다. 이로 인해 중역(重譯)이라는 기형적인 번역텍스트가 생산되었다. 일본적인 눈을 거쳐 이룩된 번역물을 충분히 여과(濾過)의 기회도 거치지 않은 채 수용하였기 때문에 출발언어와 도착언어인 한국어 사이에 충분한 상호문화성이 유지될 수 없었다. 일본이라는 또 하나의 상호문화적 장애물이 가로놓여 있었던 것이다.

그러나 중역을 할 수밖에 없었던 시대적 상황을 간과해서는 안 된다. 외국의 근대 문물을 독자적으로 받아들인 수단을 갖추지 못했던 개화기와 그 이후 시대에 민중을 계몽하기 위해서는 그나마 보유하고 있던 일본어 중역에 의존하지 않을 수 없었을 것이다.

60년대와 70년대의 문학전집들에 나타나는 중역들은 그 시대들의 요구와 필요를 생각하면 이해할 수 있는 측면들도 있으나, 중역가들의 직업 의식 부재는 지적하지 않을 수 없다. 특히 번역할 작품들의 선택에 있어서까지 일본에 거의 전적으로 의존했다는 것은 변명의 여지가 없다. 일본어 중역에서 벗어나고자 하는 움직임이 본격적으로 시작된 것은 70년대로 보인다. 그리고 80년대 이후에는 유럽이나 미주 등지로 유학을 하여 그 곳의 언어와 문화를 익힌 번역 자들에 의해 번역텍스트가 생산되었다.

문화적 요인

6.1. 문화적 여건

번역은 '언어나 문자의 전환' 뿐 아니라 '문화의 전환'이다. 문화라는 테두리를 떠나, 언어나 문자의 전환으로의 번역텍스트는 원어텍스트와 의미와 표현의 등가를 이루지 못한다. 번역이 의미상·문체상으로 출발어 메시지를 도착어의 가장 가깝고 자연스러운 등가로 재생산해내는 것이라 할 때 원활한 의사소통과 정보의 교환을 위한 더 나은 또는 잘 된 번역을 위해 '문화적인 맥락'을 고려한 번역방법이 필요하다. 여기서의 문화는 연극, 미술, 무용 등의 예술에 국한된 좁은 의미로 인식되기 쉬우나 보다 광범위한 문화인류학적 의미, 즉 인간의 한 집단이 하나의 생활공동체를 이루며 살아가면서 만들어낸 모든 것들을 말한다.

총체적 지식으로서의 문화의 개념, 언어에 대한 지식은 번역을 하는데 매우 필수적인 조건이다. 그러므로 번역자는 해당하는 두 언어에 대한 유창한 실력뿐 아니라 두 언어가 속한 문화에도 익숙해야 한다. 만약 조금이라도 메시지의 배경이나 메시지에 관한 기본지식을 가진 사람과 그렇지 못한 사람 사이에는 메시지 이해에 상당한 차이가 있을 수 있다.

의사소통에 있어서 메시지의 문화적 배경을 안다는 것은 메시지 전달차원에서 그 과정을 돕는 데 필수적인 것이다. 번역에 있어서도 전달하는 메시지를 중심으로 한 출발언어의 언어적, 문화적 여건을 고려하는 것은 번역을 '제대로'하는 일에 매우 필수적인 것이라 하겠다. 즉, 텍스트 번역은 언어가 다른 문화 사이에서 이루어지는 하나의 문자 메시지를 통한 의사소통이라고 볼 수 있다. 이 때 도착언어 측의 독자들이 번역된 텍스트의 메시지를 잘 이해할 수 있도록 언어적·문화적 배경지식을 적절하게 사용한 번역텍스트라야 잘 된 번역이 될 것이다.

(1) 'heap coals of the fire on his head'

위의 예문에서 만약 문화적 배경을 무시하고 번역을 한다면, '그의 머리 위에 숯불을 쌓아 놓다.' 정도로 해석될 것이다. 그러나 위의 문장은 '어떤 사람을 자기가 한 행동에 대해 부끄럽게 여기도록 한다.'로 해석해야 옳다. 문화적 배경을 무시하고 번역을 할 경우, 그 메시지의 형식은 그대로 전환된다 할지라도 그 내용은 전혀 옮겨지지 않는 결과를 가져오게 된다. 그러므로 이러한 번역은 옳지 못한 번역이라고까지 할 수 있을 것이다.

번역가는 두 언어와 문화 사이에서 매개자로서 그리고 두 언어와 문화의 체계를 번역작업에 끌어들여 그로 인해 빚어지는 여러 가지 충돌 상황들을 조절해 주는 조절자의 역할을 한다. 또한, 번역자가 뛰어난 두 언어·문화적 능력을 갖추어야 한다는 말은, 번역자가 두 가지 언어들을 다 습득했다 할지라도 계속적으로 그 두 언어와 문화에 대한 능력을 유지하고 발전시켜야 한다는 것을 의미한다.

언어와 문화는 멈추어 있는 정적인 것이 아니라 역동적인 것으로서 시간이 흐름에 따라 변화한다. 따라서, 어느 한 시점에서 이루어진 번역은 세월이 흐르고 언어와 문화가 변화함에 따라 재검토되고 다시 번역되어야 할 필요가 있다. 대부분의 일반텍스트의 경우는 세대와는 무관하게 읽혀질 수도 있고, 그 반대일 수도 있으나, 문학텍스트나 종교텍스트의 경우에는 시대를 거듭하여 읽혀지는 것이다. 이는 문학텍스트일 경우 작품이 쓰여졌을 당시의 문학사조와 언어문화를 고려하여 이해하여야 하지만, 번역의 과정 중 재구성의 단계에서는 그 번역텍스트가 읽혀질 출발어 독자들의 시대의 언어와 문화를 고려하여 번역되어야 한다는 것이다.

 이와 같이 언어와 문화의 관계는 불가분의 것이며, 번역에 있어서 문화의 이해는 필수적인 것이다. 각 민족은 자신들만의 고유한 문화가 있으며 그 문화는 구성원들이 같은 풍토에서 살아가는 동안에 공통적 역사의 흐름을 밟으면서 형성된다. 즉, 영어를 사용하는 영·미국과 한국으로 논의를 좁혀보면 다음과 같은 큰 차이점을 찾을 수 있다. 우선, 자연관의 차이를 살펴보면 한국인들은 인간과 자연의 경계를 확연히 구분하지 않고 항상 자연과 인간 사이의 조화를 이루면서 살려고 했다. 이는 한국인 대부분이 농사를 본업으로 했으며, 농사가 잘 되고 못 되는 것은 인간의 노력만으로 가능한 것이 아닌 것으로 여겼기 때문이다. 반면 근대적 합리성에 기초한 영·미인들은 자연을 단지 인간을 위해 존재하는 대상으로 바라보았으며, 자연을 이용하고 정복하고자 힘썼다. 이런 차이로 인해 한국인들은 자연을 인간이 끊임없이 자신을 투과시키는 반영체라 생각하며, 나를 발견하게 만드는 하나의 유기적인 생명체로 바라보았다. 자연과의 조화를 중요하게 생각한 한국인은 자연의 구성요소들을 생명체로 바라보았으며 인간을 자연의 한 구성요소로써 바라보았다. 한국인에게 자연은 생명의 존재이며, 인간과 일체가 될 수 있는 존재인 것이다. 그러나 영·미인들은 자연을 인간과는 분리된 하나의 대상으로 바라본다. 즉, 자연을 살아 움직이는 생명체로 보는 것이 아니라, 다만 인간이 이용 가능한 물질로 바라는 것이다. 이는 종교와도 관련이 있는데 자연을 다분히 기독교적인 사고로 즉, 인간은 만물의 영장이며, 모든 만물의 우위에 있기 때문에 자연을 다스리고, 정복해야 할 대상으로서 바라보는 것이다. 반면에 자연을 불교적인 사고로 바라본 한국인은 모든 존재하는 것은 윤회한다는 인식을 통해 이 땅의 모든 것을 하찮게 여길 수 없는 귀한 존재로 바라보게 하였다. 따라서 한국인에게 모든 생물은 생명이 있는 인격체와도 같이 여겨졌다.

6.2. 문화적 차이에 따른 호칭

본 절에서는 한국과 영·미간의 문화적 차이를 호칭에 나타난 표현을 통해 살펴보고자 한다. 이러한 문화적 차이의 비교·분석은 원활한 번역에 도움을 줄 수 있다.

번역은 문화와 문화와의 관계에서 이루어져야 한다. 번역을 한다는 것은 문화 교류의 차원에서 다른 문화와의 접촉을 꾀하는 것이기 때문이다. 번역은 문화 안에 있으며 번역은 곧 문화인 것이다. 다시 말해서 번역에 있어서 문화적 간극을 완전히 메울 수는 없으나, 번역이 의사소통의 한 양상일 때 그 간극을 줄이기 위해서 최선의 노력을 해야 한다.

일반적 호칭   한국에서는 성인과 아동, 교사와 학생 또는 직장 내에서의 직책에 따라 호칭이 엄격히 구분된다. 또한 존칭어가 발달하여 '성(Family name)' 다음에 직위, 신분, 학위 등의 호칭이나 '님', '씨', '선생님' 등의 존칭어를 덧붙여 흔히 사용한다. 반면 영·미인들은 지위, 연령, 성별에 상관없이 부르는 호칭이 동일한 경우가 많다. 즉 상대의 높고 낮음을 구분하지 않고 지칭할 때 'You'를 사용하고, 나이에 상관없이 가까운 사이에서는 이름(First name)

을 쓰는 것이 일반적이고 자연스럽다. 즉, 한국에서는 호칭이 계층적인 차원에서 구분되는데 비하여 미국에서는 서로의 친밀성의 정도에 따라 구분된다.

따라서 번역을 할 때 이름을 부르는 것으로 할 것인가, 아니면 우리말로 적당한 다른 호칭을 쓰게 할 것인가는 번역자가 두 사람의 관계를 짐작해서 분별있게 결정할 일이다. 이러한 분별은 말할 필요도 없이 연령·지위·친인척·친소(親疎) 관계 등에 따라 좌우된다. 종업원이 사장이나 그 밖의 자기 상사에게 Mr. 누구라고 부르는 것이 미국인들의 언어 관습이라면, 우리는 사장님 또는 과장님, 국장님 이라고 하는 것이 관행이다. 여기서 어떤 관행이 좋은가, 나쁜가는 따질 성질의 사항이 아니다. 존스 사장에게 종업원이 Mr. Jones라고 했다면 이것은 우리말로 사장님의 뜻이지 존스 씨의 뜻이 아니라는 말이다. 미국인들은 일반적으로 상대방의 이름을 많이 부른다. 우리는 좌중의 다른 사람과 착오가 나지 않을 정도이면 이름을 굳이 부르지 않는다. 그러므로 반복된 호명이 있다고 해도 우리식으로 적당히 줄이는 것이 좋다.

우리말은 어법상 본디 1인칭 주어의 생략이 많다. 특히 구어체에서 한국인은 자신을 낮추려는 겸양 때문인지 '나'를 내세우지 않고 완곡하게 표현하는 문화적 특징을 지닌다. 그리고 우리말에는 동사의 변화가 없지만 대신 존칭어가 주어에 따라 동사를 차별화시키기 때문에 동사만으로도 숨겨진 주어를 알 수 있다. 우리말에서는 '왔노라'와 '오셨노라'를 나란히 써 놓고 보면 '오셨노라'의 주격은 2인칭이나 3인칭의 타인이요 '왔노라'의 숨겨진 주어는 '나'라는 것을 쉽게 짐작할 수 있다.

'you'에 해당하는 우리말 호칭은 너, 너희들, 당신, 당신들, 그대, 그대들, 여러분, 제군들, 자네, 자네들, 아버지, 어머니, 오빠, 누나, 애, 여보게 등등 수없이 많지만, 때로는 대화체에서 어떤 일반적인 호칭도 맞아 떨어지지 않는 경우가 생긴다. 그런 경우에는 'you'라는 호칭의 대상자를 '그대'나 '당신'이라고 하는 대신 그(녀)의 '이름'으로 부르면 무난하게 넘어가는 경우가 많다. 번역과정에서 나타나는 다른 많은 문제나 마찬가지로 'you'의 호칭도 경험을 바탕으로 현실적으로 처리해야 한다.

3인칭 대명사는 우리말에 어울리는 보통명사, 또는 고유 명사로 대치하는 것이 좋다. 때로는 필수적이다. 주격, 소유격, 목적격 모두 마찬가지이다. 특히 '그녀'라는 말은 구어에서는 어울리지 않는다. 예를 들어 "He's gone" 즉 "그는 갔어."에서 "그"는 그 사람, 그 남자, 그 노인, 그애, 형님, 삼촌, 그 학생, 기타 직함 등으로 바꾸어 준다.

한국인들은 '우리'라는 의식이 강하며, 자기 자신만의 '무엇'을 표현하고자 할 때에도, '나(I)' 대신에 '우리(We)'를 사용한다. 즉, 한국인들은 '우리 집', '우리 학교', '우리 나라' 등의 표현을 자주 쓰지만, 영·미인은 'My house', 'My school', 'My country' 등 개인주의적 용어인 'My'라는 표현을 자주 쓴다. 이 때 한국인이 '우리'라는 표현 대신에 '나'라는 단어표현을 쓰면 자칫 자기중심적이거나 거만하게 생각될 수 있는 이유 역시 개인보다 집단을 더 중시하는 전통의식에서 발생하는 것이라 할 수 있다.

성명을 표기할 때에도 개인보다 집단을 중요하게 생각하는 한국에서는 가족(집단)을 나타내는 성(family name)을 먼저 표기한 후, 개인을 나타내는 이름(First name)을 쓰지만, 영·미인들은 이름을 먼저 쓰거나 말하고 성이 뒤따른다. 이는 주소를 쓸 때에도 마찬가지인데 한국에서는 가장 큰 행정단위인 국가에서부터 출발하여 도, 시, 동, 번지, 이름순으로 써 내려가는 반면, 영·미인은 맨 먼저 개인의 이름을 쓰고 번지부터 시작해 단계적으로 보다 큰 단위들을 쓴다.

친척 호칭　brother, sister라는 호칭에서는 형, 동생, 누이동생, 누님 등을 구분해 주어야 한다. grand pa, grand ma의 경우에는 친조부모인지 외조부모인지 구별해서 우리말에 맞게 표현해야 한다.

혼인으로 인한 가족 관계(in-law)도 장인, 장모, 시부모, 처남, 시누이 등등 각 그 명확한 관계를 따져 보고 확인한 다음에 거기에 맞는 호칭을 써야 한다.

근년에 와서 우리 사회에는 아빠, 엄마 등 유아들의 부름말을 다 큰 애들이 즐겨 쓰는 웃지 못할 경향이 있지만, 외화에서 dad나 mam이라고 했다고 무턱대고 사전만 믿고 아빠, 엄마로 옮길 일이 아니다. 아버지, 어머니가 더 어울릴 것 같으면 그렇게 하는 것이 좋다.

uncle은 아저씨, 큰아버지, 작은아버지, 외삼촌 등의 의미이고 aunt는 아주머니, 이모, 고모, 숙모, 작은 어머니를 모두 포함한 말이다. 따라서 앞뒤의 문맥을 살펴보고 밝혀내어야 한다. 그리고 cousin은 4촌만을 의미하지 않는다. 영어에서 6촌도 8촌도 'cousin'이다. 정확히 말해 4촌은 'first cousin'뿐이고, 'second cousin'은 6촌, 'cousin once removed'는 보통 4촌보다 한 세대 멀어져서 4촌의 자녀나 부모의 4촌을 가리키며, 'first cousin twice removed'는 8촌 사이다. 그렇지만 보통 구어체에서는 그냥 모두를 그냥 'cousin'이라고 하면 그만이다.

6.3. 문화적 전통과 비유

비유와 은유　언어 표현은 '글자 그대로의 의미'와 '비유적 의미'로 대별할 수 있다. 은유에 관한 전통이론은 이 둘을 전혀 별개로 취급

하였는데, 글자 그대로의 의미는 일상언어에 해당되고 비유적 의미는 예술언어에 관한 것으로 생각하였다.

그러나 비유는 특수한 현상이 아니라 의미를 부여하는 인간의 매우 기본적인 책략의 하나라 할 수 있다. 임지룡(1997:167)에서는 일상사에서 우리가 새로운 경험을 만나게 될 때, 그것을 이해하고 처리하는 '인지 책략'인 비유는 백지상태에서 출발하여 관찰하고 분석하는 것이 아니라, 그와 유사한 상황에서 이미 경험한 바에 따르는 것이 자연스러운 방식이라고 하였다.

은유는 비유법의 일종으로 어떤 대상물을 그것과 문자적으로 연관이 있지 않은 표현을 사용하여 어떤 유사점을 비유적으로 드러내는 것을 뜻한다. 가령, "내 마음은 호수다"라고 하면 나의 마음이 문자 그대로 호수가 될 수는 없지만 호수의 어떤 특징을 비유적으로 사용하여 나의 마음의 상태를 설명하는 식이다. 은유는 비유적 표현(metaphor), 비유의 대상물(object), 그리고 비유가 주는 이미지(image)와 그 이미지가 갖는 의미(sense)로 구성된다. 가령, "a sunny smile"이라고 하면 이 은유의 구성요소는 메타퍼=sunny, 대상=smile, 이미지=sun, 의의=cheerful, happy, bright, warm 등으로 구분해 볼 수 있다.

은유의 큰 특징 중의 하나는 비유적 표현과 그 대상물의 관계가 문자적으로 해석이 되지 않는다는 것이다. 이러한 특징을 공유하는 다른 수사법 또는 표현으로는 관용표현(숙어)을 들 수 있다. 숙어는 각 단어의 뜻을 조합하여서는 전체의 의미를 파악할 수 없는 구(phrase)를 일컫는다. 가령, "kick the bucket"은 "양동이를 차다"는 뜻으로 각 단어의 뜻을 조합해서는 이 표현의 실제의 의미인 "죽다"는 뜻을 파악할 수 없다.

원형 이론 인지 의미론에서는 인간은 이상인지모델(ICM)을 사용해서 지식을 조직화하며, 범주의 구조 및 원형 효과(prototype effect)는 그러한 조직에서 생기는 부산물로 보고 있다. 이러한 이상인지모델 유형 가운데 하나가 메타퍼와 메토니미 모델이다. 이러한 이상인지모델은 인간의 신체적 경험 즉 문화적 요인을 바탕으로 형성된다고 본다.

이상의 원형 이론은 번역이론의 정립에 크게 기여할 수 있다.

박영순(2000:6)에 의하면 은유의 생성 과정은 인지 작용이고 은유의 생성 자체는 곧 기존 어휘의 확대 사용의 결과로서 나타난다고 한다. 기능면에서는 의미 변화의 한 유형을 이루는 어휘의 확대로 보며, 사용면에서는 심리적·사회적인 요소의 지배를 받고 있는 것으로 본다. 즉, 은유는 창조적 사고력에 의해 생성되며, 사회적인 문맥에 따라 사회 언어학적 규칙도 적용 받는다.

원형 이론에 따르면 원형에는 핵심적 부분과 주변적 부분이 있다. 예를 들면 참새, 까치들은 일반적으로 새라는 전형적 범주에 포함된다. 그러나 펭귄이나 타조는 새의 핵심적 원형이라기보다는 주변적 부분에 속한다. 그러나 타조는 아프리카 초원지대의 주민에게는 일상적 경험 영역에 속하며 새의 원형 범주에 속한다. 다시 말해서 어떤 사물이 원형의 핵심 부분에 속하느냐는 문제는 문화에 의해서 결정된다.

김효중(2001:26)에 의하면 영어의 "bedroom"과 독일어의 "Schlafzimmer"는 공통적으로 "침실"을 나타내지만 영국과 독일의 문화적 전통이 서로 다르기 때문에 "bedroom"의 번역에 주의를 기울여야 한다. 영국에서는 "3-bedroomed flat for sale" 과 같은 예에서 보이듯이 "bedroom"은 독일어의 "Zimmer, Kinderzimmer, Jugendzimmer, Schlafzimer"로 번역되어야 한다. 요약하면 단어의 의미가 문화적으로 영향을 받고 다른 범주로 사용될 수 있다는 것이다.

은유 번역의 어려움 은유 번역의 어려움은 원문의 표현을 그대로 직역을 했을 때 그 표현이 원문에서 가지고 있는 비유의 의미를 번역문에서 그대로 살려내기가 어렵다는 것이다. 그 이유는 앞서 원형이론에서 살핀 것처럼 은유에 사용되는 비유의 관계는 인위적이고 관습적인 것이어서 항상 특정한 문화나 언어에 국한되기 때문이다.

은유는 언어적 요소들간의 실용적 관계에 바탕을 두고 있는데, 그러한 관계를 표현하는 언어적 요소들이 문화마다 차이가 있으며 또한 관심 분야도 다르다. 또한 관용표현만을 보더라도 이것은 어느 언어에나 있는 보편적인 요소이지만 언어에 따라서 언어, 철학, 지리, 역사, 정치, 경제, 미학 및 문학적 측면에서 다르게 나타난다. 이렇게 언어나 문화마다 비유의 관계가 다르게 설정되고 또 그에 이용되는 언어적인 자원에서 차이가 나기 때문에 출발어와 도착어 간의 기능과 형태에서 동일한 표현이 존재하지 않는 경우가 대부분이다. 바로 이러한 이유 때문에 은유의 번역은 번역의 가장 큰 문제이며, 그 핵심은 비유의 이미지(image)나 의미(sense)를 어떻게 전달할 것인가 하는 점이다.

은유 번역의 방법 은유를 효과적으로 번역하기 위한 방식으로 뉴마크(Newmark, 1982)의 이론을 이창수(2000)를 중심으로 소개한다. 그는 은유를 번역하는 방식으로 네 가지를 제시하고 있다. 첫째, 출발어의 은유를 같은 의미를 가지고 있는 도착어의 은유로 전환한다.

(2) This room is a pigsty.
  → 이 방은 돼지우리구먼.

이렇게 번역문에서 선택한 은유의 이미지와 그 이미지가 지닌 상징적 의미들이 원문과 어느 정도 동등하다면 이 방식이 가장 바람직한 방법이다. 그러나 문제는 번역문과 원문의 은유가 동등한 이미지와 의미를 지니고 있다고 해서 그것이 곧 두 표현이 동등한 적절성을 지니고 있다고 할 수는 없다.

실제 번역에서 더 문제가 되는 것은 은유의 번역이 직역으로 이루어지는 경우이다. 즉, 번역의 은유를 도착어 자체에서 구하는 것이 아니라 원문의 은유를 그냥 옮겨오는 경우이다. 이 경우, 그 표현 자체가 도착어에서도 동일한 의미를 지니고 있는 은유로 존재한다면 문제가 없겠지만 그렇지 않은 경우가 비일비재하기 때문에 문제가 된다.

(3) We can research cases till hell freezes over and not find anything.
→ 우리가 지옥 불이 얼어붙을 때까지 조사를 한다 해도 아무 것도 찾아내지 못 할거요.

위의 예는 원문의 은유를 우리말로 직역한 경우이다. 이 경우 영어와 우리말의 해당 표현이 지니는 관용성이 문제가 된다. 영어에서 "till hell freezes over"는 "영원히"라는 의미로 고착된 관용표현이다. 그러나 우리말로 직역이 되었을 때는 상황이 달라진다. 위 표현은 우리말에서는 영어의 관용성을 지니고 있지 않기 때문에 위 표현을 읽는 우리말 독자는 그 의도된 뜻을 파악하기 위하여 원문의 독자 보다 더 많은 생각을 해야 되며 잘못하면 원문에서 의도하지 않았던 해석에 도달할 여지가 있다.

둘째, 도착어에 원문의 은유와 이미지나 의미가 동등한 표현이 존재하지 않을 경우, 원문의 은유와 이미지는 다르지만 의미(sense)

가 동등한 은유로 전환한다. 많은 학자들은 이러한 방식의 번역을 대단히 긍정적으로 수용하고 있다. 이 경우, 단지 비교에 쓰이는 이미지나 상징물(icon)이 도착어 문화에 보다 익숙한 것으로 바뀌는 것일 뿐 전체적인 의미(sense)나 비유를 통해서 달성하고자 하는 이미지 유발의 효과는 보존이 되어 원문에 충실한 번역이 될 수 있다.

(4) Fate has dealt him a wonderful hand.
→ 운명이 대통령에게 행운의 손길을 내민거지.

위의 경우를 보면 우선 원문의 "deal ... a wonderful hand"는 카드게임에서 딜러(dealer)가 참가자들에게 카드를 나눠주는 이미지를 연상시킨다. 따라서 여기에서 "hand"는 "손"이 아니라 "패"에 해당한다. 즉, 운명이 카드게임의 dealer이고 그 운명이 당사자에게 좋은 패를 준다는 이미지인데, 이 이미지가 담고 있는 의미는 "행운을 준다"이다. 그런데 이를 단지 '운명이 그에게 좋은 패를 주었다'라고 번역해서는 그 이미지와 의미가 분명하게 와닿지 않는다.

이에 대한 대안으로 운명이 카드게임에서 좋은 패를 주는 이미지를 우리말 독자가 이해하기 쉽게 단순히 행운의 손길을 뻗치는 것으로 표현하였다. 그 결과 이미지는 달라졌지만 문맥적 효과 면에서 원문에 근접하는 적절성이 달성됐다고 평가할 수 있다.

셋째, 이미지가 갖는 의미(sense)를 풀어서 설명하는(paraphrase) 방식을 택한다. 즉, 이미지를 버리고 그 의미만을 명시적으로 표현하는 것이다. 아무래도 이 방식은 원문의 메타퍼라는 표현 방식을 무시하는 것이기 때문에 최후의 선택이 되어야 하며, 다음과 같은 문제점들에 대한 충분한 검토가 있은 후에 신중히 판단을 해야 할 것이다.

우선 은유를 말로 풀어 설명할 경우 은유의 시적인 효과나 정서적이고 활용적인 효과가 상실된다. 또한 은유의 동기 중의 하나가 직설적인 언급을 피하려는 것인데 은유의 의미를 직설적으로 전달하는 것은 이러한 효과를 없애버리는 결과를 가져올 수 있다. 가령, 우리말에서 "죽다"를 "돌아가다"라고 하는 경우는 '죽음'을 금기시하는 사회적 관습이다. 이러한 은유를 직설적으로 "죽다"라고 하면 사회언어학적 측면에서 갖는 은유의 중요성이 무시되는 결과를 가져온다.

또 다른 문제는 은유의 이미지를 해석할 수 있는 독자들의 권리를 앗아가며, 동시에 번역자 자신의 해석을 독자들에게 강요하는 결과를 낳을 수 있다는 것이다. 따라서 번역자는 첫째, 둘째 방식의 가능성을 충분히 검토한 후에 최후의 수단으로 셋째 방식을 택해야 할 것이다.

(5) "Come on, Ben. That´s over five thousand cases, a small fraction of which will eventually end up here. Its a wild goose chase."
→ "이러지 마세요, 벤. 그걸 다 합치면 5천 건이 넘고, 그 가운데 아주 작은 부분만이 여기까지 올라오게 되는 겁니다. 쓸모 없는 짓입니다."

위의 예에서 a wild goose chase는 야생의 거위를 쫓아서 이리저리 뛰어다니는 이미지를 사용하여 뜬구름 잡듯이 막연하게 어떤 목적이나 대상물을 추구한다는 의미를 전달하는 표현이다. 그러한 이미지를 번역문에서는 "쓸모 없는 짓"이란 직설적인 언어로 축약해 버렸다. 그러나 이것도 좀 더 생각해 보면 우리말에도 영어에 버금가는 이미지를 가지고 있는 표현들이 있다. "뜬구름 잡기"가 그 한 예이다.

결국, 위의 예에서는 번역문 은유의 의미를 직설적으로 옮기기에 앞서 그에 상응하는 이미지와 뜻을 담은 우리말 표현을 좀더 찾아볼 여지가 있어 보인다.

넷째, 은유를 직유로 옮기면서 그 의미를 설명하는 문구를 추가하는 방식이다. 이것은 앞에서 지적하였듯이 언어적 자원의 특성상 은유가 직유로 옮겨져야만 하는 경우, 또는 원문의 은유의 이미지를 그대로 가져오지만 그 의미가 모호한 경우에 번역자가 이미지를 해석하는 방향을 독자들에게 제시하는 방식이라고 할 수 있다.

> (6) That gave all the old cats in Atlanta one more thing to gossip about, what an unnatural mother she was.
> → 그것 때문에 애틀랜타에 있는 그 늙은 암코양이 같은 부인네들이 몰인정한 엄마네 뭐네 쑥덕거릴 꼬투리가 되었으니.

영어에서 "old cat"은 "산전수전을 다 겪은 노련한 사람" 또는 그런 특성을 가진 부인들을 뜻하는 관용표현이다. 따라서 영어권 독자들이라면 이 표현의 이미지가 담고 있는 의미를 해석하는데 특별한 어려움을 겪지 않을 것이다. 그러나 이 표현을 우리말로 번역하면서 "늙은 고양이들"이라고 한다면 문제는 달라진다. 그 이미지가 주는 의미를 해석하는 데 상당한 노력을 기울여야 하며, 또한 그렇게 도달한 결론이 원문에서 의도한 것과 일치할 것이란 보장도 없다. 따라서 위 번역문에서처럼 "……같은 부인네들"이라고 해서 은유를 직유로 바꾸면서 그 대상을 명시를 한다면 암코양이의 이미지와 더불어 그것이 원문에서 가지는 의미를 쉽게 파악할 수 있다.

속담 번역 속담이나 관용 표현 등을 번역하는 경우에는 가능한 의역이 필요하다. 그 이유는 속담이나 관용 표현 등은 그 나라의 오랜 문화적 전통 가운데서 자연적으로 생겨난 것이기 때문에 그 말의 배경에 대한 이해가 선행되어야 하기 때문이다.

(7) a. Too many cooks spoil the broth.
   (a′) → 요리사가 너무 많으면 묽은 수프를 망친다.
   (a″) → 사공이 많으면 배가 산으로 올라간다.
  b. Seeing is believing.
   (b′) → 보는 것이 믿는 것이다.
   (b″) → 백 번 듣는 것이 한 번 보는 것만 못하다.
  c. Walls have ears.
   (c′) → 벽도 귀가 있다.
   (c″) → 낮말은 새가 듣고 밤말은 쥐가 듣는다.
  d. He that never did one thing ill can never do it well.
   (d′) → 어떤 일을 잘못해 보지 아니한 자는 결코 그것을 잘 할 수 없다.
   (d″) → 실패는 성공의 어머니이다.
  e. Step after step goes far.
   (e′) → 한 걸음 한 걸음이 멀리 간다.
   (e″) → 천리 길도 한 걸음부터.
  f. Little head great wit.
   (f′) → 작은 머리에 큰 지혜가 들어 있다.
   (f″) → 작은 고추가 맵다.

출발어의 표현을 이루는 단어들이 그 문화권 내에서는 어떤 역사적 사건이나 종교, 신화, 독특한 풍습, 지방적 특색 등에 의해 가치가 부여된 것이지만 도착어의 문화권에서는 그와 동일하거나 등가적인 문화적 가치를 지니지 못하고 따라서 독자의 이해 영역 내에 들어오지 못할 때는 출발어의 표현을 그대로 유지할 수 없다. 그것은 개념으로 다시 해체되어 재형상화시키는 방식을 사용하거나 개념만을 설명, 전달하는 방식으로 옮길 수밖에 없다. 특히, 속담이나 격언을 이루는 말들은 단순히 단어들의 형상적 의미작용이 아닌 어떤 내포된 의미를 지닌 것들이 대부분인데, 그 때 그 단어들이 암시하는 의미가 도착어의 단어에서 뜻이 유추될 수 있는 것이 있는가 하면 그렇지 못한 것들이 있다. 결국 출발어 표현의 일차적 의미를 그대로 옮길 경우 그에 내포된 이차적 의미가 도착어로 옮겨졌을 때도 커다란 변화 없이 동시에 옮겨지는 것이라면 출발어의 표현을 존중할 수 있으며, 일차적 의미가 이차적 의미의 추출에 아무런 가능성을 보이지 않는다면 이차적 의미 중심으로 번역되어야 할 것이다.

그러나 대상언어의 독특한 구조를 지나치게 무시하고 완전한 우리말에만 치우치면 그것은 번역이라기보다는 외국어 원문의 해설이 될 수 있는 위험요소가 있다. 해설은 내용의 이해를 쉽게 하지만 원문의 의도를 왜곡할 수도 있고, 원문의 멋을 암시할 수가 없다. 또한 해설은 유식한 사람이 무식한 사람을 위해서 하는 일인만큼 경우에 따라서 불쾌할 수도 있다.

III 번역의 층위

1. 어휘 및 문법 요소
2. 통사 구조
3. 의미 구조
4. 문체(文體, style)

III 번역의 층위

어휘 및 문법 요소

1.1. 어휘 요소

단어의 뜻 우리는 흔히 단어(word)와 어휘(lexeme)라는 용어를 혼동하는 경우가 많다. 단어란 일상 생활에서 사용하는 낱말을 의미하며, 어휘란 사전 편찬의 기본 단위로서 언어학적인 단위를 일컫는 말이다. 따라서 일상의 언어 사용은 단어를 중심으로 이루어지며, 언어학 연구에서 사전적 의미 전달의 최소 단위를 연구할 경우는 어휘를 중심으로 한다. 이 글에서 우리의 관심사는 번역 자체에 있으므로, '단어냐, 어휘냐' 하는 문제는 일단 접어두기로 하자.

그렇다면 단어란 무엇일까? 단어의 의미를 이해하기 위하여 하나의 상황을 가정해 보자. 예를 들어 우리가 캘리포니아 공항에 도착하여 입국 심사를 받는다고 하자. 한 흑인 여성이 큰 소리로 묻는다. Are they your family? 영어를 능숙하게 구사하지 못하는 사람이라면 날렵하고 빠른 흑인 여성의 이 질문을 쉽게 알아듣지 못하는 수가 있다. 그러자 그 여성은 입국자의 상황을 눈치채고 잽싸게 다시 묻는다.
"Family?"
"Five?"
"Yes."
심사자와 입국자는 처음 만난 사이지만 이처럼 능숙하게 대화를 이어간다. 이러한 대화가 성공할 수 있는 이유는 무엇 때문일까? 그것은 바로 의미를 전달하는 최소의 단위인 단어가 존재하기 때문이다. 달리 말해 단어란 의미를 전달하는 최소의 단위라는 뜻이다. 그렇기 때문에 단어를 잘못 사용하면 의미 전달이 이루어지지 않는 셈이며, 단어만 잘 사용해도 최소한의 의사 소통이 이루어질 수 있다는 뜻이다.

단어와 구 번역에서 단어가 모여 구를 이룰 때에는 좀더 유의할 필요가 있다. 구는 두 개 이상의 단어로 이루어지지만 그 의미는 구를 이루고 있는 단어의 의미와는 별개인 경우가 많기 때문이다. 예를 들어 'room'은 일반적으로 '방'을 뜻한다. 그런데 'rest room'은 '화장실'이다. 화장실을 뜻하는 단어로는 'toilet'이 있다. 그런데 미국 사회에서 대부분은 이 단어 대신 'rest room'을 사용한다. 더욱이 'men's room'이나 'ladies's room'이라고 표현하면 그 말은 더욱 어려워진다. 우리는 문학 작품 속에서 이와 같은 표현을 자주 접할 수 있다. 이 때 '남성용 화장실'과 '여성용 화장실'임을 문맥 속에서 파악하고 정확하게 옮기지 않는다면 번역은 실패할 것이다.

단어와 구의 문제에서 다소 혼란을 주는 것은 두 단어가 합쳐져 하나의 단어로 기능하는가 아니면 구로 기능하는가라는 문제이다. 이른바 합성어와 구의 구별 문제가 쉽지 않다는 점이다.

 언어학에서는 이러한 문제를 여러 가지 장치로 해결하고 있다. 그 가운데 대표적인 것은 말소리의 변화 여부(음운 변동), 연접과 분할 가능성, 지시 의미의 단일성 등이다. 첫째로 합성어는 두 단어가 합쳐질 때 말소리가 변화하여 한 단어로 바뀌는 경우가 많다. 예를 들어 우리말의 '까마귀와 까치'는 두 낱말이다. 그러나 '까막까치'로 변화할 경우 한 낱말로 쓰이는 셈이다. 그렇지만 음운 변화가 생긴다고 모두 합성어인 것은 아니다. '먹다'에 '는다'가 붙어 [먹는다]로 변화했다고 해서 '먹다'라는 단어와 '먹는다'라는 단어가 구분되는 것은 아니기 때문이다. 둘째로 연접과 분할 가능성은 합성어를 이룰 경우 두 요소는 긴밀하게 이어질 뿐만 아니라 분할할 수 없다는 점에 착안한 것이다. 예를 들어 '논밭'은 '밭논'이라고 하지 않는다. 긴밀하게 이어져 있기 때문이다. 또한 '작은아버지'는 '작다'와 '아버지'로 구성되어 있지만 두 요소는 긴밀하게 이어져 분할할 수 없다. 좀더 구체적으로 말해서 '키가 작은 우리 아버지'라는 표현과 '아버지의 동생'인 '작은아버지'를 뜻하는 표현은 전혀 다른 구조를 갖는다. 아버지의 동생을 의미하는 '작은아버지'는 '작은'과 '아버지' 사이에 다른 요소를 삽입할 수 없는데 이는 이 단어가 합성어이기 때문에 분할되지 않음을 의미한다. 셋째로 지시 대상의 단일성은 '작은아버지'가 '아버지의 동생'만을 지시하듯이, 합성어는 지시 대상이 하나일 수밖에 없음을 의미한다.

 이와 같이 합성어와 구를 구분하는 문제는 언어학적으로 다소 복잡한 느낌을 준다. 그렇지만 여기에서 우리가 강조하고자 하는 바는 언어학적 설명이 아니라, 번역시 원문텍스트를 정확히 이해하고, 올바른 도착어로 옮기기 위해 단어와 구의 의미를 올바르게 사용해야 한다는 점이다. 이러한 문제는 뒤의 의미론적 접근에서 좀더 자세히 다룰 것이다.

1.2. 문법 요소

문법 요소 올바른 번역을 위해서는 개별 언어의 표현 형식에 대한 이해가 필요하다. 언어 표현은 완전히 자의적인 것이 아니고, 언어 단위의 내용과 그것이 가지는 표현 방식 사이에는 강한 대응관계가 있다. 다시 말해 언어 표현에는 어휘적, 파생적, 굴절적, 우언적(periphrastic) 표현과 같이 여러 가지 방식이 있는데, 사피어(Sapir)는 이를 실질적 내용(material content)과 관계적 내용(relational content)로 구별한 바 있다. 실질적 내용은 어휘 의미를 바탕으로 하고, 관계적 내용은 문법 의미를 바탕으로 한다.

우리는 형태론적 기준을 적용하여 문법 요소를 파악할 때, 의미 요소(semantic element)가 결합하여 표현 단위(expression units)로 되는 데는 세 가지 주된 방법이 있음을 확인할 수 있다.(Joan L. Bybee, 이성하·구현정 2000:48-50) 첫째는 어휘적 표현으로 둘 또는 그 이상의 의미 요소들이 단일형태적인 한 어휘로 나타나는 경우이다. 예를 들어 kill은 die와 cause라는 두 의미 요소가 한 낱말로 표현된 경우이다. 둘째는 굴절적 표현으로 각각의 의미 요소는 독자적인 단위로 표현되지만, 이 단위들이 묶여서 한 단어로 나타난다. 굴절적 표현은 영어의 규칙 과거 시제형 walked에서처럼 어간에 첨가되는 접사의 형식으로 나타나기도 하지만, 불규칙 과거 시제형 brought에서처럼 어간 자체를 변화시키는 형식으로 나타날 수도 있다. 셋째는 통사적 표현으로 서로 다른 의미 요소들이 전적으로 분리 가능하며 독립적인 단위로 표현된다. 이러한 표현을 우언적인 표현이라고 부르기도 한다. 예를 들어 come to know는 come과

know의 통사적 표현으로 realize라는 어휘적 의미를 생산한다.

이와 같은 표현 단위를 이루어 내는 방식은 개별 언어마다 차이가 존재한다. 일반적으로 번역 작업이 어려운 까닭은 표현 요소를 이루는 문법 요소의 의미를 파악하기가 쉽지 않은 데서 비롯된다. 개별 언어의 차이를 드러내는 매개 변인인 문법 요소의 단위와 기능은 항상 같지 않다. 예를 들어 영어나 불어의 경우는 굴절어로 문법적 표현에도 단어가 사용되지만 한국어와 같은 교착어에서는 조사나 어미와 같은 형식형태소의 기능이 강화된다. 따라서 번역자가 두 언어의 차이를 인식하지 못할 때 매끄럽지 못한 번역문이 만들어진다. 이러한 점을 고려하여 이 글에서는 영어를 우리말로 옮길 때 유의해야 할 문법 요소를 중심으로 설명해 나가기로 한다. 이 글에서 중점적으로 다룰 요소는 우리말과 차이를 보이는 영어의 문법 요소들이다.

동사구와 전치사 영어에서 전치사구의 기본적 기능은 동사의 뜻을 보완하는 데 있다. 이러한 문법 요소는 우리말의 구조에는 존재하지 않는다. 그렇기 때문에 전치사의 기능을 기계적으로 해석함으로써 어색한 번역을 하게 된다. 그 가운데 가장 빈번히 드러나는 것은 'with'이다.

(1) 전치사 'with'

Mille : Those pictures are by Picasso, and he's a great artist.
Madge : A woman with seven eyes. Very Pretty.
   - William Inge 'Picnic'
→ 밀리 : 그건 피카소가 그린 거야. 그 사람은 위대한 예술가야.
   매지 : 눈을 일곱 개 가진 여인이라고. 정말 미인이더군.
      → 눈이 일곱 개인 여자 말이구나. 정말 미인이더군.

(1)의 전치사 'with'는 문맥에 따라 적절한 말로 바꾸어 표현할 수 있다. 그런데 우리는 이 전치사는 습관상 '가진'으로 번역하는 경우가 많다. 안정효(1996)에서는 습관상 '가진'으로 번역하여 어색한 느낌을 주는 사례를 다음과 같이 예시한 바 있는데 그 가운데 상당수는 이미 자연스럽게 쓰이기 시작하는 것들도 있다. 이는 번역문이 목표 언어의 언어 요소를 변화시키는 요인으로 작용한다는 의미로 풀이될 수 있을 것이다.

(2) 동사 '가지다'와 영어 전치사 'with'

    a. 그런 머리는 갖고 있지 않으니까.
    → 그럴 만큼 똑똑하지는 못하니까.
    b. 보기 좋은 육체를 가지고 있어.
    → 몸매가 탐스러워
    c. 로맨틱한 두려움을 가지고 있었으며
    → 로맨틱한 두려움을 느꼈으며
    d. 졸린 듯한 얼굴을 가지고 있는 것도
    → 졸린 표정을 짓는 이유도

이와 함께 전치사 'of'의 쓰임도 어색한 표현을 만들어 낸다. 다음을 살펴보자.

(3) 전치사 'of'와 관련된 표현

    a. that of our society → 우리 사회의 그것
    b. the name of John → 존이라는 이름
    c. the love of God → 신의 사랑

(3)과 같이 전치사 'of'는 두 요소를 동격으로 이어주거나 주격, 목적격, 소유격의 관계를 나타낸다. 그런데 이러한 구문을 우리말로 옮길 경우 자연스럽지 못한 경우가 많아진다. 다소 긴 문장이지만 'of'가 자주 나타나는 다음 문장을 살펴보자.

> (4) This book is the biography of an idea, and the idea is very simple. It is that the best way to understand <u>the emergence of fashion trends</u>, <u>the ebb and flow of crime waves</u>, or for that matter, <u>the transformation</u> of unknown books into bestsellers, or <u>the rise of teenage smoking</u>, or <u>the phenomena of word of mouth</u>, or <u>any number of other mysterious</u> changes that mark everyday life is to think of them as epidemic. (안종설 2001 : 24)
> → 이 책은 개념의 전기이다. 그리고 그 개념은 매우 단순하다. 그 문제에 대하여 <u>패션 유행의 긴박함</u>을 이해하는 최선의 방법과 <u>범죄 주기의 흐름</u> 또는 잘 알려지지 않은 책을 베스트셀러로 바꾸는 작업 또는 <u>십대 흡연의 증가</u> 또는 <u>구두의 현상</u> 또는 일상 생활을 결정하는 신비로운 <u>변화의 수</u>는 그러한 것들을 유행병으로 간주하는 것이다.

(4)의 번역문은 'of'로 이어진 명사구가 매우 어색해 보인다. '패션 유행의 긴박함(나타남)', '범죄 주기의 흐름', '십대 흡연의 증가', '구두의 현상', '신비로운 변화의 수' 등이 이에 해당한다. 이를 좀더 부드럽게 고친다면 '패션의 유행', '10대 청소년의 흡연율 상승', '입소문 현상', '미지의 변화' 등으로 옮길 수 있다. 이 과정에서 어색한 번역이 나타나는 까닭은 'of'를 기계적으로 옮기기 때문이다. 뿐만 아니라 (4)의 번역문은 번역자가 문장 전체의 구조를 잘못 파악하고 옮겨 놓았다. 두 번째 문장은 복잡해 보이지만, It은 형식상의 주어일 뿐이고, 진주어는 the best way to understand이다. 그 다음에 이어지는 the emergence of fashion trends~mysterious changes까지는 목적어이며, 이 목적어는 쉼표로 대등하게 이어져 있다. changes 다음의 that mark everyday life는 삽입절로 changes를 설명하는 역할을 하며, 문장 전체의 동사는 is인 셈이다. 따라서 '…을 이해하는 최선의 방법은 그것을 일종의 전염병으로 간주하는 것이다'라는 형식의 문장이 도출된다. 이를 고려하여 이 문장을 번역하면 다음과 같이 할 수 있다.

> (5) 이 책은 하나의 개념, 그것도 아주 간단한 개념의 일대기라고 할 수 있다. 어떤 패션의 유행, 범죄율의 기복, 이름도 없던 책들이 베스트셀러로 둔갑하는 과정, 10대 청소년의 흡연율의 상승, 입소문 현상, 그 밖에 일상 생활을 특징짓는 여러 가지 미지의 변화를 이해하는 최선의 방법은 그것들을 일종의 전염병으로 간주하는 것이다.

번역에서 전치사 요인은 번역 과정뿐만 아니라 일상의 언어 생활이나 영어 학습 과정에도 널리 퍼져 있다. 다음의 사례는 21세기 영어교육연구회(2002)에서 발췌한 잘못 사용된 전치사의 예이다.

> (6) 잘못 사용된 전치사
>
> a. I have written the letter <u>with</u> ink. (×)
> → I have written the letter <u>in</u> ink.(○)
>   나는 잉크로 편지를 썼다.
> b. The man was trembling <u>from</u> cold.(×)
> → The man was trembling <u>with</u> cold.(○)
>   그 남자는 추위에 떨고 있었다.
> c. The boys are tired <u>from</u> boiled eggs.(×)
> → The boys are tired <u>of</u> boiled eggs.(○)
>   그 소년들은 삶은 계란에 싫증이 났다.
> d. I suspect him <u>for</u> stealing the pen.(×)

→ I suspect him of stealing the pen.(○)
나는 그가 펜을 훔쳤다고 의심하고 있다.

문법 요소로서 전치사는 큰 구실을 하지 못하는 것 같지만, 실제 번역 상황에서 큰 차이를 보이기도 한다.

관사 관사는 우리말과 영어의 차이를 드러내는 두드러진 문법 요소 가운데 하나이다. 이 요소는 명사 앞에 놓여 명사의 수를 지배하는 요소이다. 관사는 정해져 있는 어떤 것을 나타내는 정관사와 그렇지 않은 것을 나타내는 부정관사가 있다. 이러한 요소는 우리말에는 존재하지 않으며, 이와 유사한 것으로 관형사가 있다. 그렇지만 영어의 관사와 우리말의 관형사는 기능이나 의미가 다르다. 그렇기 때문에 번역할 때 이 요소를 잘못 옮기는 경우가 많다.

앞에 언급된 명사를 지칭하거나 특정한 명사를 지배하는 관사를 정관사라고 한다. 이를 나타내는 영어의 'the'는 우리말에서 '그'로 번역된다. 이 요소는 한 번 화제에 오른 것을 나타낼 경우, 문맥이나 상황에서 무엇을 가리키는지 분명한 경우, 형용사구에 의해 한정된 명사의 앞, 유일한 것이나 독특한 것을 나타낼 경우 등에 쓰인다.

(6) "Perfectly." she said. "Your health?"
　　"Physically…." She hesitated. There was no sense in lying.
　　"Physically - I suppose I'd say normal."
　　<u>The man.</u>?"
　　"I'd prefer not to talk about it."
→ "그야 물론이죠." 그녀는 말했다. "건강은?"
　　"신체적으로는…." 그녀가 머뭇거렸다. 거짓말을 해 봤자 다 소용없는 일이었다. "신체적으로는 - 정상이라고 해도 되겠죠."
　　"그 남자는?" (그 남자의 신체적인 건강을 물음)
　　"그 얘긴 하고 싶지 않은데요."

이와 같은 문장에서 밑줄 그은 'The man'은 이 글의 앞부분에서 여러 차례 언급된 인물이다. 그렇기 때문에 정관사를 사용하여 지칭하는 셈이며, 이러한 문장에서의 번역은 '그'로 옮기면 된다. 그렇지만 영어의 정관사도 우리말과는 다른 독특한 쓰임을 갖는 경우가 많다. 예를 들어 국가나 산맥·강·운하 등을 나타내거나, 방위·계절·자연 현상을 나타낼 경우, 형용사 앞에 붙어 복수 보통명사를 나타낼 경우가 있는데, 우리말로 옮길 때에는 이 요소에 집착해서는 안 된다.

이와 함께 부정관사로 일컬어지는 'a, an'은 막연히 어떤 명사를 지배하는 요소로 사용된다. 이 요소는 여러 가지 의미를 갖고 있는데, 어떤 경우는 우리말로 굳이 옮기지 않는 것이 효율적이다. 다음과 같은 경우가 이에 해당한다.

(7) a. I have a wife.
→ 나는 아내가 있다.
b. A dog is faithful animal.(Dogs are faithful animals)
→ 개는 충실한 동물이다.

이와는 달리 부정관사가 '하나'라는 의미를 유지하는 경우가 있다. 이 경우는 의미를 살려야 한다. 이러한 문장에서 관사는 뒤따르는 명사를 지배하지만, 우리말로 옮길 때에는 적절한 표현을 찾아 옮겨야 매끄럽다.

(8) a. I call her ten times a day.
→ 나는 하루에도 열 번씩 그녀에게 전화를 건다.
b. She and I are of an age.
→ 그녀와 나는 동갑내기이다.

(8a)에서 a는 day가 하나임을 드러낸다. 그렇다고 하여 '하나의 날에'라고 옮기지는 않을 것이다. 우리말은 관사와 명사를 합쳐 '하루'라는 명사로 대신한다. (8b)의 경우도 마찬가지이다. 이 때 관사 an은 '같은'의 뜻을 갖는다. '같은 나이'이기 때문에 '동갑내기'로 옮기게 된다. 하지만 다음은 관사에 특별한 의미가 부여된 경우이다. 이러한 문장에서 관사 번역을 무시해서는 안 된다.

(9) a. A Miss Lee came to see you.
→ 미스 리라는 사람이 당신을 보러 왔다.
b. Asparagus is a grass.
→ 아스파라거스는 일종의 풀이다.(목초류의 일종이다.)
c. We can see a Rodin in his house.
→ 우리는 그의 집에서 로댕의 작품을 보았다.

동사의 명사화 우리말에서는 동사와 형용사가 모두 서술어로 기능한다. 이에 비해 영어에서는 서술어로 쓰일 수 있는 것은 동사뿐이다. 동사를 번역할 때 유의할 점에 대해서는 별도로 다루어야 하므로 이 부분에서는 문법 요소인 '동사의 명사화'에 대하여 알아보자.
우리말에서 동사를 명사로 만드는 문법 요소는 명사형어미 '-음, -기'가 있다. 우리말의 경우는 이 요소가 비교적 단순하게 사용되고 있으나, 영어의 경우는 그렇지 않다. 영어에서 동사를 명사로 만드는 요소로는 동명사(gerund)와 부정사(infinitive)가 있다. 그런데 순수한 의미에서 명사화 기능은 동명사가 수행한다. 부정사는 명사처럼 쓰일 경우도 있으나 형용사 역할과 부사 역할을 수행하는 경우도 있다. 다음 문장을 살펴보자.

(10) a. Telling lies is wrong.
→ 거짓말을 하는 것은 나쁘다.

b. I was surprised at John's making that mistake.
→ 나는 존이 그런 실수를 한 것에 깜짝 놀랐다.

(10a,b)에서 확인할 수 있듯이, 영어 동명사는 우리말의 명사 역할을 대신한다. 그런데 명사화 과정에서 영어는 문법 요소인 '-ing'를 덧붙여 명사화를 하도록 했는데, 우리말의 명사화어미인 '-음, -기'로 번역할 수가 없다. 의존 명사 '것'을 사용한 문장으로 번역해야 자연스러운 셈이다. 이와 같은 경우는 문법 요소가 일 대 일 대응 관계를 맺고 있지 않음을 보여주는 셈이다. 그런데 어떤 경우는 동명사를 의존 명사 구문으로 번역하기 어려운 경우도 있다.

(11) a. Laboring so hard will produce good results.
→ 그토록 열심히 일한다면 좋은 결과를 낳을 것이다.
b. He scolded me for leaving the door open.
→ 그는 문을 열어두었다고 나를 꾸짖었다.
c. Yawning is incredibly contagious. I made some of you reading this yawn simply by writing the word 'yawn'.
→ 하품은 아주 전염성이 강하다. 내가 '하품'이라는 단어를 쓴 것만으로도 이 책을 읽는 여러분들은 하품을 했을 것이다.

(11a)는 '노력하는 것'을 의미하며, (11b)는 '떠난 것'을 의미한다. 그런데 의존 명사 구문으로 번역을 한다면 어색한 느낌을 받게 된다. 그 까닭은 뒤따르는 부사구가 존재함으로써 우리말의 구조와 차이가 생겨났기 때문이다. 우리말에서는 명사화와 부사 사이에 긴밀성이 존재하지 않는다. (11c)에서는 동명사 'yawning'과 'the word yawn'을 모두 '하품'으로 번역하고, 동사 'yawn'은 '하품하다'로 번역해야 우리말의 구조에 맞는 표현이 된다.

부정사의 용법은 좀더 다양하다. 명사처럼 쓰여서 주어, 목적어,

보어의 기능을 하기도 하지만 명사를 한정적으로 수식하거나 그 자체가 서술적인 의미를 갖는 경우도 많다. 영문법학자들은 이를 '부정사의 형용사적 용법'이라고 부르는데, 우리말에서는 명사를 한정적으로 수식하는 구실은 관형어가 맡는다. 또한 동사나 형용사를 수식하는 경우도 있다.(이와 같은 용법은 수험생용 문법서에서 확인할 수 있다.)

대명사와 관계대명사 문법 요소가 번역에서 어려움을 주는 요인으로 작용한다는 점을 고려할 때 어휘 의미(lexical meaning)를 갖고 있는 동사나 명사에 비해 대명사나 관계대명사류는 훨씬 더 복잡하게 사용되고 있음을 짐작할 수 있다. 그 가운데 먼저 대명사에 대하여 알아보자. 우리말과 영어는 모두 대명사를 갖고 있는 언어이지만, 그 체계는 다소 차이가 있다. 다음은 영어 대명사를 개관한 것이다.

(12) 영어 대명사의 개관

    a. 인칭대명사 : I, me ; thou, thee ; he, him ; she, her ; it / we, us ; ye, you ; they, them
    b. 재귀대명사 : myself, thyself, yourself, himself, herself, oneself / ourselves, yourselves, themselves
    c. 부정대명사 : somebody, anybody, everybody, nobody / something, anything, aught, nothing, somewhat, naught
    d. 관계대명사 : who, whose, whom, which, what, that who, what ; whoever. whosoever, whoso, what(so)ever ; which, whichever
    e. 의문대명사 : who, what, which(one)
    f. 상호대명사 : each other, one another

(12)에서 확인할 수 있듯이, 영어의 경우는 관계대명사와 상호대명사가 존재한다는 점이 우리말과 다르다. 그렇지만 인칭대명사나 재귀대명사의 쓰임도 우리말과 일 대 일 대응관계를 이루는 것은 아니다. 영어 인칭대명사 체계는 1인칭, 2인칭, 3인칭 각각에 대하여 단수와 복수의 형태가 배당되어 있으며, 앞에 미리 언급된 명사 대신에 사용한다. 재귀대명사는 자신이 출현하는 문장의 주어를 지시하는데, 행위자의 행위가 자신에게 돌아감을 나타낸다. 이에 비하여 막연하거나 일반적인 인상을 전달하고자 할 때 명사 대신 부정대명사를 사용하게 되는데, 이 대명사는 기원적으로 명사로부터 발달했으며, 관사나 수식형용사를 그 앞에 쓸 수 없다. 만일 수식어가 그 앞에 놓이면 명사가 된다. 관계대명사는 일차적으로 선행 명사를 언급한다는 점에서 대명사의 기능을 수행하는 동시에 종속절을 주절에 연결하는 접속사의 기능도 동시에 수행한다. 의문대명사는 정확한 상황을 알고 싶어서 답변을 기대하면서 사용하는 일종의 부정대명사이다. 상호대명사는 주어가 지시하는 사람 쪽에서 상호 행위나 관련성을 표시하는 대명사이다.

 이와 같은 영어 대명사의 체계와 국어 대명사의 체계는 반드시 일치하지는 않는다. 특히 인칭대명사와 재귀대명사는 그 용법이 상당히 다르다. 예를 들어 국어 인칭대명사에서 '그 : 그녀'의 대립이 생성된 것은 광복 이후의 일로 보인다. 더욱이 인칭대명사는 생략되는 현상이 심하다. 따라서 번역자는 인칭대명사를 옮길 때에는 문맥을 정확히 파악하여 호칭어나 지칭어를 써 주는 것이 자연스럽다.

 인칭대명사를 번역할 경우 원문에 드러나 있는 인칭대명사를 그대로 옮길 필요는 없다. 우리말의 구조에 따라 적절히 생략하는 것이 효과적이다. 반면 영어 인칭대명사에는 높임 관계가 드러나지 않으므로 우리말로 옮길 경우 문맥에 따라 호칭어와 지칭어를 적절하게 사용하여 높임 관계를 드러낼 수 있다. 다음의 사례는 이 경우에 해당한다.

(13) 인칭대명사 번역

    a. Where are you go?
       I'm going to school.
   → (너) 어디 가니?
      (나) 집에 가.
    b. You have to go to school.
       You are my good father.
   → 너는 학교에 가야 한다.
      당신은 저의 좋은 아버님이십니다.

재귀대명사를 번역할 경우도 유의할 점이 있다. 우리말과 영어에는 모두 재귀대명사가 있지만 일 대 일로 번역해서는 안되는 경우가 많기 때문이다. 다음의 경우는 이에 해당한다.

(14) 재귀대명사 번역

    a. She cut off her longer hair and dressed <u>herself</u> as a boy.
   → 그녀는 긴 머리를 잘래내고는 소년처럼 남장했다.
    b. He has to shave <u>himself</u> twice a day.
   → 그는 하루에 두 번씩 면도를 한다.

이와는 달리 영어의 대명사를 우리말에서는 재귀대명사로 번역해야 하는 경우도 있다. 다음의 경우는 이에 해당한다. (김정우 1994)

(15) 재귀대명사로의 번역

    a. Now, he heard of a woman who had cried for him.
    b. → 그는 이제 그를 위해 울었던 한 여인의 이야기를 들었다.
        → 그는 이제 자신을 위해 울었던 한 여인의 이야기를 들었다.

이와 함께 재귀대명사가 관용적으로 쓰이는 경우도 많다. 'by oneself(=alone)', 'for oneself(=without other help)', 'of oneself(=naturally)' 등은 관용적으로 사용되는 경우가 많기 때문에 번역자는 이러한 용법을 정확히 기억하고 있어야 한다.

관계사 영어가 우리말과 다른 점 가운데 하나는 관계사가 존재한다는 점이다. 관계사는 종속절 속에서 명사, 형용사, 부사로서의 구실을 하며, 주절 속의 어느 단어를 가리킴으로써 종속절을 주절에 연결시키는 접속사 역할을 한다. 그렇기 때문에 지시사와 접속사의 구실을 동시에 수행함으로써 우리말보다 확대된 문형을 만들 수 있도록 한다. 이와 같은 관계사에는 관계대명사와 관계부사가 있다.

관계대명사는 주절 내의 명사나 대명사를 대신하면서 주절과 종속절을 연결하는 '접속사+대명사'의 역할을 하며, (12d)와 같은 것들이 존재한다. 이러한 관계대명사가 명사를 수식하는 역할을 할 경우도 있는데 그 경우는 관계형용사라고 부를 수 있다.

(16) 관계대명사

    a. The student who finishes the examination first does not always get the best grade.
    → 시험을 제일 먼저 끝낸 학생이 반드시 최고 점수를 받는 것은 아니다.
    b. He keeps a dog which barks fiercely.
    → 그는 사납게 짖는 개를 기르고 있다.

(16a,b)의 관계대명사는 바로 앞에 놓인 명사(student, dog)를 가리키며, 그 명사가 종속절의 주어로 쓰임을 드러낸다. 그런데, 관계대명사로 이끌린 문장에 삽입절이 들어 있을 경우나 한 개의 선행사에 두 개의 관계절이 이어질 경우는 번역이 쉽지 않다. 다음 문장을 살펴 보자.

> (17) a. He made a list of all the writers <u>who he thought</u> were important in the 19th century.
> (a′) → 그는 모든 작가들의 목록을 만들었는데, 그 작가들은 그가 19세기에 가장 중요하다고 생각하는 작가들이었다.
> (a″) → 그는 19세기의 작가 가운데 중요하다고 생각되는 모든 작가들의 목록을 작성하였다.
> b. There was nothing that he wanted <u>which he was denied.</u>
> (b′) → 그가 원하던 것인데 그에게 거부된 것은 없었다.
> (b″) → 그가 원하던 것으로서 그에게 주어지지 않은 것은 없었다.

(17a)에서 관계대명사가 지시하는 바는 'all the writers'이며, 그 사이에 삽입절이 들어 있으므로, 우리말과는 다른 구조를 갖고 있다. 곧 어순으로 볼 때 관계대명사는 선행절의 목적어를 주어로 취하는 셈인데, 동시에 삽입절의 주어가 이어지므로 주어가 이중으로 이어지는 느낌을 준다. 만약 이 문장을 (17a′)로 옮긴다면 우리말 구조로 판단할 경우 어색한 느낌을 줄 수밖에 없다. (17b)의 경우도 마찬가지이다. 이러한 문장은 좀더 살펴서 우리말에 적합한 표현으로 옮기는 것이 바람직하다. 실용영문법 서적에서는 이러한 구조를 쉼표[comma]가 있는 경우와 구분하여 관계대명사의 한정적 용법으로 설명하는 경향이 있다. 한정적 용법이란 관계대명사가 후행절의 주어로 쓰이면서 선행 명사를 한정 수식하는 용법을 말하며, 계속적 용법이란 선행 명사를 부가적으로 설명하여 '접속사+대명사'

의 역할을 하는 용법을 말한다. 따라서 한정적 용법은 후행절을 먼저 번역한 뒤 선행 명사가 이끄는 절을 번역하므로 우리말 구조에서는 주어절을 안은문처럼 번역되며, 계속적 용법은 선행 명사가 이끄는 절과 관계대명사가 이끄는 절이 이어나므로 이은문처럼 번역된다. 다음은 관계대명사의 계속적 용법을 보여주는 사례이다.

(18) a. Then he met Mary, who invited him to a party.
→ 그 때 그는 메리를 만났으며, 그녀는 그를 파티에 초대했다.
b. He got lost on Snowdon, which he was exploring.
→ 그는 스노우돈에서 행방불명되었는데, 그 때 그는 그곳을 탐험중이었다.

관계부사도 관계대명사의 용법과 유사하다. 관계부사는 접속사와 부사의 역할을 겸한 것으로 '전치사+관계대명사'의 기능을 한다. 이 범주에는 'when, where, how, why, that' 등이 있다. 각각의 용법을 살펴 보자.

(19) a. This is the time when he normally arrives.
→ 지금이 그가 평소 도착하는 시간이다.
b. The office where he works is in this building.
→ 그가 일하는 사무실은 이 건물 안에 있다.
c. This is how he spoke.
→ 이것이 그가 말한 방법이다.
d. This is the reason why he came.
→ 이것이 그가 온 이유이다.
e. I'll never forget the Sunday that I met her.
→ 나는 그녀를 만난 그 일요일을 결코 잊지 못할 것이다.

이와 같은 관계부사는 계속적 용법으로 쓰이기도 한다. 다음과 같은 경우는 이에 해당한다.

 (20) I was thinking about my husband, <u>when</u> there was a ring
   at the door.
  → 남편을 생각하고 있으려니까 그 때 현관의 벨이 울렸다.

주격과 주제격 굴곡어의 문법 요소와 첨가어의 문법 요소 사이에는 많은 차이가 존재한다. 특히 영어와 우리말 사이에서 자주 혼란을 일으키는 문법 요소로 주제격을 표시하는 '은/는'이 있다. 이 요소는 영문에서는 드러나지 않으며, 우리말로 옮길 때 드러난다. 김정우(1990)에서는 주격과 주제격의 쓰임을 다음과 같이 정리한 바 있다.

 (21) 주격조사 '이/가'의 쓰임

  a. 화자와 청자의 관계에서 볼 때 어떤 새로운 정보가 도입될 때 쓴다.
  b. 날씨나 자연현상을 이야기할 때 쓴다.
  c. 화제 다음에 나타나는 문장의 주어에 붙어서 쓰인다.
  d. 문장의 문법적인 주어가 정보의 초점일 때 쓰인다.

이에 비해 주제격을 나타내는 '은/는'은 다음과 같은 경우에 쓰인다.

 (22) 주제격조사 '은/는'의 쓰임

  a. 문맥에 한 번 이상 나온 것을 이야기할 때 쓰인다.
  b. 화자와 청자 사이에 서로 알고 있는 것을 이야기할 때 쓰인다. 이 때
   의 주제는 생략이 가능하다.
  c. 총칭적(generic) 명사구에 결합되어 쓰인다.

주제가 나오는 문장에서는 초점이 서술부에 놓이게 되므로, 주어에 초점이 놓이는 문장과 구별된다. 이러한 점에서 영어의 관사와 우리말의 주제격은 밀접한 관련이 있는 것으로 풀이된다. 예를 들어 정관사는 주격으로, 부정관사는 주제격으로 번역해야 할 경우가 많다. 다음 문장이 좋은 사례이다.

(23) 영어 관사와 우리말 주제격

We keep a dog, and the dog is loved by all of us.
→ 우리에게는 개 한 마리가 있는데, 그 개는 우리 모두에게 귀여움을 받는다.

이와 같이 원문 텍스트와 번역문 사이에는 상이한 문법 요소가 존재하므로, 그 요소를 적격하게 옮기는 문제가 중요한 문제로 대두된다.

접속사와 접속 구조 단어, 구, 절 등을 연결하여 문법적인 관계를 드러내는 낱말을 접속사라 부른다. 접속사와 접속 구조는 텍스트의 결속성을 유지해 주는 중요한 문법 요소이다. 그러나 출발언어의 접속 구조와 도착언어의 접속 구조는 동일하지 않은 경우가 많다. 그 까닭은 접속사의 쓰임이 달라질 수 있기 때문이다. 영어의 접속사는 다음과 같이 체계화된다.

(24) 영어 접속사 체계

   a. 형태에 의한 분류
     단순 접속사 : after, and, although, as, because, before,
                   but, if, once, or, since, that, until, when,
                   where, while 등
     복합 접속사 : in that, such that, except that, in order

that, as far as, as soon as, in case 등
상관 접속사 : - if ~ than, both ~ than, such ~ as 등과 같
이 두 요소가 관련을 맺으면서 기능하는 접속사
b. 기능에 의한 분류
등위 접속사 : and, but, or, for 등과 같이 단어와 단어, 구와
구, 절과 절을 대등하게 연결하는 접속사
종속 접속사 : -that, wh-의문사절, if/whether 등과 같이 다른
절을 이끄는 접속사

(24)와 같은 영어 접속사 체계는 우리말의 체계와는 다르다. 우리말의 접속 기능은 접속 조사(와/과), 연결어미(대등, 종속적 연결어미), 그리고 접속부사 등이 나누어 맡는다. 이러한 점에서 영문 번역시 접속사로 인한 혼란이 일어날 수 있다. 다음 예를 살펴보자.

(25) 유의해야 할 접속사 번역

    a. They are living in England or they are spending a vacation there.
    → 그들은 지금 영국에 있는데, (다시 말해) 그곳에서 휴가를 보내고 있다.
    b. I may see you tomorrow or I may phone later in the day.
    → 나는 내일 너를 찾아가거나 내일 오후에 전화하겠다.
    c. He heard the explosion and he phoned the police.
    → 그는 폭발소리를 들었으므로 경찰에 전화했다.

(25)의 접속사는 우리말에서 연결어미로 바꾸어 번역되는 경우이다. 이 경우 영어의 문법 요소와 우리말 문법 요소의 차이를 인식하지 못한다면, '-고, 그리고/그러나/또는'과 같은 어색한 문장으로 번역할 염려가 있다.

1.3. 문법 범주

문법 범주 문법을 기술하는 데는 두 가지 방법이 있다. 하나는 문법 요소의 결합과 통합 과정을 기준으로 삼는 방법이며, 다른 하나는 문장의 구성과 문법적인 기능을 수행하는 것을 기준으로 삼는 방법이다.(권재일 1994:26) 전자의 관점에서 문법론은 형태론과 통사론으로 나뉘어지며, 후자의 관점에서는 문장구성론과 문법 범주론으로 나뉘어진다.

문법 범주는 문법적인 관념을 실현하기 위한 방법을 말한다. 달리 말해 구성된 문장 안에서 각각의 성분 요소가 어떠한 기능을 수행할 수 있도록 속성을 부여한 것을 말한다.

번역에서 문법 범주를 살펴야 하는 까닭은 원문 텍스트와 번역문 사이의 문법 범주가 일치하지 않기 때문이다. 그 까닭은 문법 범주는 각기 독자적인 발전 과정을 겪어올 뿐만 아니라, 그 실현 방법도 다양하기 때문이다. 예를 들어 우리말 사동법은 어휘적인 차원에서 '시키다, 만들다'를 붙임으로써 실현하는 경우도 있고, 형태론적 차원에서 사동접미사 '-이-, -히-, -리-, -기-, -우-, -구-. -추-'를 붙여 실현하는 경우도 있다. 뿐만 아니라 '-게 하다'와 같은 통사적 구조로 실현하기도 한다. 영어에서는 사역동사구문을 제외하면 사동문이 많지 않다. 따라서 서로 다른 두 언어에서 문법 범주를 적격하게 대응시키는 일은 쉽지 않은 일이 된다.

의향법과 문장의 분류 우리말에서 화자와 청자 사이의 관계를 드러내는 요소는 서술어이다. 서술어에 시제와 상, 화자의 의향 등이 모두 담기게 된다.

우리말 의향법은 언어 내용 전달에서 청자에 대해 화자가 가지는 태도를 실현하는 문법 범주이다. 이러한 의향법은 의향어미에 의해 실현되며, 경우에 따라서는 내림 억양과 올림 억양에 의해 실현되기도 한다. 우리말에서 음운적 차원의 의향을 제외하고 의향어미에 따라 의향법을 체계화하면 다음과 같다.

(26) 우리말 의향법의 체계

    a. 의향법 설정 기준
       1) 화자와 청자의 관계를 드러냄
       2) 행동 수행이 있고 없음
    b. 체계

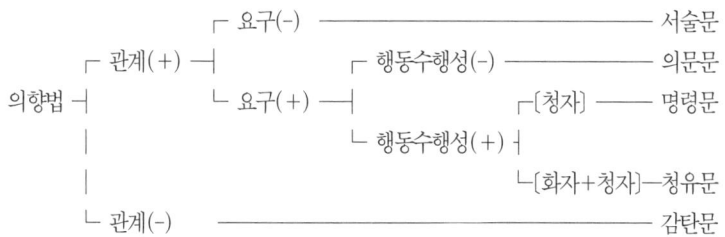

이와 같은 의향 실현은 영어에서도 마찬가지로 설정된다. 그렇지만 각각의 의향을 실현하는 방법은 다르다. 좀더 구체적으로 말하면, 우리말과 영어의 의향법을 짜이루는 방식이 다르다는 뜻이다. 특히 영어에서의 의문문, 명령문, 청유문, 감탄문의 실현 방식은 우리말과 큰 차이를 보이고 있는데, 이로 인해 번역상의 어려움을 겪는 수도 있다. 이와 같은 점을 고려하여 영어의 문장 유형을 구체적으로 살펴 보자.

첫째로 영어 서술문은 사실을 있는 그대로 진술하는 문장으로 항상 '주어+동사'의 순으로 구성되며, 어조는 하강조(falling intonation)를 이룬다. 우리말과 견줄 때 어순의 차이를 보일 뿐 큰 차이가 존재하지는 않는다. 다음 문장이 이에 해당한다.

(27) 영어의 서술문

  a. It is very fine today.
  → 오늘 날씨가 매우 좋군요.
  b. He is studying in the library.
  → 그는 도서관에서 공부하고 있다.

둘째, 영어 의문문은 어떠한 사항을 물을 때 사용하는 문장으로 끝에 의문부호를 붙이는 점은 우리말과 같다. 이와 같은 의문문은 설명을 요구하는 '의문사 있는 의문문'과 판정을 요구하는 '의문사 없는 의문문'으로 갈래를 나눌 수 있다. 영어의 'WH-의문문'은 설명의문문이며, 'Yes-No 의문문'은 판정의문문이다. 그런데 우리말과는 달리 영어 판정의문문은 서술문의 어순을 바꾸고 억양을 변형하여 실현시킨다.

(28) 영어 의문문

  a. 판정의문문
  . Is he very old? Yes, he is./No, he isn't.
  . Does he go to church every Sunday? (Yes, he does./No, he doesn't.)
  b. 설명의문문
  . When do they make him the chairman?
  . Which do you like better, tea or coffee?
  . Who is there but commits errors?

이와 함께 우리말과 영어 모두 청자의 의향을 알고 있으면서 이를 되묻는 형식의 부가의문문이 존재한다. 이처럼 의문법을 번역할 경우 큰 어려움을 겪지는 않는다. 의문법 실현 방법은 다르지만, 우리말과 영어의 문법 범주가 크게 다르지 않기 때문이다.

셋째, 명령이나 금지를 나타낼 경우 영어에서는 주어를 생략하고 동사의 원형을 사용하여 실현한다. 우리말과는 달리 영어의 의향법은 직설법, 명령법, 가정법을 묶어 서법(mood) 체계를 세울 수 있는데, 문장의 형식은 다르지만 문법 범주의 기능상 큰 차이를 보이지는 않는다. 예를 들어 우리말에서의 명령법은 종결어미에 의해 실현되지만 영어에서는 주어를 생략하거나 조동사를 활용하여 실현한다. 또한 우리말에서의 가정법은 연결어미에 의해 실현되므로 이은문을 만드는 데 비해 영어에서는 'If'를 내세워 가정적 조건절을 만듦으로써 실현된다. 따라서 문장의 형식을 고려하여 문법 범주의 대응 모습을 파악하고 있다면, 명령법의 번역도 그다지 어려워 보이지는 않는다. 다만 일부 특이한 형식의 명령문은 번역상 유의할 필요가 있다. 다음과 같은 사례를 확인하여 보자.

> (29) a. You mind your own business, and leave this to me!
> → 네 일이나 열심히 해, 이건 내게 맡기고.(참견말고.)
> b. Come what may, we will go ahead with our plan.
> → 무슨 일이 일어나더라도, 우리는 계획대로 하겠다.

(29a)는 명령문인데도 주어 'You'가 드러나 있다. 그 까닭은 귀찮거나 짜증이 나서 '강한 명령'을 할 때 주어를 그대로 두거나 3인칭 주어를 사용하는 경우의 문장이기 때문이다. 관습처럼 굳어진 표현이기 때문에 명령문의 일종임을 고려하지 않는다면 오역을 할 수도 있다. 또한 (29b)는 조건이나 양보를 나타내는 경우로 명령문의

형식을 취하고 있지만 실제 번역문에서는 명령문으로 실현되지 않는다.

넷째, 우리말에서는 [행위수행성]의 주체가 [청자]인가 아니면 [화자와 청자 모두]인가를 표시할 때 종결어미를 사용하여 명령문과 청유문을 구분한다. 이에 비해 영어의 청유문은 'Let us'를 사용함으로써 명령문의 변형임을 드러낸다. 그렇기 때문에 영어 청유문 번역은 큰 어려움이 없다.

다섯째, 감탄문은 놀람, 기쁨, 슬픔 등의 강한 감정을 드러내는 문장이다. 우리말에서는 감탄사와 감탄형 종결어미를 사용함으로써 실현하지만 영어의 경우는 'What+a/an 형용사 명사+주어+동사'의 구문이나 'How+형용사(부사)+주어+동사' 구문으로 나타낸다. 또한 영어 기원문은 가정법 현재의 구문이나 조동사 may를 사용하여 실현한다. 어떠한 경우이든 감탄문은 감탄부호로 표시됨으로써 번역상의 어려움을 겪지는 않는다.

시제와 상 시제법은 언어 내용 전달에서 시간과 관련을 맺는 문법 범주이다. 모든 문장은 동작이나 상태와 관련된 일을 나타내며, 이는 시간 표시의 대상이 된다. 그런데 시제와 관련된 번역은 쉽지 않다. 특히 영어를 우리말로 옮길 때에는 두 언어에서의 시제 문법 범주의 기능과 형식이 다르기 때문에 어려움을 겪을 경우가 많다.

우리는 시간 표시와 관련하여 어떤 언어 내용이 전달되는 시점을 '발화시'라고 부른다. 이에 비해 어떤 사건이 일어난 시점을 '사건시'라고 부를 수 있다. 시제가 단순히 발화시에 사건시의 시간만을 표시하는 것이라면 번역상 큰 어려움을 겪지는 않는다. 그렇지만 우리말의 경우는 시제 표현이 단순하지 않다. 이와 같은 어려움을 극복하기 위하여 두 언어의 시제법이 갖는 특징을 좀더 명확히 이해할 필요가 있다. 이를 위해 다음과 같은 용어의 정리가 필요하다.(장경희 1985, 권재일 1994, 김용경 1996, 한동완 1996 참고)

(30) 시제, 양상, 양태

   a. 시제(tense) : 발화시를 기준으로 해서 사건시를 표시하는 것으로, 사건시가 앞서는 경우(과거), 같은 경우(현재), 뒤따르는 경우(미래)로 표시된다. 자연의 세계에서는 현재, 과거, 미래의 삼분법이 명확할 수 있으나 언어에서 범주화하기는 어렵다.
   b. 양상(aspect) : 시간의 흐름 속에서 일이 일어나는 모습을 드러낸다. 발화시를 기준으로 해서 일이 일어나는 모습(기동), 이어지고 있는 모습(진행), 막 끝난 모습(완결), 되풀이되는 모습(반복) 등이 있다. 양상은 발화시와 사건시가 설정된 범위 내에서 사건에 대한 시간적 모습을 드러내는 방식이다.
   c. 양태(modality) : 일에 대한 화자의 심리적인 태도를 나타내는 방식을 말한다. 동작이나 상태를 지금-이곳의 현실 세계에서 인식하기도 하고, 현실과 단절된 그때-그곳에서 인식하기도 한다. 또한 추측이나 의지 등을 나타내기도 하는데 이를 각각 '현실', '회상', '추정', '의지'라고 부른다.

우리말에서 시제 파악이 어려운 까닭은 시제법을 실현하는 방식이 다양할 뿐만 아니라(시제 선어말어미를 붙이는 굴곡적 방법, '-고 있-'과 같이 통사적 구성을 취하는 방법, 시간 부사를 사용하는 어휘적 방법 등이 다양함) 시제와 양상, 그리고 양태가 복잡하게 뒤섞여 표현되기 때문이다.

그렇지만 우리의 관심사는 번역을 올바르게 하기 위한 시제법 이해에 있으므로, 여기에서는 시제법에 대한 앞선 연구를 종합하여 보편적으로 인정되는 시제법 체계만을 소개해 보자.

(31) 우리말 시제법 체계

   a. 현실성〔+〕현실법 : 선어말어미 '-느-'로 표시
      〔−〕회상법 : 선어말어미 '-더-'로 표시

b. 결정성〔+〕완결법 : 선어말어미 '-었-'으로 표시
   〔-〕미정법 : 선어말어미 '-겠-', '-으리-'로 표시
c. 시제법의 겹침 : 회상법, 완결법, 미정법 등이 겹쳐진다.
   미정-회상법 : '-겠더-'
   완결-회상법 : '-었더-'
   완결-미정법 : '었겠-'
   완결-미정-회상법 : '-었겠더-'
d. 진행상('-고 있-', '-어 가/오-', '-는 중아-', '-는 중에 있-'), 기동상(-게 되-), 반복상(-고는 하-, -어 대-, -어 쌓-)은 통사론적 구성을 취한다.

이에 비해 영어에서는 사건시의 시간을 표시하는 기본 시제, 발화시를 기준으로 하여 동작이나 상태를 나타내는 완료시제, 사건이 진행되는 양상을 드러내는 진행시제로 구분된다. 뿐만 아니라 시제를 나타내는 방식도 우리말처럼 선어말어미의 기능이 중시되는 것이 아니라 굴곡어미나 조동사에 의해 실현되기 때문에 두 언어 사이의 차이가 매우 심하다. 다음 표를 확인해 보자.

III. 번역의 층위 **173**

(32) 영어의 시제

   a. 영어에서의 시제, 상

시제	유형	실현 방법	보기
기본시제	현재	. be 동사: am, are, is . 3인칭 단수 : -s, -es . 그밖 : 원형동사	. I *see* a boy over there. . He *gets* up early in the morning. . You *speak* English very well.
	과거	. 규칙동사 : -ed . 불규칙동사 : 과거형	. Columbus *discovered* America in 1942. . I *was born* in Seoul.
	미래	. 조동사 will, shall의 도움을 받음	. He *'ll* be here in half an hour.
완료시제	현재완료	. have, has + 과거분사	. He *has just finished* it. . He *has become* rich.
	과거완료	. had + 과거분사	. I did not know him, for I *had never seen* him before.
	미래완료	. will/shall have + 과거분사	. They *will have finished* their book by next year.
진행시제	진행형현재	. be 동사의 현재형 + 동사의 현재분사형	. A big bird *is flying*.
	진행형과거	. be 동사의 과거형 + 현재분사형	. While I *was writing*, the phone rang.
	진행형미래	. be 동사의 미래형 + 현재분사형	. He *will be staying* in Seoul next Sunday.

b. 상의 겹침

상	유형	실현 방법	보 기
진행 완료	진행형 현재완료	be의 현재완료 + 현재분사형	. He *has been learning* English there five years.
	진행형 과거완료	be의 과거완료 + 현재분사형	. I *had been reading* a novel till he came.
	진행형 미래완료	be의 미래완료 + 현재분사형	. It *will have been raining* a week by the day after tomorrow.

이상과 같이 두 언어 사이에는 시제법 실현 방법이 달라지기 때문에 시제를 올바르게 번역하는 일은 쉬운 일이 아니다. 예를 들어 다음과 같은 경우는 시제 표현의 차이에서 비롯된 어색한 번역의 사례들이다.

(33) 시제 번역의 사례

a. The most advanced model of global strategy <u>has evolved</u> through a rough selection process at the cutting edge of international business, distilling the learning from years of expensive experience and millions of hours of management attention.
(a′) 세계화 전략의 최고 선진 모델은 오랜 세월에 걸쳐 값진 경험과 장기간 집중한 경영 관리를 통해 습득한 지식을 발산하면서 국제 사업의 지도적 입장에서 거친 선택 과정을 통해 <u>발전해 왔다</u>.
(a″) 세계 전략의 가장 발전된 모델은 국제 비즈니스 현장에서 수년간에 걸친 경영 일선의 값비싼 경험과 수많은 시간의 교훈을 증류하는 치열한 선별 과정을 통해 <u>발전했다</u>.
b. A non-deterministic system <u>would reflect</u> an evolution

that is inherently unpredictable. Thus, systems is in a not- deterministic mode have no predictable order, and forecasting is neither useful nor meaning at the level of an individual event or at a systemic level.

(b′) 비결정적인 시스템은 원래 예측 불가능하다는 진화를 <u>반영하였을 것이다</u>. 이렇게 비결정적인 방식의 시스템에는 어떤 예측 가능한 질서도 없고 예측은 개인적인 경우의 차원이나 정적인 방식의 차원에서도 유용하지 않고 의미심장하지도 않다.

(b″) 비결정론적 시스템은 본질적으로 예측불가능한 진화를 <u>반영한다</u>. 따라서 비결정론적인 양태의 시스템에서는 예측 가능한 질서를 찾아볼 수 없으며, 예측은 개별 사건 단위 혹은 시스템 단위에서 유용하지도, 의미가 있지도 않다.

우리는 (33a)를 번역한 두 문장에서 어느 쪽이 우리말 구조에 적절한지를 직감으로 판단할 수 있다. 우리는 이미 앞에서 텍스트의 결속 구조와 맥락의 중요성을 배운 바 있다. 시제 번역도 맥락에서 적절하게 다시 창조되어야 한다. (33a)의 밑줄 그은 부분은 과거완료이지만 우리말에서는 (33a″)와 같이 발화시에 사건시가 결정되어 있음을 드러내는 완결법으로 옮겨져야 한다. (33b)의 밑줄 그은 부분은 과거 시제이지만, (33b″)와 같이 현실법(-하-ㄴ-)으로 옮겨야 적절하다. 이는 텍스트의 상황 맥락에서도 확인되는데, 뒤이은 문장에서 '비결정론적 시스템'의 특징을 사실적으로 설명하고 있다는 점에서도 확인된다.

시제 번역에서 또 하나 유의할 점은 영어의 경우 여러 개의 동사가 이어질 경우 동사마다 모두 시제를 표시하는데 비해, 우리말은 서술어 하나에만 표시를 한다는 점이다. 따라서 동사가 여러 개 이어나는 구문을 번역할 때 우리말의 구조에 맞게 시제 표시를 해 줄 필요가 있다. 다음 예를 살펴보자.

(34) Edison took Tesla on as an assistant. Tesla at first <u>admired</u> what Edison <u>had accomplished</u> by trial and error, and with only a grade school education.
→ 에디슨은 테슬라를 조수로 채용했다. 처음에 테슬라는 초등학교 교육도 제대로 받지 못한 에디슨이 숱한 시행착오 끝에 <u>이룩해 낸</u> 성과들을 보고 <u>감탄했다</u>.

(34)의 원문에는 '감탄하다'라는 시제와 '성취하다'라는 시제가 과거 및 과거완료로 주어져 있다. 그렇지만 번역문에서는 '감탄했다'만 과거 시제로 주어질 뿐, '이룩해 낸'은 완결법이라는 상(aspect)으로 표시될 뿐이다. 이러한 차이를 유념하지 않는다면 매끄러운 번역문이 만들어지지 않는다.

성과 수 성과 수는 전통적으로 전형적인 문법 범주를 이루어 왔다. 그러나 영어와는 달리 우리말은 성과 수에 민감하지 않다. 그렇기 때문에 원문 텍스트를 번역문으로 옮길 경우, 성과 수에 집착하면 어색한 문장이 만들어질 경우도 많다. 따라서 적절한 표현을 다듬어 사용해야 한다.

그럼에도 성과 수가 번역상 중요하게 작용하는 경우가 많다. 특히 성별 판단을 잘못하거나 단수·복수 판단을 잘못함으로써 의미를 완전히 뒤바꾸어 버리는 실수를 할 수도 있기 때문이다. 다음 사례를 살펴 보자.

(35) 성별 판단을 잘못하는 경우

a. Then suddenly a bell rang and I froze.
"What's that?" I asked. …
Dammit, this is why I never go to the other people's houses! I can't endure the friends who try to "help." I

knew the whole scenario already. <u>This would be a former roommate or an older sister or a classmate who was getting a divorce,</u> I wanted to say, "Fuck." But since I didn't know Gwen well enough, I just said, "Shit."
- Erich Segal, Olive's Story
  b. 갑자기 종소리가 울리자 나는 온몸이 굳어졌다.
"저건 뭐지?" 내가 물었다. …
젠장, 바로 이런 이유 때문에 나는 다른 사람들의 집에 초대받을 생각이 없었던 것이다. 나를 '도우려고' 하는 친구들을 참아낼 수 없었다. 나는 Gwen의 시나리오를 훤히 들여다보고 있는 것이다. <u>그건 전에 룸메이트였거나 자기보다 나이 많은 누나이거나 이혼 수속 중인 동창생일 터였다.</u> 나는 "씨발"이라고 말하고 싶었으나, Gwen과는 그리 잘 아는 사이가 아니었기 때문에 "젠장"이라고 말했다.
  c. <u>그 새로운 방문객은 틀림없이 옛 룸메이트이거나 나이 든 언니이거나 이혼 수속 중인 룸메이트일 것이다.</u>

  (35)에서 화자인 나(드러나 있지는 않지만 Steve)와 Gwen은 부부 사이이다. 밑줄 그은 부분은 화자의 입장에서 객체(화제 속의 대상 인물)인 이 인물(this로 지칭된 새로운 방문객)이 Gwen과 어떤 관계에 있는지를 추측하여 진술한 문장이다. (35b)는 성에 대한 판단을 잘못하여 옮긴 번역문이다. (35c)와 같이 화자가 남편이며 Gwen은 아내라는 사실을 파악하고 있다면 '누나'를 '언니'로 고쳐 표현했을 것이다.
  수와 관련된 표현은 좀더 복잡한 경우가 많다. 그 까닭은 우리말은 수에 대한 인식이 뚜렷하지 않은 데 비해 영어는 이 문법 범주의 기능이 뚜렷하기 때문이다. 그렇기 때문에 '우리:우리들', '너희:너희들'과 같이 복수 표현이 쓰이지 않아도 좋을 표현에서 의식적으로 복수를 사용하는 경우가 많아진다.
영어의 수는 명사뿐만 아니라 동사에도 적용된다. 이른바 '수의 일치'가 이루어져야 적격한 문장이 되는 셈이다. 다음과 같은 문장을 중심으로 살펴보자.

(36) 수의 일치

a. 주어 위치에 복합형 명사군이 올 때, with, together with, as well as, no less than, like, but, except 등에 의해 단수 주어가 다른 명사와 연결되는 경우는 단수로 인식된다.
. Nothing but dreary dykes occurs to break the monotony of the landscape.
b. 접속사 and가 주부에 있는 경우는 복수로 인식될 경우와 단수로 인식될 경우가 다르다.
. A strong wind and full sail bring joy to the sailor.(복수로 인식될 경우)
. Hill and valley rings.(언덕과 계곡이 하나로 인식됨)
c. 집합명사가 주부에 있는 경우는 단일성을 강조할 경우 단수로 인식되고, 집합명사의 구성 요소가 갖는 개별성을 내세울 경우는 복수로 인식된다.
. The multitude, unacquainted with the best models, are captivated by whatever stuns or dazzles them. (복수로 인식될 경우)
. The committee has now come to a decision, but for some time it was divided in opinion. (단수로 인식될 경우)
d. 복수형으로 보이지만 단수 개념을 가지고 있는 명사들이 있다.
. Politics does not interest me at all.
e. every, each one, everyone, either, neither 등은 단수로 인식된다.

(36)에 나타난 수의 일치는 영문법에서는 적격문 형성에 중요하게 작용한다. 그렇지만 우리말은 이와 같은 수의 표현이 민감하게 드러나지 않는다. 따라서 수의 표현에 집착할 경우 어색한 번역문이 될 가능성이 높다. 다음 사례를 살펴보자.

(37) 수의 표현에 지나치게 집착한 번역문

  a. 여러 가지 해결 방법들과 대답
  b. 주어진 모든 단어들은 공통적으로 어린이들과 관계가 있다.
  c. 학생들에게는 잘못된 태도와 창의적인 태도를 구분하는 데 있어 교사들보다 어려움이 더 많다. 또래 학생들은 창의적인 학생들에게 적개심을 가지고 대하며 이들의 방해꾼이 아님에도 불구하고 그렇게 생각한다.

(37a,b)는 우리말 표현에서는 군더더기가 들어 있는 경우이다. '여러 가지'라는 표현 속에는 이미 접미사 '-들'의 의미가 들어 있으며, '모든'이라는 표현 속에는 낱개의 단어가 아니라는 뜻이 들어 있다. 따라서 복수 표현의 '들'을 반드시 붙여 표현할 필요는 없는 셈이다. (37c)는 원문에 충실한 번역임에는 틀림없으나 '창의적인 학생'을 반드시 복수로 인식할 필요는 없는 듯하다. 이와 같이 출발어에 충실한 번역도 좋지만 경우에 따라서는 도착어의 문법 범주를 좀 더 살려 번역해야 할 경우도 있다.

수동태와 능동태 우리말이 피·사동 표현에 민감한 반면 영어의 경우는 사동 표현에 민감하지 않다. 다음 문장을 살펴보자.

(38) a. This picture is drawn by Tom.
   → 이 그림은 톰에 의해 그려졌다.
   → 이 그림은 톰이 그렸다.

b. You shall died.
→ 당신은 죽게 될 것이다.
→ 너 죽어!
→ 죽여버리겠어.(I will kill you.)

(38a,b)와 같은 경우 우리말에서는 수동태(피동형)를 허용하지 않는 문장이다. 이처럼 우리말에서는 능동으로 표시되는 낱말이 영어에서는 습관적으로 수동으로 표현되는 경우가 많다. 다음 동사는 이에 해당한다.

(39) 수동태를 흔히 사용하는 동사

a. 감정을 나타내는 동사 : be alarmed at(놀라다), be delighted at, be amused at(기뻐하다, 즐거워하다), be pleased with, be satisfied with(만족하다), be annoyed at, be offended at(화내다), be embarrassed by(당황하다), be disappointed in(실망하다) 등
b. 심리 관계를 나타내는 동사 : be convinced of(확신하다), be inclined to(-하는 경향이 있다), be accustomed to(-에 익숙하다), be acquainted with(-을 알다) 등
c. 종사를 나타내는 동사 : be engaged in(-에 종사하다), be interested in(-에 흥미가 있다), be devoted to(-에 전념하다), be absorbed in(-에 열중하다) 등
d. 피해를 나타내는 동사 : be drowned(익사하다), be derailed(탈선하다), be killed(죽다), be delayed(지연되다), be wrecked(난파하다) 등

(39a-d)는 습관적으로 수동태를 사용하지만, 우리말로 옮길 때에는 능동 표현이 된다. 이와 같은 표현을 영어 문법 범주에 집착하여 수동으로 옮기면 어색한 문장이 된다. 이러한 예는 수없이 많은 편

이다.

   (40) 수동태 번역투의 문장

     a. 다음 장에서 우리들이 <u>살펴보게 되겠지만</u>, 지구의 어떤 지역들은 다른 지역들보다 가이아에 훨씬 더 중요하다고 생각된다.
     b. 그러한 지역들을 너무 갑자기 훼손시키지 않도록 정말로 세심한 주의를 기울여야 한다고 <u>믿어진다.</u>

  이와 같은 수동태 번역은 피동문의 남용이나 우리말 어법에 맞지 않는 이중 피동 표현을 만들어 내는 경우도 많다. 특히 '되다'와 '지다'가 합쳐져 '되어지다'라는 표현을 남용하는 경우나, 피동접사에 다시 '-지다'를 합쳐 만드는 '-이-어지다'는 마치 적격 표현처럼 널리 쓰이는 상황에 이르렀다.

  부정법 부정문은 진술된 전제를 거부하거나 인정하지 아니하는 표현의 문장을 말한다. 우리말 부정법은 형태론적 차원에서 한자어 부정접두사 '비-, 무-, 불/부-' 등을 붙이는 경우와 통사론적 차원에서 부정부사 '아니/못'을 삽입하거나 부정보조동사 '-지 아니하다/못하다'를 붙이는 경우가 있다. 또한 통사론적 차원에서 명령문의 경우는 '-지 말다'를 사용하여 금지를 나타낸다.

  영어에서의 부정법도 유사하다. 먼저 형태론적 차원에서 부정접두사 'non-/not-, im-, un-' 등을 붙여 사용하는 경우와 통사론적 차원에서 부정어 'not'을 삽입하는 경우가 있다. 그렇지만 두 언어에서 부정법 실현 방법이 유사하다고 해서 번역상 대응 관계가 쉽게 맺어지는 것은 아니다. 다음 예를 살펴보자.

(41) 부정접두사

    a. Global warming, acid rain, holes in ozone layer, deleted biodiversity, deforestation, and other global problems go <u>unaddressed</u>.
    → 지구 온난화, 산성비, 오존층의 파괴, 생물적 다양성의 감소, <u>산림 파괴</u> 등을 비롯한 각종 문제점들에 대해 효과적으로 <u>대처하지 못하고 있다</u>.
    b. The dangers of teaching are of peculair nature-psychological rather than physical, cumulative rather than immediate.
    → 교육의 어려운 점들은 특수한 성질의 것들인데, 신체적이라기보다는 심리적이며, <u>직접적</u>이라기보다는 누적적이다.

  (41a,b)에 나타난 부정접두사는 부정 기능을 수행하지 않는 경우가 많다. 예를 들어 'de-forestation', 'im-mediate'의 'de-', 'im-'은 부정 기능과는 관련이 없다. 또한 'un-addressed'에서는 '언급되지 아니한'의 의미보다는 '대처하지 못한'의 의미가 좀더 적합하다. 이처럼 부정접두사가 붙었을 때 우리말의 부정접두사와 일치시켜 억지로 번역하고자 해서는 안 된다. 아울러 부정어가 존재할 경우, 부정의 범위가 어디까지인지를 유의해야 한다. 다음 예를 살펴보자.

(42) 부정의 범위

    a. People with a high level of intuition don't really make impulsive decisions ; rather, they have a certain "feeling" and then act upon it. The truly implusive person does <u>not</u> act in response to a "feeling" about the right path <u>but</u> as a reaction to tension and anxiety.
    → 높은 수준의 직관력을 가진 사람들은 사실상 충동적인 결단을 내리지 않는다. 오히려 그런 사람들은 어떤 확실한 느낌을 받고 그리고 나서 그것에 기초해서 행동한다. 그러나 정말로 충동적인 사람은, 취해

야 할 올바른 길에 대한 느낌에 응하지 않고 긴장과 불안에 대한 반응
으로 행동한다.
b. No historian starts with a blank mind as a jury is supposed
to do.
→ 배심원이 그렇게 한다고 생각되는 것과는 달리 마음을 비우는 역사
가는 아무도 없다.

(42a)는 상관 접속사 'not~but'으로 이루어진 문장이다. 이 문장에서 부정어 not의 부정 대상은 앞에 있는 but 앞에 있는 동사이다. 일반적으로 이러한 구문에서는 not이 부정하는 것과 but이 지시하는 것은 상반된다. (42b)는 부정어 no가 문장 전체를 부정하는 셈이다. 이러한 표현은 우리말에서도 부정문이 중의적인 의미를 갖게 하는 요인이 된다. 다음 문장을 살펴보자.

(43) 부정문의 중의성

a. 사람이 다 안 왔다.
→ 와야 할 사람이 한 사람도 오지 않았다.
→ 와야 할 사람이 모두 온 것은 아니다.
b. 남편이 갑자기 안 왔다.
→ 남편이 오기로 했으나 갑자기 안 왔다.
→ 남편이 갑자기 온 것은 아니고 미리 연락하고 왔다.

(43)과 같은 중의성 문제는 중의성이 어디에서 비롯된 것인가가 논란이 될 수 있다. 그렇지만 우리의 관심사는 중의성의 기원이 아니라, 출발언어를 도착언어로 옮길 때 중의성을 파악하여 올바르게 옮길 수 있는가에 있다. 다시 말해 출발언어의 상황 맥락을 정확히 인지하여 도착언어로 옮겨야 한다는 점이다. 이 점에서 부정어의 부정 범위 문제는 항상 유의하여 번역해야 한다.

통사 구조

2.1. 통사 분석

번역에서 통사 분석의 의미 번역은 어떤 절차를 거쳐 이루어지는가? 우리는 올바른 번역을 위해 번역 모형을 이해할 필요가 있다. 벨(Bell, 박경자·장영준 옮김, 2000)에서는 심리언어학과 실시간 자연 언어를 처리할 수 있는 인공지능의 학문적 성과를 바탕으로 번역 과정의 모형을 설정한 바 있다. 이 모형은 분석과 통합 과정으로 구성되어 있는데, 이 과정은 다시 통사적 차원, 의미적 차원, 화용적 차원으로 상세화되어 있다.

통사적 차원의 번역 모형은 통사 분석을 어떻게 할 것인가와 밀접한 관련을 맺는다. 통사 분석을 위해서는 원문 언어의 통사 구조를 이해하고, 도착어의 구조에 맞게 옮겨야 한다. 이러한 점을 고려하여 통사 구조를 살펴보자.

원문 언어의 통사 구조 번역 과정에서는 번역하고자 하는 원문 언어의 통사 구조를 이해하는 일이 가장 기본적인 과정에 해당한다. 예를 들어 원문 언어가 영어라고 한다면 영어의 통사 구조를 우선적으로 이해하여야 한다. 영어의 통사 구조는 복잡해 보이지만, 실제로는 다음과 같은 여섯 가지의 핵심 유형을 기초로 하고 있다.

(1) 영어의 통사 구조(문형)

    a. SP   They ran.
    b. SPC They are hungry.

c. SPO   They hit Fred.
d. SPOO   They gave Fred $ 1,00.
e. SPOC   They elected Fred President.
f. SPOA   They put the plates on the table.
(S는 주어, P는 서술어, C는 보어, O는 목적어, A는 부가어)

번역은 이와 같은 기본 구조를 바탕으로 이루어진다. 아무리 복잡해 보이는 문장일지라도 기본 구조를 찾아낼 수 있다면, 번역은 수월해질 수 있다. 다음 문장을 살펴보자.

(2) 복잡한 문장에서의 기본 문형

a. <u>We</u> all <u>know</u> from a study of history <u>the progress</u> of the working people from the stage of barbarism to that of slavery, serfdom and later individual freedom.
(a′) 우리들은 모두 역사 연구를 통해서, 원시(미개) 단계에서부터, 노예, 농노, 그리고 이후 개인적인 자유를 얻은 단계에 이르기까지 노동인력의 진보에 대해 알고 있다.
b. The Europe the airplane brought me to was not the Europe I had known all my life.
(b′) 항공기로 도착한 유럽은 그 때까지 내가 알고 있던 유럽은 아니었다.

(2a)는 전치사 from, of가 사용되어 매우 복잡해 보이는 문장이다. 그렇지만 문장 구조는 'We know the progess.'로 압축될 수 있다. 이렇게 압축된 문장은 (1c)와 같이 '주어+서술어+목적어'를 갖는 단순한 문장이다. 여기에 'of working people'이라는 전치사구가 붙어 있다. 이 구는 형용사나 부사의 역할을 수행하며 문장성분으로 본다면 보어이다. 따라서 이 문장은 기본적으로 (1e)의 구조를 갖는 문장이다. 그밖의 요소인 'from A to B'는 비교적 번역

하기 쉬운 요소이다. 다만 'the stage of C, that of D'가 더 들어 있는데, 이 때의 'that of'는 the stage의 반복을 피하기 위하여 사용한 것이므로, '원시(미개) 단계로부터 노예, 농노, 그리고 이후의 개인적 자유의 단계'로 번역된다. 따라서 전체 문장은 (2a')와 같이 번역된다. (2b)의 경우도 'The Europe the airplane brought me to'까지의 요소가 복잡해 보인다. 이 요소에서 'The Europe'과 'the airplane brought me to' 사이에는 관계사 which가 생략되어 있는 셈인데, 이를 고려한다면 주어는 'The Europe'이 되는 셈이다. 따라서 이 문장은 '유럽은 …유럽이 아니었다.'는 비교적 단순한 문형이 된다. 곧 S + V + C의 문형이 되는 셈이다.

이와 같이 복잡해 보이는 문장을 번역할 경우 우선적으로 고려해야 할 사항은 문장의 통사 구조를 파악하는 일이다. 만약 이와 같은 일을 소홀히 한다면 잘못된 번역을 하거나 복잡하여 이해하기 어려운 번역을 하게 될 가능성이 높아진다.

주부 문장의 주부는 동사와 결합하여 문을 이룰 수 있는 부분을 가리킨다. 주부에는 단어, 구, 절 등이 올 수 있는데 일반적으로 많이 오는 것은 명사이다. 우리말에서는 명사류(명사, 대명사, 수사)와 함께 의존 명사 구문이 주부에 올 수 있다. 영어에서 주부를 이룰 수 있는 요소는 명사류, 부정사, 동명사 등이 있다. 다음을 살펴보자.

(3) 영어에서의 주부

a. His brother grew happier gradually.
→ 그의 동생은 점차 행복해졌다.
b. Seeing is believing.
→ 보는 것이 믿는 것이다.

c. To do two thing at one time is to do neither.
　　→ 한꺼번에 두 가지 일을 하는 것은 어느 것도 하지 못하는 것이다.

　(3)과 같이 명사류 이외의 동명사, 부정사는 우리말로 번역할 경우 의존 명사 구문이 된다. 곧 '…하는 것'과 같은 형식이다. 따라서 영어에서는 한 단어이지만 우리말에서는 구나 절의 형태가 된다. 이러한 차이는 언어 형식의 차이이므로 큰 문제가 되지는 않는다.
　그러나 구와 절이 주부를 이룰 경우의 번역은 간단히 처리되지 않는 경우도 많다. 특히 우리말과는 달리 영어에서의 형용사는 명사를 뒤에서 수식하는 구실을 하기 때문에 번역상 실수할 경우가 많다.

　　(4) 주부와 형용사구

　　a. There is no time <u>to lose</u>.
　　→ <u>낭비할</u> 시간이 없다.
　　b. A bird <u>in the hand</u> is worth two in the bush.
　　→ <u>잡은</u> 새 한 마리가 숲 속의 새 두 마리보다 낫다.

　이와 같은 구조는 절에도 적용된다. 명사절이나 형용사절이 주부를 이룰 경우 수식 관계에 유의하여 의존 명사 구문으로 번역하지 않으면 안 된다.

　　(5) 명사절과 형용사절

　　a. <u>That she answered the question correctly</u> pleased him.
　　→ 그녀가 질문에 똑바로 답한 <u>것이</u> 그를 즐겁게 했다.
　　b. There was in his eyes a look <u>as if he would despise me.</u>
　　→ 그의 눈 속에는 나를 경멸하는 <u>듯한</u> 표정이 들어 있었다.

(5a,b)에서도 주부를 이루는 명사절과 형용사절은 의존 명사 구문으로 번역된다. 이처럼 우리말과 영문 사이의 차이점에 유의하며 문장 요소를 번역하지 않으면 안 된다.

술부 주부를 풀이하는 부분으로 보아, 목적어 등이 동반될 수 있다. 술부의 중심이 되는 단어를 술어 동사라고 하며, 술어 동사는 인칭·시제·태·법 등의 문법 범주에 따라 변화한다.

목적어는 동사의 동작이 미치는 사람이나 물건을 의미한다. 그러나 이와 같은 정의에 집착하면 번역상 오류를 범할 경우가 있다. 다음의 예를 살펴보자.

(6) 목적어의 성격

   a. I beat him.
   b. I have some money.

(6a)에서 'him'은 'beat'의 영향을 받고 있다. 그러나 (6b)에서 'have'와 'some money'는 직접적인 영향 관계에 있는 것은 아니다. 따라서 목적어는 의미적인 차원에서 설정된 것이 아니라 문장의 구조에서 타동사 다음에 오는 요소로 이해해야 한다. 앞에서 언급한 'S + V + O'의 구조를 갖는 문장을 의미한다. 이와 같은 구조에서 목적어의 기능은 도구·결과·재귀·상호·동족 목적어로 구분된다. 도구 목적어는 의미로 보아 일정한 동작을 하는 데 그 도구가 사용되는 것을 말하며, 결과 목적어는 어떠한 동작의 결과를 표시하는 것을 말한다. 재귀 목적어는 어떤 동사의 결과가 주어 스스로에게 미침을 뜻하며, 상호 목적어는 상호 관계를 표시하는 것을 뜻한다. 아울러 동사와 동일하거나 유사한 뜻을 가지는 단어가 목적어가

될 경우 동족 목적어라 부른다. 다음 문장을 통하여 목적어의 기능을 살펴 보자.

(7) 목적어의 기능

　a. She pointed <u>her finger</u> at me. (도구)
　→ 그녀는 나에게 손가락질을 했다.
　b. Unlike the budgets of some countries, that of the United States focuses chiefly on <u>expenditures.</u> (결과)
　→ 다른 나라들의 예산과는 달리, 미국은 주로 지출에 초점을 맞춘다.
　c. The actor killed <u>himself.</u>(재귀)
　→ 그 배우는 자살했다.
　d. They gave presents to <u>one anther</u> at Christmas.(상호)
　→ 그들은 크리스마스에 선물을 주고 받는다.
　e. She smiled a bright <u>smile.</u> (동족)
　→ 그녀는 밝은 미소를 지었다.

술부를 이루는 보어는 우리말의 구조와는 큰 차이가 있다. 우리말에서는 '되다, 아니다'라는 서술어 앞에 오는 요소만을 보어로 인정하지만, 영어에서는 동사를 보충하여 문장을 완성하는 요소로 보어가 설정된다. 보어가 될 수 있는 단어는 명사나 형용사인데, 이러한 명사를 서술 명사(predicate noun), 서술 형용사(predicate adjective)라고 부르는 이유도 동사를 보충한다는 면에서 서술성을 띤다는 점에서 비롯된다. 다음 예를 살펴보자.

(8) 보어의 기능

　a. I will live <u>a bechelor.</u>
　→ 나는 독신으로 살겠다.

b. These flowers smell sweet.
→ 이 꽃은 냄새가 좋다.

위의 두 문장에서 밑줄 그은 부분은 동사를 보충하는 역할을 한다. 그런데 우리말이라면 (8a)의 밑줄 그은 부분은 부사어로 해석되며, (8b)는 서술절을 안은문으로 해석된다. 이와 같이 문장 구조의 차이가 나타난다.

이러한 차이에도 불구하고 실제 번역상 보어로 인하여 혼란을 겪는 경우는 많지 않다. 그렇지만 우리말과 영어의 구조를 대조하여 이해할 경우 보어의 기능은 상당한 차이를 갖고 있으므로 주의를 필요로 한다.

수식어 문장의 골격을 이루는 주어, 서술어, 목적어, 보어 이외에 각종 수식어(modifier)가 있다. 이들 요소를 '부가어'라고 부르기도 하는데, 실제 번역에서는 이러한 요소를 옮기는 것이 어렵다. 영어에서 수식어는 형용사적인 것과 부사적인 것으로 구분된다.

형용사적 수식어는 명사와 대명사를 수식하는데, 이러한 요소로는 형용사・명사・대명사・부사・준동사(부정사・분사・동명사)가 있다. 이러한 수식 요소는 한 단어로 구성되기도 하고 구와 절의 형태로 구성되기도 한다. 그런데 한 단어일 경우는 피수식어 앞에 수식어가 놓이나 구와 절은 피수식어 뒤에 놓인다. 다음 예를 살펴보자.

(9) 형용사적 수식어

a. a black bird. (형용사・앞에서 수식)
a lady doctor.(명사・앞에서 수식)
your friends.(대명사・앞에서 수식)
the then president.(부사・앞에서 수식)

a walking stick.(준동사 · 앞에서 수식)
   b. the man killed yesterday.(형용사구 · 뒤에서 수식)
      the book which I read last month.(형용사절 · 뒤에서 수식)

  (9a)의 요소들은 명사를 수식하는 형용사적 수식어이다. 이러한 요소들은 명사 앞에 놓인다. 그런데 (9b)와 같이 구와 절을 이룰 경우는 명사 뒤에 놓여 형용사적 역할을 한다.
  부사적 수식어는 형용사 · 부사 · 동사 · 문장 전체를 수식할 수 있으며, 부사 · 명사 · 대명사 · 형용사 · 부사구 · 부사절이 그 역할을 맡을 수 있다. 부사적 수식어의 위치도 형용사적 수식어와 같다. 따라서 부사구나 부사절은 피수식어 뒤에 놓이는데, 우리말은 문장 첫머리나 서술어 앞에 놓인다는 점에서 번역시 어순 결정을 잘 해야 한다.

(10) 부사어 번역

   a. How many words are there in English?
   → 영어에는 얼마나 많은 단어가 있을까?
   b. Wait till gets dark.
   → 어두워질 때까지 기다리시오.

2.2. 문장의 종류

  홑문장과 겹문장 우리말 문장 구조는 '주어+서술어'의 구조가 한 번 나타나면 홑문장(단순문), 두 번 이상 나타나면 겹문장(복합문)이 된다. 겹문장은 다시 '주어+서술어'가 특정한 문장 성분으로 쓰일 경우는 안은문(내포문), 대등하거나 종속적으로 이어지면 이은문(접속문)이 된다.

홑문장은 우리말이나 영어가 다르지 않다. 그렇지만 겹문장은 우리말과 영어에 큰 차이가 있다. 영어에서는 별도의 절을 내포하지 않은 문장을 '단문'이라 부르고, 종속절을 거느리고 있는 문장을 '복문', 두 개 이상의 대등절을 내포하는 문장을 '중문', 복문과 중문이 뒤섞여 있는 것을 '혼합문'이라 부른다. 번역시 단문의 구조는 큰 어려움이 없다. 그러나 복문이나 중문, 혼합문을 번역할 경우는 우리말 구조와의 차이점을 고려하지 않으면 안된다.

복문 번역 복문은 종속 접속사(subordinating conjunction)에 의하여 이끌리는 문장을 말한다. 이 때 종속절로는 명사절·형용사절·부사절이 존재할 수 있다. 그런데 명사절·형용사절은 대체로 우리말의 안은문 구조로 번역되는데 비해, 부사절은 조건이나 이유를 나타내는 이은문으로 번역되는 경우가 많다. 다음 예를 살펴보자.

(11) 명사절·형용사절 번역

    a. I believe that he is innocent.
    → 나는 그가 결백하다고 믿는다.
    b. This is the pen I bought yesterday.
    → 이것이 내가 어제 산 펜이다.

(12) 부사절 번역

    a. I go for a walk when it is fine.
    → 날씨가 좋을 때 산보하러 가자.
    b. He is happy though he is poor.
    → 그는 가난하지만, 행복하다.

(11a)는 명사절을 종속적으로 포함하는 복문이다. 번역을 할 경우 인용절을 안은문이 되었다. (11b)는 형용사절을 종속절로 포함하는 복문으로 번역시 관형절을 안은문이 되었다. 이에 비해 (12a, b)는 부사절을 종속절로 포함하는 복문인데, 번역시 조건이나 양보를 나타내는 이은문이 되었다. 이처럼 복문을 번역할 경우 우리말의 안은문과 일 대 일 대응을 이루지 않음을 유의해야 한다.

중문 번역 두 개 이상의 대등절(co-ordinating clause)을 내포하는 문장을 중문이라고 한다. 대등절은 보통 대등 접속사(for, or, but, so, and)에 의하여 이끌린다. 우리는 이러한 문장을 번역할 경우 연결어미 '-고, -으나' 등을 사용할 수 있다. 그런데 경우에 따라서는 이러한 연결어미를 사용하여 대등적 이은문을 만들면 어색한 경우도 있다. 그렇기 때문에 아예 두 문장으로 번역하고, 그 사이에 접속사를 사용하는 경우도 있다. 하지만 어느 쪽이 매끄러운 번역인가에 대해서는 확답을 하기 어렵다. 다음 예를 살펴 보자.

(13) 중문 번역

a. I was working in the library, but they were playing in the garden.
→ 나는 도서관에서 공부하고 있었고, 그들은 운동장에서 놀고 있었다.
b. He must be ill, for he is absent today.
→ 그는 아픈 것이 틀림없다. 왜냐 하면 그는 오늘 결석했으니까.

(13a)는 중문은 대등적 연결어미 '-고'를 사용하여 번역한 사례이며, (13b)는 두 문장으로 나누어 번역한 사례이다. (13b)의 경우 '그는 아픈 것이 틀림없는데, 오늘 결석했기 때문이다.'와 같이 한 문장으로 옮기면 오히려 어색한 느낌을 줄 수 있다. 이와 같이 중문

번역에서는 대등적 연결어미의 사용에 유의해야 한다. 다음과 같이 문장이 길어졌을 경우를 살펴보자.

(14) 중문과 연결어미 선택

a. Thing soon came to blows, <u>and</u> 21-year-old Sam Nang Nhem was kicked in the head. He lost conciousness <u>and</u> died. Herold Latour has been charged with the first racially motivatied homicide the city of Fall River can recall.
b. 곧이어 싸움이 <u>벌어졌고</u> 21세인 샘 낭 넴이라는 사람이 머리를 발로 차였다. 그는 의식을 <u>잃었고</u> 결국 사망하고 말았다. 헤럴드 레이터는 인종간의 분쟁으로 인해 폴 리버에서 발생한 첫 번째 살인 사건으로 기소되었다.
c. 곧이어 싸움이 <u>벌어졌으며</u> 21세인 샘 낭 넴이라는 사람이 머리를 발로 차였다. 그는 의식을 <u>잃어</u> 결국 사망하고 말았다. 헤럴드 레이터는 인종간의 분쟁으로 인해서 폴 리버에서 첫 번째로 발생한 그 살인 사건으로 기소되었다.

(14)에서 원문의 'and'는 (14b)와 같이 일관되게 '-고'로 옮길 경우 어색해 보인다. 이 경우는 의미를 고려하여 (14c)와 같이 연결어미를 다듬어 가면서 번역하는 것이 효율적일 것이다.

혼합문 번역 혼합문 번역은 복문과 중문 번역시의 유의 사항이 모두 적용되어야 한다. 그렇기 때문에 우리말의 문장 확장 방법과 영문 구조를 모두 살펴 가면서 적격한 문장을 살려 쓰려는 노력이 필요하다. 다음과 같은 예를 살펴보자.

(15) 혼합문 번역

a. She said that he would come, but he didn't turn up.
→ 그녀는 그가 올 것이라고 말했지만, 그는 나타나지 않았다.

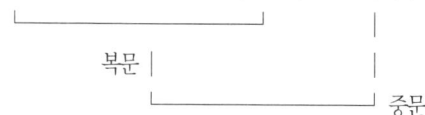

b. The earth is a big ball that is always spinning round, and the same time it moves round the sun.
→ 지구는 항상 자전하는 큰 공이며, 동시에 태양 주위를 돈다.

(15a)는 복문을 인용절을 안은문으로 번역하고, 다시 중문을 조건적 이은문으로 번역한 경우이다. (15b) 관형절을 안은문과 대등적 이은문으로 번역된 경우이다. 이와 같이 복문을 번역하고 다시 중문을 이어 번역한다면 혼합문일지라도 번역상 어렵지는 않을 것이다. 그렇기 때문에 문장의 구조를 파악하고, 순서대로 번역하는 작업은 평소의 연습을 필요로 한다. 이에 대하여 김형엽(2001)에서는 바른 번역 연습을 위해 1) 문이 끝나는 곳에 번호를 매길 것, 2) 문의 구조상의 종류를 밝힐 것, 3) 문의 내적 구조를 상세히 분석하여 형식을 결정할 것 등을 권고하고 있다.

2.3. 문장의 길이

문장의 길이   문장의 구조가 단순하다고 해서 길이가 짧은 것은 아니다. 예를 들어 단문일지라도 수식어가 많으면 문장은 길어질 수 있으며, 복문이나 중문의 경우라도 필요한 요소로만 이루어져 있다면 그 길이는 짧을 것이다.

일반적으로 문장의 길이가 짧고, 구성 요소가 단순하면 번역하는 과정에서 어려움을 겪지는 않는다. 그렇지만 어떤 문장은 문장 구성 요소로만 번역되지는 않는다. 이러한 경우의 번역에서는 실수를 하기 쉽다. 다음과 같은 예를 살펴보자.

(16) 문장 구조 그대로 해석하지 않는 경우

a. What's the joke?
→ '농담'이란 무엇인가? (×)
→ 뭐가 그리 우스워?(○)
b. Don't make a noise, will you?
→ 소음을 만들지 마시오. 알겠소?(×)
→ 떠들지 마시오. (○)

(16)의 문장은 자칫하면 위와 같이 잘못 번역하기 쉽다. 그렇지만 실제 의미는 ○ 표시를 한 문장의 뜻이다. 이러한 문장은 관습적으로 사용되는 경우가 많다.

긴 문장 번역   우리말과 달리 영어 문장은 쉼표[comma]와 관계사를 사용함으로써 매우 길어지는 특성이 있다. 그러나 문장의 길이는 상대적이어서 영어만이 긴 것은 아니다. 우리말의 경우도 중세

국어에서는 대등적 연결어미 '-고'를 십여 개씩 나열한 문장을 흔히 볼 수 있다.(이러한 문제는 문체론의 연구 주제이다.) 그렇지만 현대 국어에서는 이와 같이 지루한 문장을 사용하지 않는다. 이에 비해 영어는 긴 문장이 많은 편이다.

문장의 길이가 길어지면 번역에서 어려움을 겪을 가능성이 높다. 다음과 같은 경우를 살펴보자.

(17) 긴 문장 다듬기

a. From Saddam Hussein's Iraq to Kim Il Sung's North Korea, there is no shortage of bully boys, itching to do harm to their neighbours or to take on all-comers.
→ 사담 후세인의 이라크로부터 김일성의 북한에 이르기까지 그들의 이웃에게 해를 끼치거나 누구든지 상대해 주려고 안달이 나 있는 사람들이 적지 않다.
→ 이라크의 사담 후세인으로부터 북한의 김일성에 이르기까지 이웃나라를 해치거나 누구든지 못살게 굴고자 하는 골치 아픈 사람들이 적지 않다.
b. The timing of turn is uncertain : it is perfectly possible that it will occur befor the end of this year, with a long bond of perhaps 5.75%.
→ 그 전환점의 시기는 불확실하다. 그것이 금년이 끝나기 전에 발생하며, 장기 채권이 5.75%로 될 가능성이 있다고 확실히 말할 수 있다.
→ 그 전환점이 언제 올지는 확실하지 않다. 그 시기가 올해 말에 발생하고 장기 채권 수익률이 아마도 5.75%로 될 가능성이 있다고 확실하게 말할 수 있다.

(17a)는 '~로부터 ~까지'를 뜻하는 부사구를 'there'로 지시한 주어가 쓰인 문장이다. 이 지시어의 지시 내용이 비교적 길며, 그 뒤의 문장 요소도 비교적 복잡해 보인다. 더욱이 보어인 'no shortage'

는 뒤의 'of bully'(골치 아픈 녀석들, 또는 골치 아픈 아이들)과 합쳐져 '골치 아픈 녀석들이 적지 않다'로 번역되어야 하는데, 이 때 'shortage'를 '부족, 결핍'으로만 해석한다면 우리말로 적절히 옮기기가 쉽지 않다. 쉼표 다음의 문장은 'or'로 연결되어 있는 중문이므로 큰 문제는 없다. (17b)에서는 쌍점(:) 다음의 문장이 형식 주어(가주어)로 이루어진 문장이다. 이 문장에서도 형식 주어와 쉼표를 적절히 해석할 수 있어야 한다.

또한 동일한 주체가 여러 동작을 반복하여 행하는 경우가 있다. 이러한 문장은 한 개의 주어에 여러 개의 서술어가 겹쳐나기 때문에 번역의 어려움을 겪는다. 다음 예를 살펴보자.

(18) 동일 주체의 반복된 동작

    a. I remember once as a child seeing our family's puppy encounter snow for the first time. He was shocked and delighted and overwhelmed, wagging his tail nervously, sniffing about in this strange, fluffy substance, whimpering with the mystery of it all.
    (a') 내가 어렸을 때 우리 가족의 강아지가 태어나서 처음으로 눈을 대한 광경이 기억난다. 강아지는 충격을 받았다. 또 기뻐하기도 했다. 눈에 완전히 압도되었던 것이다. 신경질적으로 꼬리를 흔들기도 하고, 이 낯설고 푹신한 물질에 코를 박고 이리저리 킁킁 냄새를 맡아보기도 했다.
    (a") 내가 어렸을 때 우리집 강아지가 태어나 처음으로 눈을 보던 광경이 생각난다. 기분은 좋지만 너무나 큰 충격을 받아서 정신을 차릴 수 없다는 듯, 녀석은 방정맞게 꼬리를 흔들며 이 요상하고 푹신한 물질에 코를 박고 킁킁거리는가 하면, 그 모든 수수께끼를 풀고 싶은 듯 낑낑거리며 앓는 소리를 내기도 했다.
    b. 'Someday', whispered Martin Luther King, Jr., to his mother as they sat together in church listening to a guest speaker, "I am going to have me some big words like that."

(b′) "언젠가", 하고 마틴 루터 킹 2세가 손님의 연설을 들으며 교회에 함께 앉아 있던 자신의 어머니를 향해 중얼거렸다. "저도 저렇게 큰 말씀을 가지게 될 거예요."
(b″) 교회에서 초청 연사의 설교를 듣고 있던 마틴 루터 킹 2세가 옆에 있던 어머니를 향해 조그만 목소리로 속삭였다. "언젠가 저도 저 분처럼 훌륭한 설교를 하게 되면 좋겠어요."

(18a′)는 두 번째 문장에서 강아지(he)의 동작이 여러 개 나열되어 있기 때문에 번역자는 각각의 동작을 나누어 단문으로 옮긴 셈이다. 의미가 크게 달라지지는 않았지만 매끄러운 느낌을 주지는 않는다. (18a″)는 이를 다듬은 것이다. (18b)는 인용문을 두 곳으로 나누어 적은 문장이다. "Someday"와 "I am…"은 모두 인용문이다. (18b′)는 이 인용문을 놓인 자리 그대로 번역한 경우이고, (18b″)는 인용문을 따로 떼어서 번역한 경우이다. 이러한 번역에서도 우리말 구조를 고려하여 좀더 자연스런 표현을 할 수 있도록 다듬을 필요가 있다.

성분 생략 번역시 출발어와 도착어 사이의 생략 관계는 자연스런 번역을 위해 꼭 익혀야 할 사항이다. 이 때 유의할 점은 두 언어 사이의 생략 관습이 같지 않다는 점이다. 예를 들어 영어나 불어에서는 문장마다 매번 인칭대명사가 쓰인다. 이러한 문장을 옮길 때 매번 '그는', '그녀는'이라고 옮겨 놓으면 어색하다. 이 경우 번역자는 적절하게 원어의 대명사를 생략해 주고, 때로는 인칭대명사 대신 이름을 써 주기도 하면서 자연스럽게 문장을 만들어 가야 한다. 다음 예를 살펴보자.

(19) 도착 언어에서의 생략

    a. <u>He</u> is poor, but <u>he</u> is happy
    → 그는 가난하지만, 행복하다.
    b. He goes to school, and he arrives at school.
    → 그는 학교에 도착했다.

(20) 생략을 고려하지 않은 경우

    She is his sister, she is cute he loves his sister so she always asks many things to him. She calls his brother "good brother" with smile.
    → 제인은 그의 여동생이 귀엽다. 그는 여동생을 사랑한다. 그래서 그녀는 언제나 그에게 부탁을 많이 한다. 그녀는 오빠를 웃으면서 "좋은 오빠"라고 부른다.

  (19)에서 확인되듯이 영어는 모든 문장에서 주어를 드러내는 언어임을 알 수 있다. 그러나 우리말은 같은 주어가 반복하여 이어날 경우는 그 주어를 생략한다. (20)에서는 이러한 요소를 그대로 직역한 경우이다. 이러한 번역은 독자의 독해 능력을 떨어뜨릴 우려가 높다.
  이 때 유의할 점은 지나친 생략이 모호한 표현을 만들 수도 있다는 점이다. 한 문장이 여러 가지 의미로 해석된다면 그 문장을 통하여 정확한 정보를 제공받을 수는 없다. 이 점에서 번역문을 만들 경우도 모호한 표현이 나타나지 않도록 해야 한다.

의미 구조

3.1. 어휘 의미론적 접근

단어와 의미 언어 연구의 다른 분야도 마찬가지이겠지만 의미론(semantics)에서 정의하는 의미(meaning)라는 용어만큼 공통된 견해를 찾지 못하는 용어는 없다. '의미란 무엇인가'에 대한 통일된 견해가 없을 뿐만 아니라, 다른 분야에 비해 연구의 역사도 그만큼 짧다.

이 글에서 우리의 관심사는 번역에서 부딪히는 의미의 문제이므로, 전문적인 의미론을 검토할 필요는 없을 것이다. 그렇지만 기본적으로 출발 언어와 도착 언어 사이의 어휘 의미의 대응 관계, 도착 언어의 낱말밭 가운데 어떤 단어를 선택하는가 하는 문제, 그리고 출발 언어와 도착 언어 사이의 함의나 동치의 관계 등은 의미론적으로 접근해야 할 과제라고 할 수 있다. 이러한 입장에서 의미론의 연구 분야를 개괄할 필요가 있다. 이승명 외(1998)에서는 의미론의 연구 분야를 다음과 같이 정리하고 있다.

(1) 의미론 연구 분야 (이승명 1998 : 4)

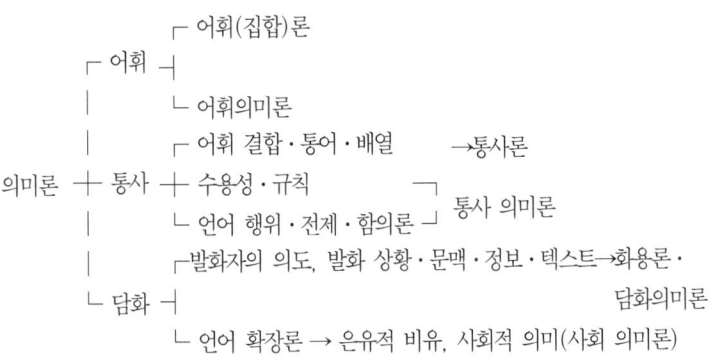

여기에서 어휘 의미론은 개개의 단어를 대상으로 하는 경우도 있겠지만, 동음어·유의어·상대어·상하위어·의미 충돌·의미 차이·고유어와 한자어의 대응·동의 중복 등이 중심 연구 과제로 여겨져 왔다. 이러한 과제들은 번역 작업을 해 가는 과정에서 항상 부딪히는 문제들이다. 이를 고려하여 번역 작업 과정에서 나타나는 단어의 의미 처리 문제를 살펴보기로 하자.

동음어와 다의어 단어와 단어 사이의 관계에서 '발음은 같지만 뜻이 다른 단어들'이 존재한다. 이러한 단어를 동음이의어(homonymy)라 부른다. 동음이의어는 의미에서 연관성이 없고 아울러 두 단어의 어형 계열에 있는 모든 형태가 동일하며 이들 형태의 문법적 기능이 대등한 '절대적 동음이의어(absolute homonymy)'와 어형 계열 가운데 우연히 하나가 다른 단어와 발음이 같아지는 '부분적 동음이의어(partial homonymy)'가 있다. 다음과 같은 단어를 살펴보자.

(2) 동음이의어

    a. bank$_1$ 〔은행〕 - banks 〔복수〕 → 동사의 목적어나 전치사의 목적어로 쓰임
       bank$_2$ 〔강둑〕 - banks 〔복수〕 → 동사의 목적어나 전치사의 목적어로 쓰임
    b. find - found$_1$ - found -finding 〔발견하다〕
       found$_2$-founded- founded -founding〔설립하다〕

  (2a)는 (2b)에 비하여 번역 작업에서 혼란을 가져올 가능성이 크다. 그렇지만 이와 같은 동음이의어가 존재할 수 있는 것은 맥락에서 두 단어의 의미가 변별될 수 있기 때문이다. 따라서 번역상 큰 어려움을 겪지는 않는다.

  이와 함께 철자법에 따라 동음이의어를 동철동음이의어와 이철동음이의어로 구분할 수 있다. 예를 들어 'flower:flour', 'right:write', 'pray:prey' 등은 철자법이 다르지만 발음이 같은 경우이다. 이러한 관계의 단어들을 번역하는 데는 어려움이 없다.

  그러나 한 단어가 여러 가지 뜻으로 쓰일 때 어느 의미로 쓰이는 가를 이해하는 것은 쉬운 일이 아니다. 이러한 단어는 의미가 분화되어 형성된 것으로, 우리는 이런 단어를 '다의어(polysemy)'라고 부른다. 예를 들어 'tongue'는 '혀'와 '언어'라는 두 가지 뜻을 갖는다. 다의어 가운데 의미 선택 문제는 번역시 많은 어려움을 던져 준다. 다음 예를 살펴보자.

(3) 다의어에서 의미 선택

    a. Past results in almost every <u>critical area</u> of societal performance can only be characterized as unsatisfactory.
    (a′) 우리는 사회적 수행력의 거의 모든 <u>비평</u> 분야에서 지난 결과들을 단

지 불만족스러운 것으로 특성화할 수 있다.
(a″) 사회적 기능의 거의 모든 <u>중요한 분야</u>에서, 과거의 결과들은 지극히 만족스럽지 못한 수준을 벗어나지 못했다.
b. Today's spending of hundreds of billions of dollars on military weaponry while the UN cannot <u>raise</u> the $500 million it needs to eradicate polio through a groble vaccination program is a clear statement on social priorities.
(b′) 유엔이 세계적인 백신 예방 접종 프로그램으로 소아마비를 박멸시키기 위해 필요한 비용으로 5억 달러 이상을 <u>인상할 수</u> 없는 반면, 오늘날 군사용 무기에 대한 비용으로는 수천 억 달러의 돈이 투입되는 현실은 사회적인 우선 순위가 무엇을 강조하는지 뚜렷이 보여주고 있다.
(b″) 유엔이 백신 프로그램을 개발하여 전세계 소아마비를 박멸하기 위해 필요한 5억 달러의 기금을 <u>조성할 수는</u> 없어도, 군사용 무기를 개발하는 데는 수천 억 달러의 돈이 투입되는 현실은 사회적인 우선 순위에 대한 명백한 증거라고 할 수 있다.

(3a)에서 'critical'은 '중요한'과 '비평의'라는 의미를 갖는다. 일상적으로 우리는 외국어 학습 과정에서 많이 접해본 의미에 익숙한 경향이 있다. 그렇기 때문에 많은 번역자들은 (3a′)처럼 번역하고자 한다. 그렇지만 이와 같이 번역한다면 무슨 뜻인지 전달되지 않을 것이다. 원문의 의미는 (3a″)처럼 '중요한'이라는 의미를 갖고 있는 셈이다. (3b)의 경우도 마찬가지이다. 이 문장에서 'raise'는 '인상하다'는 뜻으로 많이 쓰이지만, 이 문장에서는 '조성하다'는 의미를 갖고 있다.

동의어(의미의 유의성)　번역시 부딪히는 또 하나의 문제는 동의어이다. 동의어(synonymy)는 두 단어가 같은 뜻으로 쓰일 수 있는 경우를 말한다. 이를 '의미의 유의성'이라고도 부르며 아울러 '유의어'라고 부르기도 한다. 예를 들어 'couch'와 'sofa'는 같은 의미로 쓰인다. 그렇지만 이 두 단어가 반드시 같은 표현만을 갖고 있지는 않다. 예를 들어 'couch doctor'〔정신과 의사〕는 쓰이지만 'sofa doctor'는 쓰이지 않는다. 또한 'sofa bed'〔침대 겸용 의자〕는 쓰이지만 'couch bed'는 쓰이지 않는다. 더욱이 이처럼 다른 단어가 붙어 관용적으로 쓰일 경우는 전혀 다른 의미를 갖는 경우가 많다.

동의어에도 절대적인 관계를 갖는 경우와 그렇지 않은 경우가 있다. 절대적 동의어는 동음이의어의 조건과 마찬가지로 의미의 모든 부분이 일치하며, 모든 맥락에서 의미가 같은 경우를 말한다. 하지만 동의 관계에 놓여 있는 단어라고 할지라도 절대적 동의어인 경우는 많지 않다. 예를 들어 'bechelor'와 'unmarried man'은 '결혼하지 않은 남자'라는 의미에서는 같은 뜻을 갖지만 모든 맥락에서 같은 의미를 갖는다고 보이지는 않는다. 마찬가지로 'university'와 'college'도 '대학'으로 번역되지만 실제 의미는 같지 않다. 그렇기 때문에 '동의'라는 표현 대신 '유의'라는 표현을 사용하거나 '의미상의 유의성'이라는 표현을 사용하여 이들 단어의 관계를 표시한다.

의미상의 유의성이 나타나는 이유는 '구어체:문어체', '사회적 분위기', '제도' 등을 반영하기 때문이다. 따라서 동의 관계라고 할지라도 번역자는 원문의 의도를 좀더 고려하여 충실히 옮길 수 있어야 한다. 다음과 같은 예를 살펴보자.

(4) 출발 언어의 유의성

a. Looking ahead, <u>the risks</u> we face are increasing in scale and complexity.
(a′) 우리 앞에 닥친 <u>위험이</u> 복잡하면서도 큰 규모로 증가하고 있다고 예측할 수 있다.
(a″) 앞날을 내다볼 때, 우리가 직면한 위기는 규모가 커지고 성격도 훨씬 복잡해지고 있다.

b. Most crimes are of <u>a petty nature,</u> taking place at a local level and often the product of a personality type best described as "passive inadequate."

(b′) 대부분의 범죄는 지역적 수준으로 발생하여 그 <u>특성이 시시하고</u> "수동적이면서 부적합한" 것으로 설명되는 개성을 지닌 사람들이 저지르는 것이다.

(b″) 대부분의 범죄는 그 <u>속성상 규모가 작고</u> 국지적인 범위에서 일어나며, 이른바 '수동적 부적응자'라고 불리는 유형의 인성에서 비롯되는 경우가 많다.

  (4a)에서 risk와 danger는 의미상 유의 관계에 있다. 그렇지만 두 단어의 내포 의미는 같지 않다. 따라서 (4a′)처럼 번역하는 것보다는 (4a″)로 번역하는 것이 자연스럽다. (4b)에서도 'petty'는 'young'의 뜻을 갖는 프랑스어에서 비롯된 말이지만, '젊다'는 의미보다는 '규모가 작다'는 의미로 번역하는 것이 자연스럽다.

  이러한 단어들은 개념적 의미는 같을지라도 연상적 의미는 다른 경우가 많다. 이러한 연상적 의미를 Leech(1981)에서는 언외적 의미, 사회적 의미, 반사된 의미, 연어적 의미로 구분하고 있다. 언외적 의미란 개념적 의미 이외에 언어 사용자들이 관습적으로 추가하여 사용하는 의미를 말한다. 예를 들어 '여자'라는 말은 생물학적으로 XX염색체를 가진 사람이지만, '여자답다'라고 했을 때에는 '부드러움, 연약함, 울기 잘함, 평화를 좋아함' 등의 의미가 부가된다. 사회적 의미는 사회적 환경이 새로운 의미를 부가하는 경우로 우리말의 경우 고유어와 한자어가 같은 의미를 갖고 있더라도 그 쓰임새가 다른 경우가 이에 해당한다. 연어적 의미는 일종의 연상 관계에서 형성된 의미를 말한다. 같은 의미를 갖는 단어라도 연상할 수 있는 범위는 다르다. 이러한 점을 고려하여 번역자는 동의어(의미상 유의성) 문제를 정확히 파악하여 옮기고자 하는 노력을 기울여야 할 것이다.

상하 관계와 분의어 두 단어에서 한 단어가 다른 단어의 의미 범위를 포함하여 지시하는 단어를 상위어(superordinate, hypernym), 포함되는 단어를 하위어(subordinate, hyponym)라 부른다. 각 언어마다 어휘 체계가 다르기 때문에 번역자는 상하 관계를 좀더 잘 이해할 필요가 있다. 예를 들어 'bucksaw, hachsaw, jigsaw' 등은 톱의 일종이다. 우리말에서는 이러한 도구를 구체적으로 구분하여 사용하지 않는다. 따라서 이러한 말을 번역할 경우는 상위어인 '톱'으로 옮겨 놓기 쉽다. 그렇지만 경우에 따라서는 상위어로 단순하게 대체해서는 안 될 경우도 있다. 그 경우에는 용도를 설명하거나 환경을 설명하는 수식어를 붙인 상위어를 사용하게 되는데, 번역 원고의 분량이 늘어날 뿐 아니라 매끄럽지 못한 인상을 주기 때문에 번역자를 괴롭히는 작업이 된다.

분의어(meronym)도 상하 관계와 유사한 면이 있다. 분의어는 여러 개의 단어가 한 단어의 부분을 이룰 경우 붙이는 말이다. 예를 들어 '얼굴'에는 '눈, 코, 입, 볼' 등이 있다. 이와 같이 여러 단어가 '얼굴'을 구성하는 셈이다. 오늘날 분의어 번역이 어려운 까닭은 기계 문명의 발달과 관련이 있다. 새로운 도구가 만들어지거나 새로운 관찰법이 나타날 경우, 그것을 설명하는 구성 요소들을 분의 관계로 드러내게 된다. 이 과정에서 새로운 전문 용어가 수없이 만들어진다. 그 경우 번역자는 괴로움을 느끼게 되는 셈이다.

의미의 공백 번역에서 자주 부딪히는 문제 가운데 하나는 두 언어 체계에서 의미의 일 대 일 대응이 이루어지지 않는다는 점이다. 예를 들어 우리말로 마땅히 옮길 수 있는 단어가 존재하지 않는 표현을 자주 접하게 되는데 이는 어휘 체계에서의 의미의 공백에 해당

된다. 다음 단어를 살펴보자.

(5) 단어의 대응과 의미의 공백

영어	한국어
journey tour travel	여행

 (5)와 같이 영어와 한국어 사이에는 같은 의미를 지닌 단어일지라도 의미의 일 대 일 대응 관계가 성립하지 않는 경우가 많다. 달리 말해 원문 텍스트에 사용된 단어를 도착어에서 찾을 수 없거나, 도착어에서 찾더라도 그 의미를 뚜렷이 드러낼 수 없을 경우 번역자는 어려움에 빠지게 된다. 이러한 경우는 'listen to'(의도적으로 듣다)와 'hear'(들려 오는 소리를 자연스럽게 듣다)에서도 나타난다.
 어휘 의미의 공백은 문화적인 차이나 지리적 환경의 차이에서 비롯되는 경우도 많다. 예를 들어 우리말의 색채어와 영어의 색채어는 대응 관계를 설정하기가 매우 어렵다. '푸르다 : 푸르스름하다'와 같은 변이형을 갖는 한국어와 'blue : green'의 대립 체계를 갖는 영어의 색채어 체계는 매우 이질적인 느낌을 주기도 한다. 이와 같은 점을 번역하기 위해서 번역자는 좀더 다양한 어휘 사용 연습을 해야 할 것이다.

 관용 표현 번역 언어 사회에서 일정한 표현이 굳어져 새로운 의미를 갖는 경우가 있다. 관용 표현은 언어 사회와 문화를 이해하지 않고서는 번역하기 어렵다. 이와 같은 표현은 하나의 단어로만 이루어질 경우도 있지만 상당수는 구나 절의 형태로 주어진다. 예를 들어 '모과나무의 아들'이라고 말할 때에는 '모과나무가 성장할 때 한 번도 똑바로 자라는 적이 없다'는 점을 연상하여 '성격이 모질거나 굽어 있는 사람'을 뜻한다. 이러한 표현 역시 구의 형태로 주어져 있다.

출발 언어의 관용 표현을 이해하지 못할 때에는 필연적으로 번역의 어려움을 겪는다. 영어의 경우 'make up one's face(화장하다)', 'make up a story(이야기를 꾸미다/만들다)'처럼 관용적인 동사구가 많다. 이러한 표현은 사전에 등재될 뿐만 아니라 그 의미나 용법을 비교적 자세히 기술한다. 만약 이러한 표현이 갖는 의미를 유념하지 않는다면 매우 어색한 번역을 하게 될 것이다. 예를 들어 'public house'는 우리말 감각을 따른다면 '공공의 집, 관사'처럼 생각될 것이다. 그렇지만 실제 의미는 '주막'이란 의미를 갖는다.

이와 같은 관용적 표현은 때때로 문장의 구성을 잘못 이해하게 만들기도 한다. 다음의 예를 살펴보자.

(6) 관용 표현과 문장 구성

a. In most instances the speech of the first settlers lives on when they come in substantial numbers and <u>people</u> the land <u>with</u> their descendants.
b. 대부분의 경우 최초 정착자들의 언어는 그들이 상당수 이주하고 그들의 후손들이 그 땅에 정착하여 살게 될 때 지속된다.

(6)에서 people은 대체로 '사람들'이라는 뜻으로 번역되기 쉽다. 그러나 전치사 with가 붙어서 '자리잡고 살다.(정착하다)'는 의미를 갖게 된다. 따라서 관용 표현을 고려하지 않은 채 단어에만 집착하여 번역한다면 오역이 생겨나게 될 것이다.

3.2. 문장 의미론적 접근

문장의 의미 어휘 의미론에서 다루는 분야는 단어와 단어 사이의 의미 관계이다. 이에 비해 문장 의미론은 문장과 문장 사이의 관계를 다룬다. 문장과 문장 사이의 의미 관계는 단어 사이의 의미 관계가 확장·투사된 것으로 이해할 수 있으나 문장에 쓰인 모든 단어를 이해했다고 하여 문장의 의미가 자연스럽게 이해되는 것은 아니다.

문장의 관계는 함의, 동치, 모순 관계가 성립된다. 번역시에도 이들 관계는 유의할 필요가 있는데, 이를 좀더 구체적으로 살펴보자.

함의(entailment)는 두 문장 가운데 하나가 참이면 다른 한 문장도 참인 관계에 놓여 있는 경우를 말한다. 이러한 함의는 논리적 함의와 사실적 함의가 있다. 논리적 함의는 문장 구조에서 비롯되는 함의 관계로 연결어미 '-고'로 이어진 이은문을 두 문장으로 나눌 경우 나뉘어진 문장은 이은문과 함의 관계를 맺는다. 예를 들어 '봄이 왔고 꽃이 피었다.'라는 문장을 '봄이 왔다.'와 '꽃이 피었다.'로 나눈다면, 뒤의 두 문장은 앞의 이은문과 함의 관계를 맺고 있는 셈이다.

동치(equivalence) 관계는 두 문장이 서로 함의 관계에 있는 경우를 말한다. 앞의 함의는 두 문장 가운데 어느 한 쪽이 다른 한 쪽에 포함되는 관계이지만, 동치 관계는 두 문장이 같은 의미를 갖고 있는 관계를 말한다. 엄밀히 말한다면 번역문과 원문은 동치 관계에 있어야 한다. 그런데 경우에 따라서는 동치 관계에 있는 문장 사이의 의도된 의미가 달라질 수 있다. 달리 말해 의미상 차이는 없으나 어느 면에 초점을 두고 말한 것인가가 달라질 수 있다는 뜻이다. 다음 두 문장을 살펴보자.

(7) 동치와 의도 의미 (이승명 1998 : 69)

   a. The Korean War broke out in 1950 immediately after the withdrawal of the U.S. army from the pennisula.
   → 한국전쟁은 1950년에 미군이 한반도로부터 철수한 뒤 즉시 발발했다.
   b. In 1950 immediately after the withdrawal of the U.S. army from the pennisula, the Korean War broke out.
   → 1950년에 미군이 한반도에서 철수한 뒤 곧바로, 한국 전쟁이 발발했다.

(7a)와 (7b)는 의미상 큰 차이가 없다. 그렇지만 두 문장에서 화자가 다루고 있는 주제는 다소 차이가 있다. 곧 전자는 한국 전쟁의 발발 자체에 초점을 두는 반면, 후자의 경우는 미군의 철수에 초점을 두고 있는 셈이다. 이와 같은 의도 의미의 차이를 드러내는 방법은 어순을 조정하거나 주제화 요소를 따로 사용하는 방법이 있다. 영어에서는 주제화를 위해 어순을 조정하거나 부호를 사용하겠지만 우리말은 '은/는'과 같은 조사를 사용하는 방법도 있다.

모순(contradiction)은 두 문장 사이에서 한 문장이 참이면 다른 문장은 거짓이 되는 경우를 말한다. 번역시 원문과 번역문 사이에 모순이 생겨나면 곤란하다는 점은 당연한 일이다. 하지만 오역을 할 경우는 이러한 모순이 생겨날 수 있다. 특히 관습적인 인사말을 무심코 번역한다면 이러한 실수가 생겨난다.

중의성과 모호성 문장 의미에서 수식 관계나 부정어를 잘못 사용하면 여러 가지 의미를 갖는 문장이 만들어질 수 있다. 이와 같이 한 문장이 다의적으로 해석되는 문장을 '중의성을 가진 문장'이라고 부른다. 예를 들어 '올 사람이 다 안 왔다.'라는 문장은 '와야 할 모든 사람이 한 사람도 오지 않았다.'라는 뜻과 '와야 할 사람이 다 온 것은 아니다.'라는 뜻으로 풀이된다.

언어 사용은 원활한 의사 소통을 목적으로 한다. 그렇기 때문에 중의적인 문장을 사용하는 것은 바람직하지 않다. 그런데 특별한 의도 없이 다의적으로 해석되는 번역을 한다면 좋은 번역이 될 수 없다. 이 점에서 중의적인 문장을 만드는 요인을 잘 찾아볼 필요가 있다. 다음 문장을 살펴보자.

(8) 중의성

   a. He hit the woman with a stick.
     (a′) 그는 막대로 그 여인을 때렸다.
     (a″) 그는 막대를 들고 있는 여인을 때렸다.
   b. Philip will buy the book of the month for Lisa.
     (b′) (언젠가) 필립은 리자를 위해 이 달의 책을 사 줄 것이다.
     (b″) (지금) 필립은 리자를 위해 이 달의 책을 사 줄 것이다.

(8a,b)의 문장은 위에 번역된 바와 같이 두 가지 의미로 해석된다. 이와 같이 한 문장이 두 가지 의미로 번역될 경우, 우리는 중의적인 문장이라고 부른다. 중의적인 문장은 한 단어에 여러 가지 뜻이 있는 경우나 문장의 수식 구조에서 비롯되는 경우, 그리고 문장 구성 요소의 영향권이 미치는 범위가 달리 해석됨으로써 생겨나는 경우가 있다. 어떠한 경우이든 중의적인 문장은 특별한 의도를 갖고 있을 경우가 아니라면 사용하지 않는 편이 바람직하다.

이와 함께 의미를 정확히 파악할 수 없는 문장도 있다. 문장의 이러한 성격을 '모호성'이라고 부르는데, 원문의 의도는 명확하나 번역문에서 이를 드러내지 못함으로써 중의적인 문장을 만드는 경우도 있다. 다음과 같은 예를 살펴보자.

(9) 모호성

　a. Wether it's the Indian doctor, the Guatemalan farm worker, the Korean dry cleaner or the Russian computer programmer, these newcommers are inexorably changing the face of America. And many Americans don't much like it.
　(a') 그것이 인도인 의사이든, 과테말라 농장 인부이든, 한국인 세탁소 운영자이든, 또는 러시아인 컴퓨터 프로그래머든 이들 신참자들은 미국의 겉모습을 가차없이 변화시키고 있다. 그리고 많은 미국인들은 그것을 크게 좋아하지 않는다.
　(a'') 그들이 인도에서 온 의사이든, 과테말라에서 온 농장 인부이든, 한국에서 온 세탁소 운영자이든, 러시아에서 온 컴퓨터 프로그래머든 그들 신참자들은 미국의 겉모습을 크게 변화시키고 있다. 그리고 많은 미국 사람들은 그것을 달갑게 생각하지 않는다.
　b. After a decade in this country, immigrants, on average, took home salaries comparable to those of nonimmigrant Americans.
　(b') 이 나라에서 10년이 경과한 후에 이민자들은 평균적으로 볼 때 비이민 미국인들의 그것과 비교될 수 있는 급료를 집으로 가져갔다.
　(b'') 미국에 발을 들여 놓은 지 10년이 경과한 이민자들은, 평균적으로 볼 때 비이민 미국인들에 맞먹을 수 있는 급료를 받았다.

　(9a)에서 밑줄 그은 'don't much like it.'을 '크게 좋아하지 않는다'라고 번역할 경우 '조금은 좋아한다.'는 의미를 갖고 있는 것으로 생각할 수 있다. 이 문장에서 드러내고자 하는 바는 '좋아하다/싫어하다'는 의미가 아니라 '달가워하다/그렇지 않다'는 의미이다. (9b)는 '비교되다'라는 단어의 쓰임새가 다소 모호해 보인다. 이 문장에서 'comparable'은 '맞먹는다'는 뜻이다. 더욱이 이 문장에는 'immigrants'라는 주어 다음에 삽입구가 들어 있어 쉼표의 쓰임을 잘 옮길 필요가 있다. (9b'')와 같이 쉼표를 살려 문장을 다듬는 것이 효율적일 듯하다.

3.3. 담화 의미론과 사회학적 의미론

담화 의미론 담화 의미론(discourse semantics)은 의미론 가운데 가장 늦게 발전한 분야로 아직까지도 연구 영역이나 화용론(pragmatics)과의 경계도 뚜렷하지 않다. 어떤 사람은 두 분야를 동일한 것으로 보기도 하고, 어떤 사람은 담화 의미론을 화용론의 하위 분야로 보기도 한다. 어떻든 담화 의미론의 연구 대상은 실제 담화 상황이며, 구체적으로는 담화의 의미와 기능·화제·주제·담화 표지 등이다. 이와 같은 요소들은 발화 장면과 화자 및 청자 사이의 관계를 장면(situation)이나 사회적 맥락(social context)을 통하여 파악하도록 하는 것들이다. 이 점에서 담화 의미론은 장면과 맥락을 통하여 의미를 파악하는 이론이라고 볼 수 있다. 다음 문장을 살펴 보자.

(10) a. He took the bus to the zoo.
   → 그는 버스를 <u>타고</u> 동물원에 갔다.
   b. He took the boy to the zoo.
   → 그는 소년을 <u>데리고</u> 동물원에 갔다.
   c. He took the bear to the zoo.
   → 그는 곰을 동물원에 <u>데려 갔다.</u>

위의 세 문장에는 모두 'took'가 사용되었다. 그런데 (10a)는 '버스'라는 대상이 'took'를 '탔다'로 해석하도록 했으며, (10b,c)에서는 '소년'과 '곰'이 이 동사를 '데리고 가다'로 해석하도록 했다. 담화 의미론은 문장을 넘어서 담화 상황(일부 논자들은 모든 발화체를 대상으로 삼을 경우는 화용론으로, 담화 상황만을 대상으로 할 경우는 담화 의미론으로 구분하기도 함)을 분석할 경우 맥락 속에서 파악해야 함을 강조한다.

　번역 작업에서 맥락을 파악하는 문제는 텍스트 언어학 이론에서도 자주 언급되었다. 이 점에서 담화 의미론의 분석 방법은 텍스트성을 재현하는 문제와도 밀접한 관련을 맺는다. 그렇지만 맥락 속에서 의미를 재구성하는 문제는 의미론의 관심사라고 할 수 있다. 이 점에서 다음 자료를 참고해 보자.

　　(11) Learning to say NO : Ten ways to say NO
　　　. No, right now I am busy.
　　　. No, I have other plans.
　　　. No, but maybe some other time.
　　　. No, right now I am doing something else.
　　　　…
　　　. No, right now I need to take a little alone time.
　　　　　　　　　　　　　　　　　　-John Gray(2001)에서

　(11)의 의미는 ' "아니오"라고 말하는 방법을 배우기 : "아니오"라고 말하는 열 가지 방법'이다. 그런데 각각의 내용은 '…하지 말라'는 식의 충고이다. 결국은 주어진 제목과 내용은 일치하지 않는 셈이다. 그러나 이 글 전체의 맥락을 좀더 고려한다면 이와 같은 열 가지 충고가 왜 자연스러운가가 드러난다. 다음 맥락을 좀더 살펴보자.

　　(12) Just because children have permission to ask for more
　　　　doesn't mean that you will always acquiesce. Just as they
　　　　learn to ask for more, a parent must pratice being
　　　　comfortable saying no. When parents can't say no, children
　　　　very quickly will be unreasonable in their requests. …
　　　　There are two different situations when a parent is
　　　　required to say no to a child. In the first situation, your

child resists your request. ⋯ In secone situation, you are required to say no to her direct request. ⋯ Don't give a lot of reasons to justify saying no - just say no.

→ 그것은('노라고 말하는 것) 어린이들이 더 많은 것을 요구하는 것이 여러분이 항상 마지못해 따른다는 것을 의미하지 않기 때문이다. 마치 그들은 부모들이 편안하게 '아니오'라고 말하는 것을 연습하도록 더 요구하는 것과 같다. 부모들이 '노라고 말하지 못할 때, 어린이들에게는 그들의 요구가 매우 빨리 이해할 수 없는 것이 되어 버리고 만다. ⋯ 부모가 어린이에게 아니라고 말하게 되는 데는 두 가지 서로 다른 상황이 있다. 첫 번째 상황은 여러분들의 자녀가 여러분들의 요구에 저항할 때(말을 듣지 않을 때)이다. ⋯ 두 번째 상황은 그녀(자녀)의 직접적인 요구에 아니오라고 말해야 할 필요가 있을 경우이다. ⋯ 아니오라고 말하는 것을 정당화하기 위해 많은 이유를 대지 말라.

(11-12)에서 필자인 존 그레이는 '아니오'라고 말하는 기술(skills)을 설명하고 있다. 그 과정에서 (11)에 제시된 방법들은 '아니오'라고 해서는 안 되는 상황이므로 '말하는 방법'이 아니라 '말하지 않는 방법'으로 보아야 한다. 그렇다면 부제와 내용은 일치하지 않는 것처럼 보인다. 그러나 (12)를 고려한다면, 왜 '아니오라고 말해서는 안 되는 상황'이 '아니오라고 말하는 방법'에 포함되어야 하는지 추론하게 된다. 이처럼 맥락 속에서 의미를 파악할 수 있도록 하는 장치가 담화 의미론의 관심사이다.

우리는 이미 텍스트 언어학적 관점에서 그라이스의 격률이 담화에 미치는 영향을 논의한 바 있다. 담화에 사용되는 장치가 적절히 번역되어야 하는 까닭은 담화 텍스트가 양이나 질, 관련성이나 표현 방법과 밀접한 관계를 맺고 있기 때문이다. 담화는 원칙적으로 화자와 청자 사이의 의사 소통 과정에서 자연스럽게 생산되며, 일반적으로는 담화의 격률을 따른다. 하지만 의도적으로 격률을 위반하는 경우도 생겨나며 때로는 침묵의 상황도 의사 소통에 기여한다. 텍스트를 해석하고 번역하는 과정에서 이와 같은 원칙과 맥락 이해를 소홀히 한다면 결국은 자연스런 번역은 이루어질 수 없을 것이다.

사회학적 의미론 사회학적 의미론은 사회적 맥락 속에서 의미를 파악하는 분야를 말한다. 사회적 맥락은 사회 구조와 사회 변동, 문화적인 요소 등을 포괄한다. 이 점에서 관용어나 금기어, 속담 등을 이해하고 적절하게 옮기는 것은 번역자가 유의해야 할 사항이다. 특히 최근의 사회 언어학의 발달은 성별 언어나 드라마 언어처럼 사회 속에서 유형화되는 언어 양식을 분석하는 데까지 발달했다. 그 중 하나인 성별 언어는 남성의 언어와 여성의 언어 사이에 전형적인 차이가 있음을 말한다. 이는 성별 의사 표현과도 밀접한 관련을 맺고 있다. 예를 들어 D. 태넌은 '남성은 보고를 위한 대화를 하고, 여성은 공감을 얻기 위한 대화를 한다'고 한다. 존 그레이(2001)에서도 남성은 주로 해결책을 제시하려 하고 여성은 주로 보살핌에 관심을 둔다고 말한다. 이와 같은 양식은 언어 표현에도 반영된다. 이 점에서 데일 스펜더(데보라 카메론, 이기우 옮김, 1995에서 재인용)은 세미나에 참석한 여성 화자의 발화가 갖는 여섯 가지 특징을 제시한 바 있다.

(13) 여성 화자의 발화 특징

    a. 유창하지 않다. (남성 언어를 사용해서 커뮤니케이션을 하는 것은 여자에게는 어렵기 때문이다.)
    b. 끝맺음이 희미한 문장을 사용한다.
    c. 논리적인 기준에 따라서 질서를 세우지 않는 발화가 많다.
    d. 진술이 의문문(찬동을 구하는)으로 기울어진다.
    e. 남녀가 섞인 집단에서는 남자보다 말을 적게 한다.
    f. 회화에서는 남자가 경쟁적 전략을 사용함에 반해서, 여자는 협조적 전

략을 사용한다.

이와 같은 특징과 함께 일상의 언어에서는 여성의 말수가 많으며 (수다스러움), 부가 의문문을 많이 사용한다는 특징도 보고된 바 있다. 그렇지만 이와 같은 특징이 반드시 정형화된 것은 아니다. 다만 남성의 언어와 여성의 언어가 갖는 일반적인 경향을 말할 뿐인데, 경우에 따라서는 성별 언어의 특성을 사용하여 번역하지 않으면 번역의 묘미가 살아나지 않는 경우도 발생할 수 있다. 실은 이 문제가 우리들이 갖는 초미의 관심사이다. 예를 들어 다음 사례를 살펴보자.

(14) 부부 사이의 대화

F : How often does your acting group work?
M : Do you mean how often we rehearse or how often we perform.
F : Both.
M : [Laughs uneasily.]
F : Why are you laughing?
M : Because of the way you said that. It was like a bullet. Is that why your marriage broke?
F : What?
M : Because of your aggressiveness.

(14)의 담화 상황은 사회 활동을 하는 아내를 추궁하는 남편의 대화이다. 대화의 양으로 보나 질로 볼 때 남편은 필요한 양의 정보만을 드러내는 간결한 문장을 사용한다. 이에 비해 아내의 대화는 비교적 자세한 정보를 담고 있다. 이러한 대화를 우리말로 번역한다면 남성의 대화는 명령조의 해라체를 사용할 수밖에 없고, 여성의 대화는 예사높임의 문체를 사용할 수밖에 없다. 단순히 정보만을 드

러내기 위해 여성의 대화를 "얼마나 자주 연습하는가, 아니면 얼마나 자주 연주하는가 어느 쪽인가?"라고 옮긴다면 아내의 되묻는 말로는 적합한 문체가 아닐 것이다. "얼마나 자주 연습하는가예요, 아니면 자주 연습하는가예요?" "둘 다."(본문의 기호는 중복 대화 상황임)라고 옮긴다면 적절한 담화 상황이 재현될 것이다.

삭제·압축·부가 상황과 맥락을 고려하여 번역을 할 경우 고려해야 할 사항 가운데 하나는 원문의 의미와 의도를 훼손하지 않고 옮겨야 한다는 점이다. 그런데 경우에 따라서는 원문 내용을 삭제하거나 압축·부가해야 할 경우도 있다. 이러한 번역법은 특히 영상 번역에서 많이 사용되나, 예술문 번역에서 사용되는 경우도 있다.

삭제법(effancement)은 시간에 따라서, 혹은 영상 속의 그림에 따라서 적당히 원문을 삭제하고 번역해도 의미와 의도를 훼손하지 않을 수 있을 때 사용하는 방법이다. 압축법(condensation)은 전체적인 의미를 파악해서 아예 번역가 나름대로 문장을 다시 간단하게 써주는 방식이다. 긴 문장들이 여러 개로 나열되어 있는 경우 자주 적용하는 방식이다. 이에 비해 부가법(addition)은 특정한 장면을 더 잘 살리고 정서적인 표현을 부각시키고자 일정한 요소를 덧붙여 옮기는 것을 말한다. 다음과 같은 예를 살펴보자.

(15) 삭제·압축·부가

 a. Jude has sprained the ankle <u>on the playground at school</u>
  would you like a geneva?
 → 주드가 발목을 삐었는데 진을 좀 드릴까요?
 b. <u>Until and unless we learn otherwise,</u> the people <u>in that car</u>
  are asleep. No danger to us. But if they make a move
  <u>against</u> us, you do what have to do.

→ 그 사람들이 자는 것 같고 아무 위험도 없는 것 같아 보입니다. 하지
  만 그 사람들이 움직일 땐 당신이 할 일을 하시죠.
c. Chief Tom! Telephone from paris! Tom.
→ 업무과장님! 파리의 사모님으로부터 전화 왔습니다.

(15a)에서는 밑줄 그은 부분이 번역문에서는 빠져 있는 셈이며, (15b)는 긴 문장 가운데 밑줄 그은 부분을 뺀 채 번역하여 압축시킨 셈이며, (15c)는 원문에는 없는 요소를 덧붙여 번역한 셈이다. 이와 같은 번역이 영상 번역에 잘 적용되는 이유는 영상물의 특성에서 비롯된다. 영상물은 화면과 문장이 동시에 작용하기 때문에 삭제·압축·부가된 번역일지라도 의미 전달이 잘 이루어진다.

문체 文體

4.1. 문체의 정의와 유형

문체의 정의 문체는 필자의 사상이나 개성이 글의 어구 등에 표현된 글의 전체적인 특색 또는 글의 체제를 뜻한다. 고전시학에 '무엇인지 모를 그 무엇'으로 정의된 문체는 필자의 개성을 나타낸다. 문장은 그 지적 내용(知的內容)이 동일하더라도 정적 내용(情的內容) 및 그것이 주는 인상이 다른 경우가 있다. 이러한 차이가 생기는 것은 문체가 다르기 때문이다.

문체 번역의 중요성 모든 텍스트들에 대해 동일한 번역의 방식을 적용할 수 없다. 즉, 법조문을 신문 기사처럼 번역할 수 없으며, 상

품 광고를 연설문처럼 번역하지도 않는다. 또한 난해한 철학 서적을 수필처럼 옮기지도 않으며, 역사 서적을 소설책처럼 옮길 수 없다. 즉, 각 텍스트들은 나름대로의 고유한 어법과 어휘 체계를 지니고 있으며, 그러한 어법과 어휘 체계란 각각의 텍스트가 전달하고자 하는 것을 가장 효과적으로 전달하기 위한 방편으로 구축되어 왔고 또 굳어진 관례를 형성하게 되었다.

번역에서는 원문의 예문과 그 번역문의 등가성을 최대한으로 유지하도록 해야 한다. 하지만 번역의 대상이 되는 텍스트의 종류에 따라 번역의 목표와 방법이 달라질 수밖에 없다. 언어학적 번역에서는 원어 텍스트의 문장과 같은 뜻만을 지니게 하는 기능적 번역이 가능하다. 다시 말해 인문과학이나 자연과학이나 사회과학처럼 정보 전달을 일차적인 목표로 하는 책인 경우에는 문체에 대해 문학텍스트 번역에 비해 상대적으로 자유로울 수 있다. 그러나, 문학텍스트 번역일 경우 내용전달 위주로 텍스트를 구성하는 언어의 의미론적이고 기능론적인 등가성 유지를 위해서뿐만 아니라, 문학텍스트로 기능할 수 있도록 미적 가치를 구축하도록 하는 것이 중요하다. 이 말은 바로 원어 텍스트의 문체를 살려 번역해야 함을 뜻한다. 문학을 다른 예술장르와 구분 짓는 가장 본질적인 요소는 언어를 통해 이루어지는 예술이라는 점에 있으며 이는 곧 문학을 문학이게끔 하는 것이 바로 언어 안에 있기 때문에 출발 텍스트에 담겨 있는 저자의 특유한 문체를 살리기 위해 애써야 하는 것이다. 결국 문학 텍스트 번역은 해당작품 국가의 문화를 이해하고 작가연구를 거친 후, 텍스트의 내용을 완전히 파악하고 작가특유의 문체를 살펴보는 과정을 거쳐야만 정확한 번역을 할 수 있다. 물론 여기서 말하는 문체란 단순히 텍스트의 요소들이 하나의 문장에만 유효한 것이 아닌 텍스트 전체를 관통하는 유기적인 통일성을 구축할 경우에 해당한다.

문학에서 문체 연구란 언어를 통해 작품의 주제나 작가의 개성에 접근하려고 하는 시도이다. 문체를 통해 느낀 것을 번역 과정에서 객관적으로, 언어학적으로 기술하는 것은 쉽지 않다. 그런 까닭에 번역에 있어 가능한 문체의 번역은 형태적으로 동일하기보다는 기능적으로 등가성을 띠는 것이다. 문체를 형태적이 아니라 기능적으로 옮긴다고 하는 것은 궁극적으로 문체가 텍스트의 의미 형성에 참여하는 몫, 그리고 그것이 독자에게 줄 수 있는 심미적 효과를 옮기는 것으로 귀결될 수 있다. 보다 구체적인 방법으로서 출발 텍스트가 자아내는 문체의 효과를 관념적으로 재구성하여 다시 그것을 도착어 텍스트 내에 표현하는 것으로 이루어질 수 있다. 이를테면 텍스트를 형성하는 문장의 호흡에 따라 만연체 또는 간결체, 사용하는 어휘에 따라 추상어, 구체어, 문어, 구어, 비어, 속어, 은어 등과 이미지의 통일성, 구문의 반복성과 교차, 대비, 강조 등의 특성을 추출하여 등가적인 효과를 산출하는 방식이 바로 그것이다. 또한, 대화체의 번역에 있어서도 가령 학생과 선생 혹은 교수, 기업 경영인과 시인, 노인과 어린 아이의 말투가 모두 같을 수 없다. 여러 인물의 구성에 현실감을 부여하기 위해서는 각 성격과 지식 차이 때문에 발생하는 인물들의 어조를 생생하게 번역해내는 것이 중요하다. 만약 글이 긴박하게 흘러가면 손에 땀이 나도록 속도감 있게 번역하고, 글이 느릿하고 지루하게 흘러가면 그런 느낌이 전해지도록 번역해야 한다.

  문체의 번역을 통해 출발어 텍스트의 의미를 왜곡되지 않게 전달하면서도 그 글의 분위기를 살려냄으로써 출발어 텍스트의 의미적·형태적 등가를 이룰 수 있는 것이다.

  문체의 유형 문체의 분류에는 일정한 통일적인 기준이 없으며, 각기 관점에 따라 문체의 종류가 설정된다. 중요한 정도에 따라 다음과 같은 순서로 구분할 수 있다.

  첫째, 개성적 문체와 유형적 문체로 나눌 수 있다. "글은 곧 사람이다."라는 말에서 알 수 있듯이 언어 사용자 개인의 성격의 발로로서 문장이 가지는 개성을 개성적 문체라고 한다. 이에 대하여 개인을 초월하여 어떤 언어에나 있을 수 있는 시대적인 문체라든지 또는 다른 언어에 대하여 어떤 특정 언어의 문체를 논의의 대상으로 삼는 경우가 있는데, 이러한 문체를 유형적 문체라 한다. 유형적 문체는 시대·국민 또는 민족의 성격·시대정신·국민정신·민족심리의 발로로서 문장이 가지는 개성이다.

둘째, 수사학(修辭學)상으로는 ① 길이에 따라 간결체·만연체, ② 글의 느낌(剛柔)에 따라 강건체·우유체(優柔體), ③ 수식의 유무에 따라 화려체·건조체(乾燥體) 등으로 분류된다.

셋째, 특수용도·사용집단에 따라 서간문체·신문문체·법률문체·속어체(俗語體)·아문체(雅文體) 등으로 구분된다.

넷째, 문예양식에 따라 산문체·운문체 등으로 분류된다.

다섯째, 문법·어휘의 특징상으로 보아 구어체·문어체·한문체·국한문혼용체 등으로 나눌 수 있다.

4.2. 유형적 문체

유형적 문체는 특정한 시대, 장소, 계층 사이에서 사용되는 문체를 말한다. 여기서는 주로 대화체 문장에서 나타나는 유형적 문체를 살피고자 한다.

대화체 문장을 번역할 때 가장 미묘한 문제가 등장인물들의 말투를 어떻게 설정할 것인가 하는 문제이다. 특히 한국어의 경우는 높임법이 발달해 있고, 화자와 청자의 관계에 따라 어미가 다양하게 변모한다. 반면에 영어에서는 이러한 높임법이 전혀 발달되지 않았기 때문에 영어 문장에 등장하는 인물들의 관계를 파악해서 우리말

식으로 바꾸는 일은 매우 중요하면서도 어려운 문제이다.

구어체와 문어체 민현식(2000:201)에서는 구어체(입말체, colloquial style) 및 문어체(글말체, literary style)라는 개념과 구어 및 문어라는 개념을 다음과 같이 구별하고 있다.

(1) 구어(입말) : 말이나 글이 음성화한 것. 즉 음성화한 말이나 글.
문어(글말) : 말이 문자화한 것. 즉 문자화한 말로 결국 글을 말한다.
구어체   : 구어의 특질이 현저한 것으로 대화 지향적 문체이다.
문어체   : 문어의 특질이 현저한 것으로 문장 지향적 문체이다.

따라서 다음 네 가지 경우가 가능하다.

(2) 구어체 구어 : 일상 대화.
문어체 구어 : 강단어, 연설어, 보도어처럼 글이 전제되는 구어이다.
구어체 문어 : 소설, 시나리오, 희곡, 광고문처럼 입말 중심의 문어이다.
문어체 문어 : 논설문, 기사문처럼 읽거나 씀을 전제로 한 문어이다.

이 중에 개화기 문체에서의 구어체, 문어체의 판별은 '어휘 요소'와 '구문 요소'에 따라 판단된다. 어휘 요소상으로는 주로 일상적 고유어나 일상적 한자어를 사용하였으면 구어체로 보며 난해 한자어나 응용적 어휘 표현이 많으면 문어체로 본다. 구문 요소상으로는 '-(ㄴ/는, 았/었)다'체가 나타나고 문장 길이가 짧으며 분절적이면 구어체로 보며 '-라'체가 쓰이고 문장 길이가 긴 만연체로 연결어미의 반복이 심하면 문어체로 본다.

번역을 하다보면 일상적인 구어체에서 쓰지 않는 문어체로 번역해서 어색함을 주는 경우가 많다. 먼저 구어체인 대화체를 딱딱한 문어체로 번역한 경우를 살펴보자.

(3) "What a pity there is such a poor house to-night! It's so hard on people to have to sing to empty benches."
→ "오늘 저녁 손님이 적어 안됐어요! 사람들이 빈자리를 향해 노래를 부르는 건 너무 힘들어요."

대화체 문장인데 그다지 자연스럽지 못하다. 'people'이라는 일반적인 주어를 생략하고, 적절한 구어체 문장을 생각해서 다음과 같이 번역하면 무난하다.

(4) "오늘밤엔 손님이 너무 없군요! 텅 빈 객석을 향해 노래를 불러야 하다니, 정말 가혹한 일이예요."

또 다른 예문을 보자.

(5) "You what? roared Feriwinkle.
"You are my fiancee-you <u>are not supposed to be</u> whoring around with a fishmonger! Get out! <u>I never want to see you again!</u>" and the promptly threw her down the front steps and back into the torrential rain, hail, and lightning
→ "뭐라고?" 페리윙클은 성난 목소리로 외쳤다.
"너는 내 약혼자이잖아! 너는 어부와 추잡한 짓을 <u>하지 않도록 되어 있잖아?</u> 당장 여기서 나가! <u>나는 너를 다시는 보지 않겠어!</u>" 그리고 그는 그녀를 현관으로 던져버리고는 다시 억수같은 비가 내리고 번개가 치는 밖으로 내쫓았다.

(트랜스쿨, 2000:178)

위 예문에서 "~하지 않도록 되어 있잖아?"라는 번역을 보면 마치 두 사람이 약혼식을 올릴 때 '절대로 어부와는 잠자리를 같이 하지 않겠다'라는 계약을 한 느낌이다. 남자 입장에서는 너무나 어처구니가 없는 나머지 '네가 어떻게 그럴 수가 있어?' 하는 의미로 한 말이다. "나는~않겠어!"하는 구절도 일상적인 구어체와는 너무도 먼 부자연스러운 표현이다. 이런 표현을 우리는 일상 대화에서 전혀 쓰지 않는다. 따라서 이 경우에는 주어와 목적어를 빼고 그냥 '두 번 다시 보고 싶지 않아' 정도로 옮기는 것이 무난하다.

안정효(1997)에서는 『킬로만자로의 눈』의 번역본에 등장하는 대표적인 대화체 문장 몇 개를 내놓고 그들 번역된 문장이 왜 어색하게 들리며, 어떻게 고치는 것이 좋은지를 제시하고 있다.

(6) a. "그런데 그 냄새엔 정말 미안해."
    b. "아아니 그저 말해 봤을 뿐이야."
    c. "나와 함께 되지만 않았더라면……."

(6a)의 경우 만일 어떤 사람이 자신의 발에서 냄새가 나서 미안하다고 친구나 가족이나 여기에서처럼 애인한테 얘기할 때, 과연 "이 냄새엔 그야말로 미안해."라는 표현을 쓸 수가 있을까? 그것은 의미만 겨우 전달하려는 문어체의 문장이지 구어체의 대화는 결코 아니다. 예문을 "고약한 냄새를 피워서 미안하긴 해."라고 번역했다면 훨씬 더 현실감이 있을 것이다.

(6b) 역시 부자연스럽기 짝이 없다. "그저 말해 보자"가 정확히 무엇을 뜻하는가? "그냥 해본 소리야."라고 번역했더라면 훨씬 더 실감이 났을 것이다.

(6c)의 경우 도대체 나와 무엇이 어떻게 함께 된다는 얘기일까? 나하고 '같이' 된다는 뜻인가? 나 '처럼' 한심한 신세가 되거나, 나하고 '같은 처지'로 몰렸다는 의미일까? 아니면 함께 어느 단체에 들어가 심상치 않은 무엇이 된다는 말인가? 그것도 아니면 너와 내가 같은 운명을 맞았다는 의미일까? 본문을 찾아보니 이것은 "나 같은

인간과 상종만 하지 않았더라면(차라리 당신에게 더 좋았겠지)."라는 말이다.

지칭어와 높임법 다음은 이솝우화 '사자와 농부'의 일부분이다.

(7) So he cunningly said to the lion, "Your large and sharp teeth would frighten my daughter.
→ 그래서 재빨리 머리를 굴려본 농부가 사자에게 이렇게 말했다. "자네의 그 크고 날카로운 이빨을 보면 우리 딸아이가 기겁을 할걸세.

위 문장에서 'Your'는 2인칭 대명사인데, 우리말로 옮길 때는 적절한 지칭어로 바꾸어 주어야 한다. 이 지칭어는 또한 문장 전체의 높임법(경어법) 체계와도 서로 호응관계를 이루므로 말하는 이와 듣는 이의 상하 대우 관계를 잘 따져서 결정해야 한다.

이 말을 하는 농부의 입장에서 보면 앞서도 언급한 대로 일단 사자를 장래 사윗감으로 상정해 놓고 이야기를 풀어 나가야 한다. 마음속으로는 사자를 받아들이지 않지만 겉으로는 받아들이는 척해야 하기 때문이다. 이런 경우에 사용되는 상대높임은 이른바 '하게체'이다. 듣는 사람이 하위자이면서도 함부로 대할 수 없는 조금은 격식을 차리는 경우이다. 그리고 이러한 체계와 호응하는 지칭어는 '자네'이다.

다른 예문을 보자.

(8) "Rejoice," said Hermes, "I have retrieved your ax."
"No," said the honest woodcutter, "that ax is made of gold, and is not nearly as good as my own.
→ "기뻐하라. 네 도끼를 찾았노라."
"아, 아닙니다." 정직한 나무꾼이 대답했다. "그건 금으로 만들어졌지 않습니까? 도끼는 절대 제 도끼를 따라오지 못해요."

위 글은 이솝우화 '도끼와 나무꾼'의 일부분이다. 여기서 대화를 나누는 인물은 헤르메스 신과 나무꾼이다. 신과 사람을 같은 위치에 놓을 수는 없다. 따라서 헤르메스 신을 나무꾼보다 상위자로 깍듯이 높이는 말투로 번역해야 한다.

또 다른 예문을 보자.

(9) Della Street picked up her secretarial phone, and said to Mason, "Homer Garvin on the line." Mason grabbed the phone, "Hello, Homer. Where are you?"Garvin said, "Listen closely, Mason. I may not have time for anything except a few words. There's a possibility Stephanie Falkner fired the shot that killed Casselman while she was acting in self-defense. I want you to get on the job protect her."

위 글에서 메이슨은 변호사이며 델라 스트리트는 그의 비서이다. 그리고 가빈은 메이슨의 의뢰인이다. 호머 가빈과 호머 그리고 메이슨이라고 이름만을 서로 부르고 있으나 의뢰인과 변호사의 관계를 생각하면 '씨'나 '군'을 붙이는 것이 위화감이 없을 것 같다. 다만, 아주 친한 친구 사이라는 것을 알 경우는 그냥 불러도 좋겠다.

(10) 델라 스트리트는 비서 책상 위의 전화를 집어들며 메이슨에게 말했다. "호우머 가아빈 씨입니다." 메이슨은 수화기를 움켜줘었다. "아, 호우머 씨, 어디십니까?" "잘 듣게 메이슨군. 시간이 없어, 한마디만 하겠네. 카슬먼은 스테파니 포크너가 자신을 방어하려고 쏜 총탄에 맞아 죽었을 가능성이 있네. 곧 일에 착수해 주게. 그녀를 지켜주기 바라네."

또 다른 예문을 보자.

(11) "If your son is acceptd into medical school in London, send him to us and we will look after him" the father responded.
→ "만일 당신의 둘째가 런던에 있는 대학에 들어오게 되면 나에게 보내시오. 그러면 우리가 그를 돌보아 주겠네"라고 그 아버지가 대답했다.

이 경우에도 등장인물 사이의 관계를 잘 파악해서 말투를 유지하는 것이 중요하다. 지금 대화에서 화자는 귀족이고 청자는 정원사이다. 앞 문장에서는 '보내시오'라는 하오체를 사용했는데 마지막 문장에서는 하게체를 사용하고 있어 앞뒤의 상대 높임의 체계가 통일되지 않고 있다. 앞 문장에서 드러나고 이미 지적했던 바와 같이, 우리 나라 말에는 존댓말이 존재하고, 계층과 나이와 여러 가지 여건에 따라 말투가 달라지므로 어떤 투를 골라 쓸 것인지에 관해서는 많은 신경을 써야 한다. 그렇게 하지 않으면 앞에서 반말을 하던 사람이 뒤에 가서 난데없이 존댓말을 하는 사태가 벌어지기 때문이다. 엄격히 따지자면 대화체에서 주인공의 성격이나 신분을 잘못 전달하는 말투로 번역해 놓는 행위야말로 사전에서 단어 하나를 잘못 찾아 넣는 것보다 훨씬 더 심각한 과오이다.

특정 계층의 말투 많은 사람이 주장하듯 정말로 번역이 "제2의 창작"이라면 번역자가 창작력을 가장 많이 발휘해야 할 부분은 바로 이러한 대화체의 번역 방법이다. 이른바 '말투'는 등장 인물의 구성에 현실감을 부여하는 가장 가시적인 요소이기 때문이다. 번역해 놓은 문장에서 군인과 대학 교수, 시골 판사와 농부, 창녀와 시인 그리고 여섯 살 짜리 계집아이의 말투가 모두 똑같다면 독자는 창작품이 아니라 무슨 국제 회의의 어록을 읽는 기분을 느낄 것이다.

대화체의 어투로 인해서 번역가들이 가장 애를 먹는 것이 미국 흑인의 대화체이다. 알렉스 헤일리의 『뿌리』를 번역했던 어떤 사람은 흑인이 나누는 대화를 우리 나라 충청도 사투리로 번역해 놓았다. 아프리카 토인이었던 주인공 쿤타 킨테에게 "선상님 그랬시유?"라고 말하게끔 하는 것은 너무 어색하다. 이 경우 흑인 노예의 말투가 문법은 완전히 무시하고 단어들만 대충 나열해 놓는 식이며, 발음도 대단히 부정확하다는 것에 착안하여 흑인 특유의 말투를 만들 필요성이 있다.

안정효(1996:62-63)에서는 이러한 흑인 노예의 말투를 번역한 실례를 소개하고 있다.

(12) a. "It sho is good ter see home folks," she said. "How is you, Mist' Frank? My, ain' you lookin' fine an' gran'! Effen Ah'd knowed Miss Scarlett wuz out wid you, Ah wouldn' worrist so.(중략) Huccome you din't tell me you gwine out, honey? An' you wid a cole!"
  b. "It sure is good to see home folks," she said "How re you, Mister Frank? My, don't you look fine and grand! If I had known that Miss Scarlet was out with you, I wouldn't have worried so.(중략) How come you didn't tell me you were going out, honey? And you with a cold!"
  c. 고향 사람들 만나기 정말 반가와요." 그녀가 말했다. "어찌 지내시나요. 프랭크 선생님? 진짜 근사한데 머찐 모습이시네요! 미스 스카알릿 선생님 함께 나갔다 알았으면 나 그렇게 걱정 안 했어요. (중략) 밖에 외출 나간다 왜 얘기 안 했어요, 아씨? 더구나 감기 걸린 몸에 말예요!"

위 예문은 마거릿 미첼의 『바람과 함께 사라지다(Gone with the wind)』의 일부분이다.

(12a)는 원문이고, (12b)는 표준영어로 바꾸어 놓은 것이다.

(12c)는 번역자가 나름대로 발명한 흑인 노예의 문체이다. "you lookin' fine an' gran'!"에서는 gran'이 무엇을 생략한 글자인지를 찾아내야 하는데, 앞에 나오는 'fine'으로 미루어 보아 'grand'라는 단어를 간단히 유추해 낼 수가 있다. "Ah'd knowed"에서는 흑인 노예들이 아무 동사에서나 'ed'만 붙이면 과거형이 된다고 생각하는 언어 습성을 알게 된다. 그런가 하면 "worrit"나 "ruint"에서처럼 'ed'를 붙여야 하는 곳마다 제멋대로 't'를 붙이기도 한다. 흑인의 언어 습성에 조금만 익숙해지면 "worrit"는 'worried'요, "wid"는 'with'라는 것을 쉽게 알 수 있다.

다음은 서투른 영어를 구사하는 사람의 말투를 번역하는 경우이다.

(13) "I am only sixteen at the time", Anna was saying. "I am invited to party. A diplomat from Italy. I am in demand in foreign circles because of my languages."
→ "난 당시 열여섯 살요." 안나가 얘기를 계속했다. "나는 파티에 초청돼요. 이탈리아 외교관이요. 외국어 실력이 좋아서 외교 단체들 나를 필요해요."

안나는 영어가 서툴러서 관사나 전치사를 빼먹는 등 문법에 맞지 않는 언어를 구사한다. 따라서 우리말 번역문도 흑인 대화체의 번역을 할 때와 마찬가지로 일부러 망가진 문장을 써야 한다.

다음은 군대식 표현에 대해 살펴보자.

(14) "I'm afraid I don't understand, sir." I said. Then Ellsworth began to curse. "Ah, get out of my sight. There're too many like you. You went under."
→ "전 이해가 잘 가지 않는데요, 소령님." 나는 말했다. 그랬더니 엘스워드가 욕설을 퍼붓기 시작했다. "이봐, 내 눈앞에서 썩 꺼져 버려. 귀관 같은 자들이 너무나 많아서 탈이야. 귀관은 정신이 썩었다구."

"sir"이라는 말이 나옴으로 해서 우리는 엘스워드가 해리슨보다 상관이고, 따라서 해리슨이 엘스워드에게 존댓말을 써야 한다는 사실을 알게 된다. 'sir'가 호칭으로 사용될 때는 '선생님'이라고 하면 되지만, 여기에서처럼 군인인 경우에는 계급으로 호칭하고, 장군이나 부장 등 주인공의 직책을 알면 그의 직위로 바꿔 부르도록 한다.

4.3. 개성적 문체

번역자는 작자의 문체를 최대한 번역문에 반영해야 한다. 그 작가만의 독특한 개성적 문체를 살려야 만이 원작이 갖는 감동을 독자들이 느낄 수 있기 때문이다.

간결체와 만연체 간결체는 짧은 문장으로 이루어진 문체를, 만연체는 수식이 많은 긴 문장으로 이루어진 문체를 말한다. 문장을 짧게 쓰거나, 또는 길게 쓰는 데에는 나름대로 작가의 의도가 담겨 있다. 예컨대 지루한 기분을 주기 위해, 긴박감을 주거나 잔혹한 기분을 안겨 주기 위해, 또는 공포 분위기를 자아내기 위해 문장의 길이를 조절하여 독자의 호흡을 의도적으로 조절하려는 것이다. 따라서 이러한 원작자의 의도를 파악한 번역자는 원작자의 의도에 알맞은 번역을 해야만이 원작품의 분위기를 그대로 살릴 수 있는 것이다.
다음 예문을 보자.

(15) a. His back ached. He sniffed from a cold. His mind was dull.
b. 그는 등이 쑤셨다. 그는 감기 때문에 코를 훌쩍거렸다. 그는 정신이 멍했다.
c. 그는 등이 쑤시고, 감기 때문에 코를 훌쩍거렸으며, 정신도 멍했다.

(15a)의 원문을 (15c)처럼 번역해 놓고는 문장력이 '짧은' 본문을 유려하게 보완했다고 생각할 지도 모른다. 그러나 세 개의 문장으로 이루어진 원문을 (15c)처럼 하나로 연결해 놓는다면 박진감 넘치는 문장의 맛을 주려던 원작자의 의도는 사라지게 된다.

안정효(1996:88-90)에 의하면 서양 작가의 문장이 관계대명사나 접속사의 발달 그리고 구(句)와 절(節)의 다양한 구사로 인해서, 특히 문체의 예술성을 추구하는 작가의 경우에는, 우리말보다 훨씬 '숨'이 길기 때문에 때로는 외국어보다 우리말 문장에서 쉼표가 부득이 늘어나기도 하고, 지나친 단절감을 억제하기 위해 가끔 줄어드는 피치 못할 경우가 생겨나기도 한다. 그러나 하나 하나의 마침표와 쉼표와 의문 부호와 감탄사와 그리고 다른 수많은 부호는 작가가 필요해서 바로 그 자리에 넣었을 텐데, 답답하거나 별다른 의미가 없어 보인다는 하찮은 이유로 번역자나 편집자가 제멋대로 첨삭해서는 안 된다.

또 다른 예문을 보자.

(16) "Veni, vide, vici."

이것은 카이사르가 소아시아에서 승리를 거둔 다음 로마의 원로원으로 보냈다는 편지의 라틴어 원문이다. 세 단어 모두 'v'로 시작되도록 두운을 맞춘 이 명언이 영어로는 다음과 같이 번역되었다.

(17) "I came, I saw, I conquered."

이 문장은 다음과 같이 우리말로 다양하게 표현할 수 있다.

(18) a. "나는 왔다. 나는 보았다. 나는 정복했다."
    b. "나는 왔고, 보았고, 정복했다."
    c. "나는 왔고, 보았고, 그리고 정복했다."
    d. "나는 왔고, 나는 보았고, 나는 정복했다."

라틴어에서는 시제까지도 반영할 정도로 동사의 변화가 워낙 심해서 인칭 변화를 시킨 동사만 보고도 숨겨진 주어가 무엇인지 한눈에 짐작이 가고, 그래서 주어를 생략하고는 'v'로 시작되는 세 단어를 배열하여 두운을 맞추는 멋진 문장을 탄생시켰다. 그러나 영어에서는 주어를 생략하면, 숨겨진 주어가 'I'인지 'you'인지를 알 수가 없다. 그래서 'I'를 첨가한 것이다. 그렇다면 우리말의 경우는 어떤가? 우리말의 경우는 어법상 1인칭 주어의 생략이 많다. 더구나 '왔다'라는 동사만으로 그 행위가 1인칭임을 알 수 있기 때문에 주어를 생략하는 것이 바람직하다. 그러나 쉼표로 문장과 문장을 연결하는 경우는 거의 없기 때문에 다음과 같은 번역이 가장 바람직하다.

(19) "왔노라. 보았노라. 정복했노라."

작가와 번역자의 말투   강주헌(2002)에서는 노벨 문학상 수상자인 프랑스 소설가 클로드 시몽의 문체를 소개하면서 작가의 개성적 문체를 살리는 것이 중요함을 역설하고 있다. 그에 의하면 클로드 시몽의 특징은 엄청나다 못해 끔찍한 만연체에 있다고 한다. 하나의 문장이 대여섯 쪽을 넘는 경우가 비일비재하다. 또 다른 특징은 그렇게 긴 문장 속에 동사가 단 하나라는 점이다.

안정효(1996:44)에서는 소울 벨로우의 『험볼트의 선물』을 번역할 때는 어휘 선택부터 대학 교수의 강의체를 택해야 하고, 보리스 파스테르나크의 『의사 지바고』에는 간결하면서도 서정적인 수필체가 잘 어울릴 것이며, 제임스 더버의 『우리 시대를 위한 우화』는 『이솝우화』에 알맞는 동화체가 되어야 하고, 벨 카프만의 감동적인 청춘 소설 『내려오는 계단을 올라가며』라면 우리 나라에서 전후 시대의 암울한 청소년층에 많은 웃음을 가져다 주었던 조흔파의 『얄개전』문체가 가장 잘 어울린다고 하였다.

원작자의 개성적 문체를 살리지 못한 예로 번역자의 말투가 등장 인물들에게 그대로 투영되는 경우를 들 수 있다. 훼밍웨이의 〈누구를 위하여 종은 울리나〉의 경우, 등장 인물 중 하나인 집시인 아우구스틴은 늘 obscene이라는 욕을 한다. 우리말로 하면 '제기랄', '염병할' 정도의 욕이다. 이 소설에서 이 말을 쓰는 사람은 아우구스틴에 한정되어 있다. 그런데 만약 번역가가 모든 등장인물이 이런 말을 쓰는 것으로 번역한다면 얼마나 우습겠는가?

최근 방영된 드라마를 보면 작가 특유의 말투가 인기를 끌고 있다. 길면서도 빠르고 톡쏘는 대사가 주류를 이룬다. 그런데 문제는 이 드라마의 모든 인물들이 이런 말투를 사용하고 있다는 것이다. 번역가의 말투가 등장인물에 투영될 수는 있지만 모든 인물에 투영되어서는 안 된다. 가령 말을 시작할 때에는 '그러니까 말이죠'라는 말을 즐겨 쓰고, 끝날 즈음에는 '……했다 이 말이죠'라는 말을 자주 쓴다. 이것 이외에도 '그건 뭐……', '……별로인데요', '글세 뭐라고 할까' 등의 말을 잘 쓰는 번역가가 있다. 그런데 이런 표현을 A라는 등장인물에게 썼다고 하면 가능한 한 B라는 인물에게는 쓰지 말아야 한다. 그래야 A와 B가 서로 다른 사람이라는 것을 구분할 수 있다.

IV 번역의 실제

1. 실용적인 글의 번역
2. 문예적인 글의 번역
3. 학술적인 글 번역

IV 번역의 실제

실용적인 글의 번역

정보 전달의 가치 캐나다의 번역학자 장 들릴(J. Delisle)은 실용 텍스트의 주요 임무를 다음과 같이 정의하고 있다.

> "실용 텍스트의 주요 임무는 정보를 전달하는 데 있으며, 언어미학적 측면이 주된 임무는 아니다."

이렇게 정의하고 나면 실용 텍스트의 의미가 상당히 광범위해진다. 기업에서 업무상 주고 받는 간단한 서신에서부터 전문 서적에 이르기까지 실용 번역이 포괄하는 범위는 실로 방대하다. 그래서 어떤 번역사는 하루는 폐기물 처리에 관한 전문 서적을, 그 다음날은 건축가들이 참여하는 건축회의 관련 자료를, 그리고 그 다음 주는 열병합 발전 시설과 전력공사 간의 계약서를 번역하기도 한다. 사실 번역가는 환경 분야 전문가도 아니요, 건축가도 아니며 발전 분야 엔지니어도 아니다. 그러므로 전문 분야를 다루는 텍스트를 제대로 이해하고, 파악한 의미를 명확히 표현하기 위해서는 별도의 교육이 필요하다.

　실용적인 글의 번역에서 전제되어야 할 것은 출발어와 도착어에 대한 충분한 지식이다. 실용 번역에서 가장 중요한 것은 원문을 충실하게 옮겨 놓는 일이다. 그런데 출발어에 대한 또는 도착어에 대한 지식이 미흡할 경우에는 오역을 피하기 어렵다. 일반적으로 출발어 능력에 대한 중요성은 상당히 인식하고 있는 반면 도착어 능력의 중요성에 대한 인식은 부족한 편이다. 즉 출발어와 도착어가 서로 다른 문법 규칙과 표현 방식을 지닌 언어라는 점을 간과하는 일이 많다. 번역 과정에서 지나치게 원문의 출발어를 의식할 경우 자연스럽지 못한 도착어 표현이 나올 것은 뻔한 일이다. 그러므로 번역에 있어서 도착어에 대한 바른 지식과 운용 능력이 중요하다. 출발어의 의미를 아무리 정확하게 이해했다고 하더라도 그것을 도착어로 정확히 표현하지 못한다면 성공적인 번역을 할 수 없기 때문이다. 자연스럽지 못한 번역의 원인은 출발어와 도착어의 차이를 제대로 인식하지 못한 데 있다. 그 다음으로 중요한 것이 관련 분야에 대한 전문 지식이다. 같은 어휘라 할지라도 각각의 전문 분야에서 서로 다른 의미로 사용되기 때문이다. 예를 들어 'delivery'는 유통 과정과 관련되어 쓰일 때는 '배송·배달'의 뜻이지만, 산부인과 의학 용어로서는 '분만·출산'을 의미한다. 또한 'deadline'은 신문·잡지의 편집 과정에서는 '원고 마감 시간'을 의미하지만, 군대에서는 '수선하려고 모아놓은 자동차의 무리'를 의미하며, 감옥에서는 '죄수가 넘으면 총살당하는 사선(死線)'을 의미한다. 그러므로 그 분야에서 사용되는 의미를 제대로 파악하고 있어야 한다. 이러한 문제점들을 해결하기 위해서는 단어가 가지고 있는 대표적 의미만을 타성적으로 생각하기보다는 사전의 구석구석을 살펴보는 것이 좋다.

1.1. 보도문(Reports)

정보와 시사성 보도문의 대표적인 것으로는 신문 기사 또는 통신 보도문을 들 수 있다. 육하원칙을 기본으로 하는 보도문의 특색은 객관성, 간략성, 보도성, 시사성 등이다. 객관성이란 사건을 기록하는 데 있어서 냉정하고 공정한 태도를 취해야 한다는 것을 의미하고, 간략성이란 읽기 쉽고 이해하기 쉽도록 간결해야 함을, 보도성이란 그 내용이 새로운 것이어야 함을, 그리고 시사성이란 재빨리 알려야 하기 때문에 작성 시간이 제한되어 있다는 것을 의미한다. 보도문의 번역에서도 이러한 보도문의 특색이 유지될 수 있도록 해야 한다. 즉 객관적일 뿐만 아니라 간결·정확해야 하며, 적절한 시사 용어를 잘 골라 사용해야 한다. 그리고 외신 기사를 번역할 때에는 원문 전부를 번역하는 것이 아니라 전체를 읽고 중요한 사항만을 기사화하는 경우가 대부분이므로 번역자의 요지 파악 능력 및 표현 능력이 특히 요구된다.

다음은 '교착 타개에 나선 이스라엘 대통령'이라는 제목의 기사문이다. 이 기사문은 이스라엘과 팔레스타인 간의 중동 평화 협정(오슬로 협정)이 이스라엘의 네타냐후 총리 정부 출범 이후 점령지에 대한 정착촌 건설 강행으로 붕괴 위기에 빠졌을 때, 이스라엘 대통령과 아라파트 팔레스타인 자치 정부 수반과의 회담 내용을 골자로 하고 있다. 번역할 때는 먼저 전체를 통독한 후 중요한 사항을 간추려야 한다. 이러한 점에 유의하면서, 글 내용을 번역한 뒤, 제시된 번역문과 비교하여 보자.

TEL AVIV, Lslael(AP) - Israeli Presdent Ezer Weizman travels to Gaza Tuesday for talks with Yasser Arafat, amid hopes for a compromise formula to end the two-month crisis between Israel and the Palestinians.

U.S. envoy Dennis Ross is expected to return to the region after the meeting - the first high-level contact since March, when Israel enraged the Palestinians by breaking ground on a new Jewish neighborhood in disputed east Jerusalem.

The meeting is scheduled for 6 p.m. at the Erez Crossing between Israel and autonomous Gaza.

Weizman is a figurehead, but he is a strong supporter of peacemaking and very respected by Palestinians. There were signs Monday that Prime Minister Benyamin Netanyahu was trying to use him to draw Arafat back to the negotiating table.

Israel Radio said Netantahu decided in a meeting with Foreign Minister David Levy and Defense Minister Yitzhak Mordechai that Israel was prepared to negotiate again as long as Arafat ordered the resumption of intelligence-sharing with Israel. Such cooperation has been credited with preventing terror attacks.

— 이근달(1998)에서 다시 옮김

Ⅳ. 번역의 실제

▶ 어휘 및 구문 이해

- enrage 격분시키다
- figurehead 명목상의 국가 수반
- prime minister 총리(수상이라고 하지 않는다.)
- breaking ground on a new Jewish neighborhood
→ 새 유태인 정착촌 건설을 위한 기공식
- the resumption of intelligence-sharing
→ 정보 공유의 재개, 또는 정보의 상호 교환을 재개하는 것.

▶ 번역예시문   교착 타개에 나선 이스라엘 대통령

(텔아비브, AP) 에제르 와이즈만 이스라엘 대통령이 야세르 아라파트 팔레스타인 정부 수반과의 회담을 위해 21일 가자 지구를 방문한다.

와이즈만 대통령과 아라파트 수반의 회담은 이스라엘과 가자 지구 사이의 국경 지대인 에레즈에서 이날 오후 6시에 열린다.

지난 3월, 동 예루살렘에 유태인 정착촌 건설을 위한 공사 착공으로 팔레스타인과 이스라엘의 감정이 격화된 후 처음 열리는 이 회담을 통해 이스라엘과 팔레스타인의 2개월 간의 위기 종식 타협안이 나올지 모른다는 희망이 대두되고 있다.

와이즈만 대통령은 이스라엘의 명목상 국가 원수지만 평화 타결의 강력한 지지자이고, 팔레스타인 측의 존경받는 인물이다.

이스라엘 라디오 방송은 네타냐후 이스라엘 총리가 데이비드 레비 외무장관 및 이츠하크 모데차이 국방장관과 협의를 하고, 아라파트 수반이 이스라엘과 정보 공유 재개를 명령한다면 팔레스타인과 협상하기로 결정했다고 보도했다.

기사화된 뉴스 텔레비전 뉴스를 듣고 그것을 다시 글로 옮기는 경우는 많지 않다. 그렇지만 일반적으로 텔레비전 기사 역시 고도의 정보성을 함축하고 있다는 점에서 많은 사람들에게 정보원(information sources)으로 사용되기 때문에 이를 옮겨야 할 경우가 있다. 텔레비전 뉴스 이해의 태도도 신문 기사를 이해할 때와 큰 차이점은 없다. 시사성, 객관성, 간략성을 중시하며 번역에 임하면 될 것이다. 참고로 미국 ABC TV의 저녁 7시 뉴스에 보도된 내용을 기사화하여 소개한 글을 번역하여 보자.

> At the beginning of 2000
>
> The 7p.m. news on ABC TV, 4 January:
>
> "Yes, it's official. The Y2K is over! We have reached 4 January 2000 and there are problems but none of them is that bad. The doom and gloom merchants had better eat their hat!"
>
> This is the scenario that would be all like to happen. Still, it's not a bed of roese!
>
> At the beginning of January 2000, there are still fundamental religious terrorists and they still hate the Americans. Russia is still in the midst of disaster, and even though law and order is in place (just) and a new strong leader has emerged to take the mentle from Yeltsin, the rouble is worthless and people are starving. But this is old news….
>
> — 트랜스쿨(2000)에서 다시 옮김

▶ 어휘 및 구문 이해

- had better eat their hat → 'eat one's hat if~'라는 숙어의 변형. '~가 아니면 목을 내놓겠다' '손가락에 장을 지지겠다'의 의미.
- would be all like to happen → 'like'는 동사로 쓰인 것이 아니므로 'like to happen'은 '일어나기를 바라는 것'이 아니라 '일어날 가능성'이라고 옮기는 것이 낫다. 그래야 앞의 'all'도 '충분히'라는 자기 나름대로의 의미를 지닐 수 있다.
- it's not a bed of roese → 'a bed of roese'는 '안락한 생활'을 의미한다. 그러나 '안락한 생활이 아니다'라고 번역한다면, 앞 부분과의 연결이 자연스럽지 못하다. 이 부분 앞에서 Y2K 문제가 일어나지 않는 상황을 가정하고 있으며, 여기서는 그렇게 생각해 보았자 불안감을 없애지는 못한다는 의미이기 때문이다. 그러므로 이 부분은 '모든 문제가 해결되지는 않는다' 식으로 의역하는 게 좋다.
- has emerged → 'emerged'는 앞의 'is in place'에 이어 다시 한 번 'even though'에 연결되는 동사이다. 따라서 '나타난다 할지라도'로 번역해야 의미가 정확해진다.

▶ 번역예시문

2000년의 벽두

1월 4일 저녁 7시 뉴스에 다음과 같은 보도가 흘러나온다.

"공식 발표를 말씀드리겠습니다. Y2K는 끝났습니다! 2000년 1월 4일을 맞이한 지금, 약간의 문제가 있기는 하지만 그리 심각한 상황은 아닙니다. 종말론자와 비관론자들은 이제 자신의 오판을 인정해야 할 것입니다!"

이것은 그럴 듯한 시나리오이다. 그러나 그렇다고 해서 모든 불안이 사라지는 것은 아니다.

2000년 1월이 시작되어도 근본주의에 사로잡힌 종교적 테러 집단은 여전히 미국을 증오할 것이다. 러시아의 재앙은 아직 끝나지 않았을 것이며, 설령 법과 질서가 유지되고 강력한 지도자가 등장해 옐친에게서 권력을 물려받는다 할지라도 루블화의 가치가 회복될 기미는 보이지 않고 여전히 사람들은 굶주릴 것이다. 하지만 이것은 이미 낡은 뉴스에 지나지 않는다.

1.2. 시사 잡지

'시사'란 그때그때 세상에서 일어나 사람들의 관심을 끄는 일이나 사건들을 말한다. 그리고 '시사 잡지'란 그러한 일이나 사건들을 종합하여 분석·평가한 내용을 수록한 잡지를 말한다. 그러므로 시사 잡지에 실린 글은 신문이나 방송의 보도문과는 그 성격이 다르다. 신문이나 방송의 뉴스가 객관적인 사실의 전달에 초점을 두고 있는 반면, 시사 잡지의 글들은 특정한 사건에 관계된 배경 및 전반적인 상황, 그리고 그것에 대한 견해나 평가가 곁들여져 있기 때문이다. 따라서 시사 잡지를 통해서 독자는 최신의 정보와 그에 대한 해석 및 가치 평가를 동시에 알 수 있다. 특히 외국의 시사 잡지는 세계적인 정보와 그것에 대한 가치 평가의 흐름을 파악할 수 있게 한다. 그리고 이러한 정보는 세계 속에서의 우리의 입장과 위치 등을 인식하게 하고, 나아가 주체적 판단과 전망을 수립할 수 있게 하는 기반에 된다는 점에서 가치를 부여받을 수 있다. 시사 잡지를 번역하여 소개하는 일이 의의를 지니는 것도 이 때문이다.

시사 잡지를 번역하는 데 있어서 우선 중요한 것은 새롭게 떠오르는 문제적 시각과 용어를 파악해야 한다는 것이다. 예를 들어 프랑스 극우파 지도자 장마리 르펜(Jean-Marie Le Pen)과 그의 정책에서 비롯된 용어인 '르페니즘(Le Penism)'을 알지 못한다면 2002년 6월 10일자 〈뉴스위크(Newsweek)〉지에 실린 기사 'Le Penism, On the Rise'를 제대로 이해할 수 없다. 그러므로 시사 잡지를 번역할 때에는 보도문을 번역할 때 못지 않게 시사적인 사건과 용어에 대한 사전 지식이 전제되어야 한다.

두 번째로 중요한 것은 원문의 저자가 지니고 있는 중심 시각을 파악하고 판단하는 일이다. 예를 들어 미국 뉴욕에서 있었던 911 사건을 서술하는 타임지나 CNN 등 미국 시사잡지들의 시각은 미국의 입장을 토대로 한다. 당연한 일이다. 하지만 이것을 '객관적'이라고 말할 수는 없다. 미국을 위협하는 국가들을 '악의 축'으로 표현하는 미국의 입장이 곧 객관적인 것은 아니기 때문이다. 그러므로 이런 글을 번역할 때에는 원문이 곧 객관적 진실이라는 생각을 배제하고, 미국의 입장이 그렇다는 것을 염두에 두고 읽거나 번역할 일이다. 즉 시사 잡지를 번역할 때에는 그 잡지에 드러난 입장을 분명히 인식하고 번역하되, 원문에 드러나 있는 시각과 판단을 무비판적으로 수용하거나 강화하는 어조 및 태도를 덧붙여서는 안된다는 말이다. 미국은 '911 사건'을 '문명 사회에 대한 도전'이라고 했는데, 이것은 어디까지나 자국우월주의에 젖어 있는 미국의 입장을 드러낸 말이다. 지금 세계 어느 곳에 비문명사회가 존재하는가. 이 말에는 '미국에 적대적인 국가는 비문명 사회'라는 미국의 입장이 드러나 있는 것이다. 그런데 우리 나라 보도 매체들은 이것을 앵무새처럼 반복함으로써 마치 우리가 미국인인 것처럼, 그리고 아랍이 우리의 적인 것처럼 생각하는 웃지 못할 상황을 만들어 낸 적이 있다. 우리가 911 사건을 '문명 사회에 대한 도전'이라고 말하는 것과 '미국이 911 사건을 문명 사회에 대한 도전이라고 말했다'고 말하는 것에는 엄청난 차이가 있다. 그러므로 시사 잡지를 번역할 때에는 원문에 드러나 있는 중심 시각을 정확하게 파악하되, 잡지에 드러나 있는 시각과 번역자 자신의 시각을 혼동하지 말고 '객관적'으로 번역하기 위해 노력해야 한다.

마지막으로 시사 잡지를 번역할 때 유념해야 할 것은 번역 시간에 제한이 있다는 점이다. 시사적인 문제를 중심으로 하는 글은 대부분

시간이 경과하면서 그 가치가 격감되므로, 빠른 시간 안에 번역하는 순발력이 요구된다.

다음은 한일 월드컵 중 한·미전에서의 동점골에 관한 타임지의 글 중 일부이다. 이것을 번역해 보자.

> Perhaps the most contentious issue in modern U. S.-Korea relations stems from a little-known pastime called short-track speed skating. Earlier this year at Salt Lake City, the nation's top hope Kim Dong Sung was disqualified for blocking a U. S. skater. In a move that most Koreans consider fixed, the American, Apolo Anton Ohno, took the gold instead. He's since been voted the most unwelcome foreigner in a Korean poll. When Korean midfielder Ahn Jung Hwan headed the ball home in the 77th minute of the U. S.-Korea match to tie the score 1-1 and keep the country's hopes of advencement alive, his post-goal showboating gave way to the sweeping arm motions of a speed skater. "People felt bad about the Ohno incident," says Ahn. "I wanted to fix that." Score one for Korean pride.
>
> -TIME 2002년 6월 24일자

▶ 어휘 및 구문 이해

- fixed 미국 속어로 '엉터리의', '부정적으로 은밀하게 꾸며진'이라는 뜻
- fix ~에게 앙갚음하다. ~를 처치하다
- post-goal showboating 골 세리머니

▶ 번역예시문

요즘 한·미 관계에서 가장 말썽이 되고 있는 문제는 쇼트 트랙 스피드 스케이팅 경기에서 비롯된 것 같다. 금년 초 솔트레이크 시티 동계 올림픽에서 한국 최고의 유망주인 김동성 선수는 미국 선수의 진로를 방해했다는 이유로 실격당했다. 대부분의 한국인들이 엉터리로 생각하는 이런 판정 때문에 미국 선수인 아폴로 안톤 오노가 금메달을 받았다. 그 이후 오노 선수는 한국의 여론 조사에서 가장 달갑잖은 외국인으로 뽑혔다. 한국 팀 미드필더인 안정환은 미국과의 시합에서 경기 시작 77분만에 헤딩으로 골을 넣어 1대 1의 무승부 스코어를 만듦으로써 한국의 16강 진출을 가능하게 한 뒤, 골세리머니로 힘차게 움직이는 스피드 스케이팅 선수의 팔동작을 선보였다. 안정환은 "사람들이 오노 사건을 불쾌하게 생각한다. 나는 그 사건에 앙갚음하고 싶었다"고 말했다. 한국의 자존심을 살린 한 골인 셈이다.

다음은 '아스피린, 가장 오래된 기적의 신약(Aspirin : The Oldest New Wonder Drug)'이라는 제목으로 뉴스위크지에 실린 글이다. 이 글을 번역할 때에는 의학 용어에 대한 지식을 어느 정도 갖춘 후에 하는 것이 필요하다. 그러나 이런 정도의 지식은 사전을 통해서 충분히 해소될 수 있는 것이므로, 사전을 적극적으로 사용한다면 무리 없이 번역할 수 있다.

It was created to ease the pain of arthritis, by a German chemist whose father was being done in by the treatments available at the end of the 19th century. Aspirin relieved Enrico Caruso's headaches, and was one of the only drugs that could ease Kafka's existential angst.

Since the early 1980's, it has been approved for preventing second heart attacks as well as strokes, and, since 1997, in treating heart attacks as they happen.

But millions of people, who didn't care to wait for a first heart attack before availing themselves of aspirin's benefit, have begun taking daily doses on their own.

And in the last five years, tantalizing research has suggested a role for aspirin in preventing diseases as feared as colon cancer, prostate cancer and Alzheimer's.

"Aspirin was the wonder drug of the 20th century, and I think it will also be the wonder drug of the 21th century." says Dr. Charles Hennekens, an authority on preventive medicine at the University of Miami.

— NEWSWEEK 2002년 5월 27일자

▶ 어휘 및 구문 이해

- Enrico Caruso (1873-1921) 세계적으로 유명했던 이탈리아의 오페라 테너 가수.
- heart attacks 심장마비
- strokes 뇌졸중
- wait A before B A를 기다렸다가 B 하다.
- colon cancer 결장암
- prostate cancer 전립선암
- Alzheimer's 알츠하이머 병

▶ 번역예시문

그것(아스피린)은 19세기 말에 독일의 화학자가, 당시에 가능했던 치료란 치료는 다 받느라고 지친 아버지의 관절염을 치료하기 위해 만들었다. 아스피린은 엔리코 카루소의 두통을 가라앉혔다. 그리고 카프카의 실존의 공포를 완화시켜주던 유일한 약 중의 하나였다.

그것은 1980년 초에 뇌졸중의 방지 뿐 아니라 심장마비 재발 예방약으로 승인되었다. 그리고 1997년에는 심장마비의 치료제로도 승인되었다.

그러나 수많은 사람들은 그들이 심장마비를 일으키고 나서야 비로소 아스피린을 복용하는 것을 원치 않았기 때문에 의사의 지시 없이 마음대로 매일 복용했다. 그리고 최근 5년 동안에 아스피린이 결장암, 전립선암, 알츠하이머 병과 같은 무서운 질병들을 예방하는 데 효과가 있음을 시사하는 연구가 기대를 모으고 있다.

"아스피린은 20세기 기적의 약이었다. 그리고 나는 그것이 21세기에도 기적의 약일 거라고 생각한다."고 마이애미 대학의 예방의학 권위자 찰스 헤네킨스 박사는 말했다.

1.3. 무역 서한

무역 서한의 요소 무역 서한의 구성 요소는 기본 요소와 보조 요소로 이루어져 있다.

무역 서한의 기본 요소	무역 서한의 보조 요소
① 서두(Letterhead) ② 발신일자(Date) ③ 수신인명 및 주소(Inside Adress) ④ 서두인사(Salutation) ⑤ 본문(Body) ⑥ 결미인사(Complimentary Close) ⑦ 서명(Signature)	① 참조번호(Reference Number) ② 참조인(Attention Line, Particular Adress) ③ 표제명(Letter Subject) ④ (관련자) 식별기호(Identification Marks) ⑤ 동봉물 표시(Enclosure Notations) ⑥ 서신우송종별표시(Mailing Directions) ⑦ 사본배부처(Carbon Copy Notations) ⑧ 추신(Postscript)

최석범(1998:4)

무역 서한의 번역에서 중요한 것은 '기본요소'이다. 서두에는 발신 회사의 회사명, 주소, 전화번호, FAX 번호, 영업 종목, 지점 등이 게재된다. 발신일자는 업무에 차질이 빚어지지 않도록 정확하게 기재할 필요가 있는데, 이 때 미국식과 영국식이 다르므로 그 차이를 알고 바르게 옮겨야 한다. 미국식은 월, 일, 년의 순으로 기재하고 날짜는 1, 2, 3……과 같이 기수(基數)를 사용하며 년(年) 앞에는 commer(,)를 찍는다. 그리고 영국식은 일, 월, 년의 순서로 기재하고 월과 년 사이에 commer(,)를 찍는다. 날짜는 1st, 2nd, 3rd, 4th와 같이 서수(序數)를 사용한다.

미국식 : June 22, 1998
영국식 : 22nd June, 1998

  가장 중요한 부분은 역시 본문이다. 그러므로 이 부분은 간결하면서도 정확하게 번역해야 한다. 무역 서한의 번역에 있어서 주의할 점은 무역 서한을 작성할 때의 주의할 점과 유사하다.
  첫째는 명료성(clearness)이다. 무역 서한 번역문은 한 번 읽으면 그 서한이 전달하고자 하는 사항이 무엇인지 단번에 알 수 있도록 명료해야 한다. 내용은 물론 알맞은 단어나 적절한 표현 방법의 선택, 그리고 구두점, 문장의 길이와 나열 등을 보기 좋게 해야 하며, 가능한 한 직접적인 표현 방법을 사용한다. 둘째는 간결성(conciseness)이다. 읽는 사람이 한정된 시간 안에 내용을 빨리 파악하도록 하기 위해 분명한 단어와 명확한 문장 구조가 되도록 하고 중요하지 않은 사항을 삭제함과 아울러, 중복되거나 불필요하게 긴 표현방식으로 되는 것을 피해야 한다. 셋째는 정확성(correctness)이다. 관습이나 형식상의 세부 사항도 정확해야 함은 물론이고, 문자, 구두점, 숫자의 표시, 약어에 이르기까지 그 사용방법을 정확히 알고 번역해야 한다. 넷째는 완벽성(completeness)이다. 서한의 문장을 짧게 한다고 해서 중요한 사항을 소홀하게 다루어서는 안 된다. 필요한 사항은 모두 누락됨이 없이 완벽하게 언급되어져야 한다. 다섯째는 예의성(courtesy)이다. 서한이 대인 접촉이라는 점을 명심하여 원문에 드러난 예의성이 적절히 전달될 수 있도록 해야 한다. 여섯째는 쾌적성(cheerfulness)이다. 본문은 보통 몇 개의 문단으로 구성되어 있는 것이 일반적인데, 내용을 쉽게 읽을 수 있도록 문단과 문단 사이를 한 줄 띄워 주는 것이 좋다. 끝으로 추신은 추가할 사항이나 본문 중의 중요 사항을 강조하고자 할 때 이용하므로 소홀히 보아서는 안 된다.

무역 서한은 단순히 정보만을 전달하는 글이라고 생각하기 쉽다. 따라서 내용을 단순하게 옮겨 놓으면 된다고 생각하기 쉬우나, 실제로 그 글을 읽는 독자는 정보를 얻을 뿐만 아니라 무역에 종사하는 사람들과의 인간 관계를 맺기도 한다. 따라서 우리말다운 올바른 번역이 필요하다. 다음의 사례를 살펴보자.

Dear Mr. Han

We thank you very much for your letter of July 3, 1997 in which you expressed your willingness to open an account with us.

We are glad to learn that you are specially interested in shipping cotton shirts and in these we may say that we are specialists.

We would appreciate receiving your best CIF New York for men's cotton shirts as well as several samples by air parcel post. If your prices are competitive and merchandise is suitable for our trade, we will be able to place large order.

We look forward to hearing from you soon.

Cordially yours,
AMERICAN TRADING CO., INC
James E. Walkers
James E. Walkers
Vice President

- 최석범(1998)에서 다시 옮김

IV. 번역의 실제   253

▶ 단순 해석에 머문 경우

귀사가 당사와 거래를 개시하고자 하는 의사를 표시하였던 1997년 7월 5일자 서한을 감사히 받았습니다.

당사는 면셔츠 선적하는 것에 귀사가 특히 관심있다는 것을 알게 되어 기쁘고, 이러한 품목에서 당사가 전문가라는 것을 당사가 말할 수 있다.

당사는 항공소포편으로 수 개의 견본과 남성용 면셔츠에 대한 귀사의 최선 CIF뉴욕가격을 수취한다면 고맙겠습니다. 귀사의 가격이 경쟁적이고 상품이 당사의 거래에 적합하다면 당사는 귀사에게 대량주문을 할 수 있을 것이다.

당사는 조만간 귀사로부터 소식을 듣기를 기대한다.

▶ 다듬은 번역

당사와의 거래 개시 의사를 밝힌 귀사의 1997년 7월 5일자 서한을 감사히 받았습니다.

당사는 귀사가 면셔츠 선적에 특히 관심을 기울여 주심에 감사드리며, 또한 당사가 이 방면에서 전문가임을 말씀드리고자 합니다.

몇 개의 견본과 남성용 면셔츠에 대한 최선의 CIF 뉴욕 가격을 항공 소포편으로 보내주시면 감사하겠습니다. 귀사의 가격이 경쟁력이 있고, 당사와 거래 조건이 맞는다면, 당사는 귀사에 대량 주문을 할 수 있을 것입니다.

조만간 귀사로부터 소식이 있기를 기대합니다.

위의 첫 번째 글은 번역이라기보다는 해석이라고 할 수 있다. 우리말의 어법에 따라 표현하기보다는 영어식 어법을 그대로 옮겨 놓고 있기 때문이다. 그리고 문장이 어색하고 산만하다. 문체도 통일되지 않았다. 우리말로 옮길 때 불필요한 주어를 생략하고, 능동태를 수동태로 변화시키거나, 불필요한 어휘를 과감히 삭제하는 과정을 거쳐 바로잡을 필요가 있다. 만약 첫 번째 글을 읽는 독자(무역업 종사자)라면 두 번째 글을 읽는 것에 비해 기분이 몹시 상하게 될 것이다. 이러한 점을 고려하여 다음 자료를 실제적으로 번역해 보자.

August 1, 2001
Korea Chamber of Commerce

Dear, Sirs,

We are old and big exporters of Pakistan-made Electronic Goods such as A/C Stereo Cassette Tape Recorders with Redio, Color Television, Microwave Oven, Washing Machine, and Refrigerator and are interested in extending our overseas market to your country.

We should appreciate it if you would introduce to us some reliable firms who are willing to handle these lines of products there and insert the following announcement in your publications.

We are enclosing a stamped addressed envelope for your reply.

Please excuse us for the trouble we are giving you and accept our sincere thanks for your early reply.

yours very faithfully,
Pakistan Trading Co., Ltd.

▶ 어휘 및 구문 이해

. Chamber of Commerce : 상공 회의소
. Microwave Oven : 전자 레인지
. appreciate : 특별한 의뢰를 한다든가 please(~을 해주시오)보다 좀 더 정중한 태도를 취하려는 경우에 쓰이는 말로 '~을 해 주시면 고맙겠습니다'의 뜻이다.

▶ 번역예시문

2001년 8월 1일
한국 상공회의소

당사는 라디오 부착 교류 스테레오 카세트 녹음기, 컬러 TV, 전자 레인지, 세탁기 및 냉장고 등과 같은 전자 제품을 생산하는 파키스탄의 수출업체입니다. 당사는 역사가 깊을 뿐 아니라 규모가 큰 회사로서 귀국 시장에 진출하고자 합니다.

당사가 생산하고 있는 제품의 수입에 관심을 둔, 신뢰할 수 있는 회사를 소개해 주십시오. 그리고 다음의 공고를 귀 회의소 간행물에 게재해 주시면 고맙겠습니다.

당사는 귀측 회답용 수신자명 주소 기입 우표 첨부 봉투를 동봉합니다.

당사가 귀 회의소에 끼친 번거로움을 용서하시고, 감사의 마음을 받아주십시오. 귀사의 조속한 회답을 바랍니다.

파키스탄 무역주식회사

문예적인 글의 번역

문예 작품은 언어의 창조력을 최대한도로 발휘시킨 하나의 예술로서 수용이나 효능의 차원을 넘어서 보다 고차원적이고 종합적인 인식 활동의 산물이므로, 번역할 때는 그 작품의 고유한 의미와 구조를 존중해 작품의 향취까지 전달할 수 있도록 노력해야 할 것이다. 그러므로 문학 작품의 번역 과정에는 결정을 내리고 창조성을 발휘해야 할 부분이 많아 어려운 점도 있지만 그 점이 곧 번역자가 도전해볼 만한 요소라고 하겠다.

2.1. 소설

문학 작품의 번역은 번역에서 가장 어려운 분야라고 할 수 있다. 문학성을 옮겨 놓는다는 것은 곧 제2의 창작을 의미할 수 있기 때문이다. 작가 못지 않은, 어쩌면 작가 이상의 풍부한 상상력과 표현력 등 문학적 소양이 두루 갖춰져야 한다. 특히 소설의 경우, 작품의 분위기, 글의 상징성, 등장 인물의 성격 파악, 사건의 상호 연관성과 연속성에 대한 완벽한 이해 없이는 올바른 번역이 될 수 없다.

주제 파악 명시적이든 함축적이든 텍스트의 주제를 파악하는 것은 번역에 있어서 가장 중요한 일이다. 작가의 관점이 어떤 것인지를 알아야 왜곡되지 않은 번역을 할 수 있기 때문이다. 예를 들어 어떤 글에서 온갖 수단과 방법을 가리지 않고 먼저 남극점에 도달한 '아문젠'보다도 악천후 때문에 조난당한 뒤에도 끝까지 용기를 잃지 않고 영국 신사다운 최후를 마친 '스코트'의 불굴의 정신을 그리고자 했는데, 번역자가 승리자인 '아문젠'만 부각시키고 '스코트'를 허약한 패배자로 격하시킨다면 원작을 의도적으로 왜곡하는 것이 된다. 충실한 번역이 되기 위해 원작이 품고 있는 주제를 제대로 이해해야 한다.

제목의 번역 헤밍웨이의 『다섯번째 기둥』이란 『The Fifth Column』을 두고 한 말이었다. 하지만 『The Fifth Column』은 '다섯번째 기둥'이 아니라 '제5열'이었다.(안정효 1996:141) 이렇게 불쑥 제목만 나타나 곤혹스러울 때는 문예사전이나 백과사전, 또는 문학 관계 서적의 색인을 찾아보고, 그래도 안 되면 알만한 사람에게 문의해서 꼼꼼히 처리해야 한다. 주인공의 이름이 처음부터 잘못 표기된 번역 소설 못지 않게 엉뚱한 제목을 내건 작품은 독자를 완전히 오도하는 잘못을 범하기 때문이다.

안정효는 윌리엄 케네디(William Kennedy)의 1984년 퓰리처상 수상작인 『섬꼬리풀(Ironweed)』의 우리말 제목을 보면 어느 번역가는 『억새 인간』이라고 달았는가 하면, 또 어떤 사람은 아예 『엉겅퀴』라고 해 놓았다고 지적한다. 섬꼬리풀은 미국인들도 잘 모르는 식물이어서인지 영문 원전에도 오뒤본 협회에서 펴낸 『야생화 안내서』를 길게 인용하면서 "이름은 줄기가 강하기 때문에 생겨난 것"이라고 설명을 달아 놓았는데, 번역 작품에서 '억새'와 '엉겅퀴'가 나타난 것이다. 섬꼬리풀의 영어 이름인 'ironweed'가 주는 강한 인상, 그러니까 'iron'같은 'weed'의 어감을 살리고자 하는 의도라고 이해할 수 있다. 즉 생경한 섬꼬리풀 대신 한국에서 '억세다'는 어휘와 유사한 '억새'로 바꿔 넣고는 뒤에다 '인간'이라는 말도 넣어 '의역'의 면죄부를 마련한 듯하다. 하지만 한국 독자들에게 'ironweed'를 엉겅퀴라고 믿게 만든 잘못에 대해서는 변명의 여지가 없다. 이렇듯 작품의 제목이나 작가의 이름을 잘못 알려 놓으면 그것이 굳어져 나

중에는 고치기가 매우 어려워지기 때문에 번역가는 책임을 져야 한다는 생각으로 신중을 기해야 한다.

분위기와 상징 체계의 이해 각각의 언어는 그 문화와 연관된 상징 체계를 가지고 있다. 따라서 번역을 할 때에 고유한 상징 체계를 이해하는 것은 바른 번역의 관건이 된다고 할 수 있다. 예를 들어 우리말의 '피라미'라면 낚시를 할 때 귀찮기 짝이 없는 잔챙이 물고기로서 속어로는 불량배 '똘마니'를 의미한다. 하지만 미국의 'minnow'를 보면 우리 나라 피라미보다 훨씬 큰 은어만한 물고기이고, 따라서 영어에서는 '피라미'라는 단어가 '똘마니'라는 뜻을 가지지 않는다. 그리고 "He sings like a canary."의 경우, 우리 나라 대부분의 사람은 "그는 카나리아처럼 노래를 잘 부른다."라고 옮겨 놓을 것이다. 한국인의 관념 속에는 카나리아가 노래를 잘 부르는 새로 각인되어 있기 때문이다. 하지만 외국의 경우에 이 말은 "그 자식 나불나불 잘도 부는구만."이라는 뜻이 될 수 있다. 카나리아가 '고자질을 잘하는 변절자'를 의미하기 때문이다. 이렇듯 같은 어휘가 문화권이 다른 두 나라에서 엉뚱하게 다른 상징성을 갖기도 하기 때문에 번역을 할 때는 뜻밖의 낭패를 보지 않도록 경계해야 한다.(안정효, 1996:56) 작품 속에 등장하는 상징적 의미가 작품 전체의 분위기나 상징성, 즉 주제와 결부되어 있을 때 그 중요성은 더욱 증대된다.

인물의 성격 및 관계의 파악 소설은 갈등을 중심으로 전개된다. 그리고 대부분의 소설에서 갈등은 여러 인물들의 관계 속에서 발생된다. 그러므로 각 인물들의 특성과 관계를 이해하는 것은 소설 이해의 기본이라고 할 수 있다. 그런데 외국 소설의 경우 인물들 간의 관계를 파악하는 것이 쉽지 않다. 부부간의 호칭, 형제 자매 간의 호칭, 친구 및 선후배간의 호칭 등이 우리 나라와 다르기 때문이다.

그리고 한 사람이라도 어떤 때에는 first name으로, 어떤 때에는 last name으로 지칭되기 때문에 한 사람을 두 사람으로 오해하는 경우도 생긴다. 그러므로 소설을 번역할 때 등장 인물의 명단과 일관성 있는 경어 사용을 위한 도표를 만들어 두면 편리하다. 소설가이자 번역가인 안정효는 존칭어 도표를 이런 식으로 만든다고 한다.

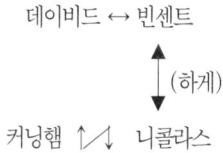

도표의 내용을 설명하자면, 데이비드와 빈센트가 서로 반말을 한다는 표시로 화살표를 동등하게 좌우로 가리키게(↔) 했다. 화살표가 좌우를 향할 때는 두 등장 인물이 비슷한 신분임을 나타낸다. 당연히 그들은 같은 격의 말투를 사용하는데, 여기에서는 반말이 사용된다는 표시이다. 서로 존대말을 쓸 때는 양쪽 끝의 화살촉이 위를 향하게 ↑ ↑라고 표시한다. 존대말 중에서도 '하세요'나 '하십니까'나 '하셨습니까' 등 차별하고 싶을 때는 괄호 안에다 그렇게 적어 놓는다. 화살표가 아래를 가리키면 손아랫사람이어서 반말을 하고, 위를 가리키면 윗사람이어서 존대말을 해야 한다는 뜻이다. 위 표에서 니콜라스가 빈센트의 사위이기 때문에 빈센트는 반말을 하지만 완전한 반말은 아닌 하게체를 사용한다고 밝혀 놓았다. 커닝햄과 니콜라스는 나이가 비슷하더라도 군대 선후배 사이라든가 해서 니콜라스가 커닝햄에게 존대말을, 그리고 커닝햄은 니콜라스에게 반말을 하기 때문에 각각 ↑과 ↓로 화살표가 위아래를 가리킨다. 이렇듯 화살표가 가리키는 방향으로 말투를 나타내는 도표는 『의사 지바고』처럼 등장 인물이 많은 소설에서는 대단히 복잡해지기 마련이어서, 주인공의 집안이나 단체 또는 지역 등 갖가지 단위별로 분리시킨 도표 여러 개가 필요하다.

번역할 때 필수적인 또 하나의 목록인 주인공 명단이 필요한 까닭은 같은 등장 인물의 이름이 앞부분과 뒷부분에서 실수로 달라질 위험을 피하기 위해서다. 작품 초반에 first name으로 불리던 사람이 다른 장면에서 갑자기 last name으로 불리는 경우가 있기 때문에 번역자에 따라서는 first name이든 last name이든 한 가지로 통일해서 쓰는 무리를 하게 된다. 하지만 이런 경우에도 지나치게 무리다 싶을 때는 아예 '마이크 월터즈'라고 부르게 해서 동일인임을 밝히기도 한다. 군대 내에서는 각별히 다정한 사석이 아니면 last name을 마치 first name처럼 부르기 때문에, 전쟁 영화에서는 위와 같은 무리한 조작의 필요성이 그리 많지 않다. 이러한 실수를 막기 위해서 만들어지는 주인공 명단에는 표기법 뿐 아니라 등장 인물의 특이한 인적 사항이나 특징적인 말투 따위의 중요한 정보를 참고 자료로 비고란에 적어 두는 것도 어느 한 작품을 오랜 기간에 걸쳐서 번역해야 할 때는 큰 도움이 된다. 그러면 주요 단체나 다른 고유명사도 따로 목록을 만들 필요가 없이 인명록에 함께 포함시킬 수가 있다. 명단은 영어의 알파벳 순서 또는 우리 나라의 가나다라 순으로 정리하면 편리하다. 주요 인물란에는 다른 주요 인물과의 존댓말 사용 체계도 정리해 놓음으로써, 다음과 같은 식의 색인을 만들 수 있다.

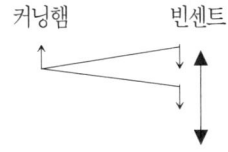

니콜라스 : 18세 대학생
　　　　　신경질적인 성격
　　　　　부모의 불화가 심함
　　　　　에밀리가 첫사랑
　　　　　빈센트에게 장미꽃에 대한 거짓말을 했음
　　　　　흥분하면 손으로 무릎을 비비는 습관

문체의 번역　본격적인 문학 작품을 번역할 때는 본디 작품의 언어와 우리말의 어휘를 치환하는 단계에 머물지 말고 작가 특유의 문체까지도 가능한 한 가깝게 옮겨 놓으려는 노력이 필요하다. 번역자는 그가 앞으로 번역해야 할 작품의 성격을 검토하고 나면 어떤 문체를 채택해야 할 것인지를 결정해야 한다. 모든 작품은 아무리 같은 작가의 손을 거쳐 나왔다고 하더라도 저마다 독특한 분위기와 문체를 지녔기 때문이다. 길고도 지루한 문체일 수도 있고, 짧고 경쾌한 문체일 수도 있으며, 또는 풍자적이거나 해학적인 문체일 수도 있다. 그런데 길고 지루한 문체를 의미 전달의 명확성을 위한다는 명목으로 짧게 끊어 건조하고도 단순한 문장으로 번역해 놓는다면 소설의 맛이 달라져 버린다. 본디 작품이 난삽하거나 애매모호하고 지루한 문체로 되었다면 번역된 문장도 답답하고 부족한 분위기를 있는 그대로 전해야 그것이 충실하고도 당연한 번역이다. 각 작품의 특성과 문체를 파악하고 나면 능력이 닿는 한 원작의 문체를 구사해 가며 번역에 임해야 한다.

　작품의 문체를 살리기 위해서는 첫째, 언어의 기본 단위인 어휘의 선택이 특히 중요하다. 그러므로 작품의 분위기나 주제 등의 파악

못지 않게 하나 하나의 단어 선택에도 신경을 써야 한다. 라틴어에서 파생된 단어가 나오면 한자식 표현을 쓰고, 앵글로색슨계 단어는 순수한 우리 토속어로 바꿔놓는 방법 역시 작품의 본디 문체를 전달하는 데 큰 도움이 된다. 그렇게 신경을 써서 선정한 어휘는 그것이 담긴 문장 전체의 지적인 수준 등을 전달하는 데도 대단히 효과적이다. 예를 들어 'six thirty'와 '6:30', '0630 hours'는 시각적인 인상부터가 다르고, 그에 따라 독자가 보고 느끼는 감각도 다르다. 소설에서 사랑하는 연인이 다시 만나려고 시간 약속을 하는 장면에서라면 틀림없이 'six thirty'라는 표현을 썼겠고, 사업가가 누구와 만날 약속을 하는 장면이라면 아마도 '6:30'이라고 했을 것이며, 전쟁 소설에서 미 해병대가 필리핀의 어느 섬에 상륙하려고 작전회의를 하는 장면이라면 당연히 '0630 hours'라고 했을 것이다. 그렇다면 번역할 때도 '여섯시 반'과 '6시 30분' '06시 30분'이라고 저마다 구별해서 표현해야 옳다. 둘째, 하나 하나의 단어를 무심하게 지나치려는 타성, 고정관념에 묶여 사고 활동이 심리적 조건반사의 방해를 받는 경향을 경계해야 한다. 어렵고 힘든 문장보다 오히려 쉽고도 간단한 문장을 번역할 때 고정관념에 의한 오역이 자주 나타나기 때문이다. 예를 들어 "I have an idea."는 너무나 자주 접하는 말이어서 그것이 무슨 의미인지를 훤히 안다. 그런데 막상 그토록 눈에 익은 구절을 우리말로 옮겨 보라면 십중팔구 영어 그대로 "나에게 아이디어가 있어."라고 하거나 그보다 조금 더 성의를 보이는 번역자라고 해도 기껏해야 "나에게 좋은 생각이 있어."라는 식으로 표현한다. 그러나 이상적인 우리말 번역은 "나에게 좋은 수가 있어."이다. (안정효 1996:45-47)

이제 소설 번역을 실제로 해보자. 다음은 미국 작가 제임스 T. 패럴(James T. Farrell)의 소설 『나의 분노 시대(My Days of

Anger)』인데, 안정효는 이 작품의 번역 과정을 다음과 같이 설명한다. 그의 번역 노하우를 배워 보자.

> Bill O'Neill was tired. The weather had turned very cold, and he had been driving a big five-ton truck all day in the freezing winds, getting in and out, helping load it with heavy crates and barrels. He wished he had a different route, one in which he didn't have to pick up so many factories that shipped such large pieces. But he couldn't complain. He had a steady jop, with seniority. He had nothing to worry about. Still, he wished the winter wewe over. Winter was cruel, a grueling grind, and he always looked forward hopefully to spring and summer.
>
> His back ached. He sniffed from a cold. His mind was dull. He needed a bath, but he was too weary to lift his aching limbs, climb into the tub, and clean up. He'd have gone to a movie tonight if he hadn't felt so rotten. Hw ought to lay off a few days, but he didn't want to lose the pay. Mama was such a bad manager, they were still in debt. There were still two of the kids in grammar school. They needed so damned much.
>
> Restless, he didn't know what to do with himself. He took a copy of the 1926 edition of Who's Who in Baseball and read about the lifetime batting and pitching averages of big-league baseball players.
>
> 안정효(1996:42-86)

번역자는 우선 번역할 글을 읽고 전체적인 얼개를 파악함으로써 줄거리와 분위기를 대충 파악하고, 어떤 등장 인물이 나와서 어떤 상황과 사건을 전개하는지도 미리 점검해야 한다. 그리고 원문에서 다음과 같은 사실과 정보도 얻을 수 있어야 한다.

첫째, 빌 오닐(Bill O'Neill)이라는 주인공은 에이레계의 미국 청소년이다. 서양 이름에서는 성(姓)이 'berg'나 'stein'으로 끝나면 거의 틀림없이 유대인이고, O'Neal이나 O'Neale 이라고도 표기하는 O'Neill을 위시하여 O'Brien, O'Connor, O'Caset, O'Connell, O'Donnell, O'Donovan, O'Flaherty, O'Hara, O'Keeffe 등등 O'로 시작되면 에이레 집안이다. 에이레 사람은 맥주를 마시면서 왁자지껄하게 기분을 잘 내는 사람, 다혈질적인 사람으로 알려져 있다. 따라서 이름만 보고도 주인공의 집안 내력이나 성격에 대해서 어느 정도 사전 지식을 얻을 수 있다.

둘째, 주인공 빌 오닐은 반항적인 기질을 지녔고, 세상을 대단히 귀찮아 한다. 1950년대 미국과 유럽 소설에서 많이 나타난 반항적 이상주의자에 속하는 오닐은 생각하기도 싫어하고 얘기하기도 싫어한다. 짧은 문장들은 반항적 청소년인 오닐의 토막난 의식을 보여준다. 그러므로 번역자도 가능한 한 반항기 청소년의 말투를 사용하는 것이 좋겠다.

셋째, "He felt so rotten" 같은 문장의 어휘 선택과 화법은 주인공의 지식 수준이 낮은 편임을 보여준다. 또한 대화가 아닌데도 서술문에서 couldn't나 didn't 같은 줄임꼴을 사용한 것으로 보아 번역에서는 다분히 구어체를 써야 하고, 가능하면 유연한 문체를 구사해야 할 것이다.

넷째, 작가의 의도와 문체를 고려한다면 눈에 거슬리지 않을 정도로, 그러니까 아름답고 매끄럽게 흐르는 작가의 본디 문체를 손상하지 않는 한, 속어를 사용해도 무방할 것이다.

다섯째, 『나의 분노 시대』에는 이탤릭체의 삽입 대목이 많은데, 이것은 '의식의 흐름'을 묘사하기 위해 사용된 것이다. 즉 현대 소설에서는 등장 인물의 머리 속에서 오가는 생각을 나타내기 위해 이탤릭체를 사용하는 일이 있다. 이 소설에서도 등장 인물의 내면 세계를 드러내기 위해 이탤릭체를 사용하므로, 이 점을 상기하면서 번역해야 한다.

번역의 방향이 이만큼 설정되었으면 준비운동은 충분히 한 셈이니, 실제 번역 작업으로 들어가 보자.

우리는 우선 "Bill O'Neill was tired."라는 지극히 짧은 문장부터 만난다. 겨우 네 단어만 읽고는 시선을 멈추도록 강요당한 독자는 마침표에서 잠시 숨을 돌리고 다음 문장으로 넘어가는데, 다섯 단어 안팎으로 엮어진 단문이 되풀이되니까 호흡이 빨라져서 어딘가 쫓기는 듯한 기분이 든다. 다음 발췌문에서는 박자가 무척 빠른 단문의 뜀박질이 두드러져 보인다.

"But he couldn't complain. He had a steady job, with seniority. He had nothing to worry about. Still, he wished the winter were over."

네 개의 문장이 너무 짧은 단문으로만 연결되어서 만일 그대로 번역해 놓으면 독자의 눈에 무엇인가 소홀해 보이지 않을까 걱정이 될지도 모른다. 그래서 장문을 토막토막 잘라 놓는 경우와 반대로, 박진감 넘치는 문장을 누덕누덕 기워 맥을 게슴츠레하게 풀어 버릴지도 모른다. 이런 식으로 말이다.

"그러나 그는 고참 대우를 받는 일정한 직업을 가지고 있으니 못마땅해할 이유가 없었다. 그는 걱정할 일은 없었지만 그래도 겨울은 끝났으면 좋겠다고 생각했다."

만일 이렇게 두 문장으로 연결해 놓는다면 도마뱀 꼬리처럼 탁탁 잘라 내던 권태로우면서도 힘찬 본디 장단(長短)은 어디로 갔는지 찾아볼 길이 없어진다.

이런 점들을 고려해서 예문을 번역하고 다음의 번역문과 비교해 보자.

▶번역문

빌 오닐은 피곤했다. 날씨가 무척 추워졌고, 그는 살을 에는 바람 속에서 하루 종일 커다란 5톤 트럭을 몰고 돌아다니며 무거운 궤짝과 통을 실어 주느라고 차를 내렸다 탔다 했다. 그는 이렇게 커다란 화물을 탁송하는 공장을 그토록 여러 곳 들르지 않아도 좋을 다른 노선을 맡고 싶었다. 하지만 그는 못마땅하게 생각할 이유가 없었다. 그는 고정된 직장도 가지고 있었으며, 고참 대우도 받았다. 그는 걱정할 일이 없었다. 그렇기는 해도 그는 겨울이 어서 지나가기를 바랐다. 겨울은 잔인해서, 사람을 기진맥진하게 만들었고, 그는 항상 봄과 여름이 어서 오기를 바랐다.

그는 등이 쑤셨다. 그는 감기에 걸려 코를 훌쩍거렸다. 그는 정신이 멍했다. 그는 목욕을 하고 싶었지만, 너무 피곤해서 쑤시는 팔 다리를 움직여 욕조로 기어들어가 몸을 닦을 만한 기운이 없었다. 이토록 녹초만 되지 않았더라면 그는 오늘밤 영화 구경을 갔으리라. 그는 며칠 쉬고 싶었지만, 돈벌이를 잃고 싶지 않았다. 어머니가 하는 집안 살림은 너무 엉망이었고, 빚은 아직도 남아 있다. 초등학교를 다니는 아이가 아직도 둘이었다. 그들은 돈을 너무나 많이 잡아먹었다.

초조해진 그는 어떻게 해야 좋을지 알 길이 없었다. 그는 1926년도 『야구인명 사전』을 집어들고 메이저 리그 출전 선수들의 생애 통산 타격과 투구 기록을 읽어보았다.

Ⅳ. 번역의 실제 267

▶번역문

　빌 오닐은 피곤했다. 날씨가 무척 추워졌고, 그는 살을 에는 바람 속에서 하루 종일 커다란 5톤 트럭을 몰고 돌아다니며 무거운 궤짝과 통을 실어 주느라고 차를 내렸다 탔다 했다. 그는 이렇게 커다란 화물을 탁송하는 공장을 그토록 여러 곳 들르지 않아도 좋을 다른 노선을 맡고 싶었다. 하지만 그는 못마땅하게 생각할 이유가 없었다. 그는 고정된 직장도 가지고 있었으며, 고참 대우도 받았다. 그는 걱정할 일이 없었다. 그렇기는 해도 그는 겨울이 어서 지나가기를 바랐다. 겨울은 잔인해서, 사람을 기진맥진하게 만들었고, 그는 항상 봄과 여름이 어서 오기를 바랐다.
　그는 등이 쑤셨다. 그는 감기에 걸려 코를 훌쩍거렸다. 그는 정신이 멍했다. 그는 목욕을 하고 싶었지만, 너무 피곤해서 쑤시는 팔 다리를 움직여 욕조로 기어들어가 몸을 닦을 만한 기운이 없었다. 이토록 녹초만 되지 않았더라면 그는 오늘밤 영화 구경을 갔으리라. 그는 며칠 쉬고 싶었지만, 돈벌이를 잃고 싶지 않았다. 어머니가 하는 집안 살림은 너무 엉망이었고, 빚은 아직도 남아 있다. 초등학교를 다니는 아이가 아직도 둘이었다. 그들은 돈을 너무나 많이 잡아먹었다.
　초조해진 그는 어떻게 해야 좋을지 알 길이 없었다. 그는 1926년도 『야구 인명 사전』을 집어들고 메이저 리그 출전 선수들의 생애 통산 타격과 투구 기록을 읽어보았다.

　소설 번역에서 중요한 것은 소설의 구성 요소를 충분히 고려하며 번역 작업에 임해야 한다는 것이다. 지금까지의 논의를 바탕으로 주제, 구성, 문체를 적절히 살린 번역 연습을 더 해 보기로 하자. 다음은 마크 트웨인(Mark Twain)의 소설 '허클베리핀의 모험(The Adventures of Huckleberry Finn)'중 일부이다.
　이 소설은 1880년대 말, 노예문제로 남북이 대립을 하던 미국의 상황을 배경으로 하고 있다. 이 소설을 통해 마크 트웨인은 무능하고 탐욕스러운 정치인들을 비롯하여 거기에 부화뇌동하는 기득권자들의 행태를 비판하려고 했던 것 같다. 허크가 법률을 어기면서 짐을 해방시킴으로써 양심을 지키겠다고 결심하는 것은 부패한 세태 속에서 진정한 도덕성이 무엇인가를 고민하는 모습을 보여주기 위한 것이다. 그러므로 이 소설을 번역할 때에는 이 소설의 배경인 1800년대 말의 미국 사회의 특수성을 고려해야 한다.

이 소설에 등장하는 중심 인물은 톰과 허크, 그리고 노예 짐이다. 톰은 매우 낭만적인 성격의 소유자이다. 그의 낭만적 인생관은 언제나 그를 푸근하게 감싸주는 폴라 아주머니의 집에서 나온다. 하지만 허크는 톰보다 어렵게 살았기 때문에 톰처럼 낭만적인 눈으로 세상을 바라볼 수 없다. 그가 여러 도시와 마을을 여행할 수 있는 것, 그리고 법률을 위반하고 짐을 해방시키는 것, 그리고 도덕성에 대하여 진지하게 고민한 후 진정한 자유인으로 서게 되는 것 등은 허크에게 진정한 의미의 '집'이 없기 때문에 가능했던 것이다. 짐은 자유를 찾고 싶지만, 현실적인 제약 때문에 스스로는 그것을 성취하기 힘든 인물이다. 이러한 이들의 성격이 드러날 수 있도록 그들의 대사 부분이나 묘사 부분을 번역해야 한다.

마지막으로 이 소설에 드러난 마크트웨인의 문체를 살릴 방법을 생각해야 한다. 심각한 문제를 어린 아이들의 세계와 관련지어 유머러스하게 표현하려고 한 마크트웨인의 의도가 살아날 수 있도록 재미있는 문장을 만들어 가야 할 것이다. 허클베리핀의 시각으로 서술되는 소설이라는 점을 생각하며 번역해야 한다.

제시된 지문은 각각 도망친 허크와 노예 짐이 섬에서 우연히 만나 식사를 하는 장면이다. 여기서 짐은 자신이 도망친 사실을 허크에게 고백하는데, 짐은 영어가 서툰 흑인이기 때문에 소리내어 읽어보면서 그 의미를 새겨봐야 한다. 이제부터 두 인물의 성격이 드러날 수 있도록 번역을 해 보자.

When breakfast was ready, we lolled on the grass and eat smoking hot. Jim laid it in with all his might, for he was most about starved. Then when we had got pretty well stuffed, we laid off and lazied.

By-and-by Jim says:

"But looky here, Huck, who wuz it dat'uz killed in dat shanty, ef it warn't you?"

Then I told him the whole thing, and he said it was smart. He said Tom Sawyer couldn't get up no better plan than what I had. Then I says:

"How do you come to be here, Jim, and how'd you get here?"

He looked pretty uneasy, and didn't say nothing for a minute. Then he says:

"Maybe I better not tell."

"Why, Jim?"

"Well, dey's reasons. But you wouldn't tell on me ef I'uz to tell you, would you, Huck?"

"Blamed if I would, Jim."

"Well, I b'lieve you, Huck. I …… I run off."

"Jim!"

"But mind, you said you wouldn't tell …… you know you said you wouldn't tell, Huck."

"Well, I did. I said I wouldn't, and I'll stick to it. Honest injun I will. People would call me a low-down Abolitionist and despise me for keeping mum …… but that don't make no difference. I ain't agoing to tell, and I ain't agoing back there anyways. So now, le's know all about it."

▶ 어휘 및 구문 이해

  · who wuz it dat'uz killed in dat shanty
→ who was it that was killed in that shanty
  · dey's reasons → there are reasons
  · tell on 고자질하다.
  · keep mum → keep silent 말하지 않다. 함구하다.

▶ 번역예시문

아침 식사가 준비되자 우리는 풀밭에 아무렇게나 엎드려 김이 무럭무럭 나는 음식을 먹었다. 짐은 허겁지겁 먹어댔다. 거의 굶어 죽기 직전이었으니까. 실컷 먹고 나서 우리는 빈둥거리며 느긋하게 쉬었다.
얼마 후 짐이 말했다.
"그런데, 허크, 그 오두막집에서 죽은 사람 누굴까? 니가 아니니까 말이야."
그래서 내가 어떻게 된 일인지를 다 털어놓았더니, 짐은 참으로 그럴듯하다고 말하면서 톰 소여라도 내가 한 것보다 더 훌륭하게 꾸밀 수는 없을 거라고 했다. 이번에는 내가 물었다.
"짐, 어떻게 여기에 오게 됐지? 도대체 어떻게 말이야."
짐은 한참 동안 매우 불안한 표정만 짓고 있을 뿐 입을 열지 않았다. 그러다가 이렇게 말했다.
"아마도 말하지 않는 게 좋겠어."
"왜?"
"음, 이유 있어. 하지만 나가 너한테 말해도 다른 사람한테 말 안 할거지?"
"물론이지, 짐."
"음, 그럼 너 믿을거야. 나는 …… 도망친거야."
"짐!"
"다른 사람한테 말 안한다고 한 거 잊지 마. 절대로 말 안한다고 했어, 허크."
"응, 그래 말하지 않는다고 약속했지, 그건 꼭 지킬거야. 맹세할게. 다른 사람들이 나를 시시한 노예폐지론자라고 부르고, 또 내가 입을 다물고 있다고 해서 나를 경멸해도, 그런 건 상관없어. 나는 절대로 말하지 않겠어. 아무튼 거기엔 절대로 돌아가지 않을거야. 그러니까 그 얘기를 전부 다 해 줘."

2.2 에세이(Essay)

경수필 수필은 인생과 사물에 대한 개인의 느낌과 사색을 형식에 구애받지 않고 자유롭게 쓴 글이다. 수필은 크게 두 가지로 분류할 수 있는데, 문예적·고백적·개성적·신변적·주관적·정서적인 성격의 경수필과 소논문적·논증적·사회적·지적·객관적·사색적 성격의 중수필이 그것이다. 예를 든다면 전자에는 찰스 램의 수필이, 후자에는 몽테뉴의 수필이 해당된다.

경수필을 번역할 때에는 작가의 개성적인 세계관과 문체가 드러날 수 있도록 하는 데 특별히 주의해야 한다. 수필 자체가 지은이의 개성을 드러내는 장르이기도 하지만, 경수필의 경우에는 그 정도가 더욱 두드러지기 때문이다. 그리고 작품의 배경이 되고 있는 시대와 사회의 특성을 감안하여 번역해야 한다. 우리의 정서나 사고방식과는 다른 특이한 경험과 관습을 이해하지 못하면 오역을 하게 되기 때문이다. 참고로 찰스 램의 '만우절'에 대한 번역글의 일부를 소개해 보기로 하자.

> 존경하는 어른들에게 계절의 인사를 드리고, 아울러 우리 모두에게는 즐거운 사월의 초하루를 축하하는 바이오.
> 　여러분들에게 이 날의 많은 행복이 있기를 바라오. - 자네에게도 - 그대들에게도 - 또 얌전하신 선생님 당신에게도 - 아니, 여보시오. 만우절의 실수에 대해서는 상을 찌푸리거나 우울한 표정일랑 짓지 맙시다. 우리 모두 서로 알고 있는 처지 아니오? 친구간에 무슨 격식이 필요하오. 우리 모두가 그와 똑같은 - 내 말을 아시겠지만 - 그 바보 어릿광대의 본질을 조금은 지니고 있는 것이 아니겠소? 오히려 오늘 같은 큰 축제에 초연한 체 하는 사람을 저주합시다. 나는 결코 그런 용렬한 사람이 아니오. 나는 그 바보 어릿광대 조합에 무상으로 출입하는 바이오. 그것을 누가 안다 해도 개의치 않을 것이오. 오늘은 나를 숲 속에서 만나더라도 분명 현자인 체하는 사람은 아닐 것이요. '나는 바보 어릿광대로다.' 이 말을 내게 해석해 주시구려. 그리고 그 말뜻을 당신에게도 적용해 보구려. 이 사람아 무슨 말을! 아무리 보아도 이 세상이 온통 모두 다 우리네 편이네 그려. (이하 생략)
> 　　　　　　- 찰스 램, 양병석 옮김, 『수필공원』 1998년 봄호에서

　만우절(All fool's day)은 우스꽝스러운 심부름을 보내 여러 가지 장난을 하고 농담을 즐기는 축제의 날이다. 저자 찰스 램은 이 날 실수나 농담을 자연스럽게 받아들이고 즐길 것을 권하고 있다. 그러므로 번역자는 이와 같은 원문의 분위기와 글쓴이의 의도 및 특유의 문체 등을 종합적으로 고려하여 번역해야 할 것이다. 이 번역문에서 '하오체'가 사용되고 있는 것은 주목할 만하다. 원문의 분위기를 그대로 드러낼 수 있는 방법을 고민한 번역자의 노력이 보이는 부분이라 할 수 있다.

중수필 논증적이거나 지적이거나 사색적인 에세이를 번역할 경우에는 작가가 사용하고 있는 용어나 개념적 지식을 충분히 이해하고자 하는 노력이 필수적이다. 중수필은 전문적 지식을 바탕으로 하는 경우가 적지 않기 때문이다. 그러므로 경수필을 번역할 때와는 달리 문체의 번역보다는 논리적인 사고의 전개 과정을 정확한 용어로 번역해야 한다. 이러한 점을 고려하여 다음 자료를 번역하여 보자. 다음 자료는 젊은이들의 삶의 방식에 대한 어느 철학자의 충고를 담고 있는 에세이이다. 비교적 긴 글이지만, 번역 연습을 위하여 발췌하여 소개한다. 번역예시문을 참고하되, 더 나은 번역문이 될 수 있도록 해보자.

The relevant question for each arriving generation is not whether our society is imperfect(we can take that for granted), but how to deal with it. For all harshness and irrationality, it is the only world we've got. Choosing a stategy to cope with it, then, is the first decision a young adult has to make, and usually the most important decision of his lifetime.

So far as I have been able to discover, there are only four basic alternatives.

Drop Out : It is one of the oldest expedients, and it can be practiced anywhere, at any age, and with or without the use of hallucinogens. It always has been the strategy of choice for people who find the world too brutal and too complex to be endured.(중략)

Flee : This strategy also has ancient antecedents. Ever since civilization began, certain individuals have tried to run away from it, in hopes of finding a simpler, more pastoral, and more peaceful life. Unlike the dropout, they are not parasites. (중략)

　Plot a Revolution : This strategy always is popular among those who have no patience with the tedious working of the democratic process, or who belive that basic institutions can only be changed by force. It attracts some of the more active and idealistic young people of every generation. To them it offers a romantic appeal, usually symbolized by some dashing and charismatic figure - a Byron, a Garibaldi, a Trotsky, or a Che Guevara. (중략)

　Try to change the world gradually, one cold at a time : At first glance, this course is far from inviting. It lacks glamour. It promises no quick results. It depends on the exasperating and uncertain instruments of persuasion and democratic decision-making. It demands patience, always in short supply among the young. About all that can be said for it is that it sometimes works - that in this particular time and place it offers a better chance for remedying some of world's outrages than any other available strategy.(이하 생략)
　　　　　　　　　　-John Fisher, 'Four Choices for Young People'에서

▶ 번역예시문

　각 세대를 마무리하는 적절한 질문은 우리 사회가 불완전한 것인지(우리가 당연한 것으로 받아들일 수 있듯)가 아니라 어떻게 그것을 다룰 것인가에 있다. 왜냐 하면 그 속에 난관과 불합리가 있어도 세상은 우리들이 살아가야 하는 세계이기 때문이다. 그러므로 그것에 적절한 전략을 선택하는 것은 초창기 성인이 해야 할 첫 번째 결정이며, 흔히 그의 생애에서 가장 중요한 결정이 된다.

내가 찾을 수 있는 한, 거기에는 네 가지 기본적인 대안이 있다.

낙오 : 이것은 가장 오래된 방편이며, 어느 곳 어느 연령에서나, 환각제를 사용하거나 그렇지 않든 경험할 수 있는 것들이다. 이것은 세상이 너무 사납거나 참아내기에 너무 고통스럽다고 생각하는 사람들이 항상 선택할 수 있는 전략이다.

회피 : 이 전략은 또한 옛 조상들도 갖고 있었다. 문명이 시작된 이래 어떤 개인들은 고통으로부터 도망쳐서, 좀더 단순한 것과 좀더 목가적이고 좀더 평화로운 삶을 갈망한다. 이들은 낙오자와는 달리 어릿광대들이 아니다.

혁명 책략 : 이 전략은 민주적인 과정에서 힘든 일을 참아내지 못하거나 기본적인 제도를 힘으로만 변화시킬 수 있다고 믿는 사람들에게서 흔히 발견된다. 이것은 각 세대의 활동적이고 젊은 사람들의 일부가 매력을 느끼는 전략이다. 이것을 낭만적으로 느끼는 사람들은 바이런, 가리발디, 트로츠키, 체게바라와 같은 저돌적이고 카리스마적인 인물을 숭배하게 한다.

세상을 점진적으로 변화시켜야 한다. 추위(시련)는 한 번 뿐이다 : 이 과정은 매력적이지 않다. 이것에는 화려함이 부족하다. 그리고 성급한 결과물을 약속하지 않는다. 이것은 격앙과 불확실한 설득 장치 및 민주적인 의사 결정에 의지한다. 이것은 고통을 요구하며 많은 젊은이들에게 제공하는 것이 부족하다. 그것에 대해 말한다면, 이 특별한 시대와 장소에서 그것은 다른 어느 전략보다도 효율적으로 이미 존재하는 세상의 불합리를 좀더 개선할 수 있는 기회를 제공하는 역할을 하게 될 것이라는 점이다.

2.3. 영화 번역

영상 언어의 특징 영화 번역은 그 전체의 내용과 등장 인물들의 성격, 역할, 관계 등을 완전히 파악한 후에 착수해야 한다. 무엇보다 현장감을 살리는 것이 중요하며, 표현은 대부분 구어체를 쓴다. 특히 영화 대본의 경우 비디오를 통해서 화면을 보아 가면서 번역해야 오역이나 착오를 줄일 수 있으나, 그렇지 못할 때에는 작품을 몇 번이고 통독하여 작품의 내용을 완전히 파악하는 것이 중요하다. 그러므로 영화 번역이란 영화의 한 구성 요소인 대사만 번역하는 것이 아니다. 번역자는 영화를 총체적으로 파악함으로써 그 작품의 주제, 감독의 연출 의도 등을 대사 속에 나타내야 한다. 또한 영화 번역은 드라마를 만들어 가는 것이므로 단순한 번역에 그치지 말고 시나리오를 쓰는 작가의 입장에서 번역에 임해야 한다. 번역가 민병숙은 "영화 번역이란 뽕잎을 먹어 실로 뽑아 내는 누에의 작업과 같고, 일상 언어를 시어(詩語)로 변용시키는 시인의 작업과 같다. 따라서 번역의 필수 조건은 인간과 인생에 대한 소화 능력과 언어 구사력이지 단순한 외국어 실력이 아니다. 외국어나 좀 알면 '나도 번역이나 해볼까' 하는 것은 팔다리가 있으니 '나도 발레나 해볼까' 하는 것과 같다."고 말했다(박찬순, 1998:91). 결국 이 말은 영화 번역이란 영상 작품의 재창조 작업이란 뜻이다.

영화 번역에서 유의할 사항은 다음과 같다(박찬순,1998:93-108).

첫째, 영화의 메시지 즉 주제가 편견 없이 올바르게 전달되어야 한다. 만약 어떤 반전(反戰) 영화에서 전쟁에 비판적인 장군의 성격이 'cautious'라고 묘사되어 있는 것을 번역자가 '소심한'으로 번역하고 전체적인 흐름을 그쪽으로 끌고 간다면, '신중한' 장군으로 번역한 것과는 엄청난 차이가 나게된다. 이러한 오류를 막기 위해서는 기획자측의 기획 의도를 사전에 알아두고, 충분한 번역 시간을 가져야 한다.

둘째, 대사는 무엇보다도 전달 기능을 우선적으로 고려해 번역해야 한다. 일회적 시간예술인 방송에선 다시 돌려보거나 곱씹어서 생각해 볼 시간적 여유가 없기 때문에 즉시 전달 가능한 표현을 쓰는 것이 효과적이라는 뜻이다.

He had never laid his wife on the bed of roses.

이 예문을 직역하면 '그는 좀체로 아내를 장미 침대에 누인 적이 없었다'가 된다. 그런데 서양사람들이 '장미침대'라는 표현을 쓸 땐 안락하고 편안한 생활을 뜻한다. 'Life is no bed of roses.'라는 서양 속담은 '인생은 결코 안락한 것이 아니다'는 뜻이다. 그러나 우리 나라 사람들의 생각 속에는 장미 침대라는 것이 생경하게 들려서 순간적으로 커뮤니케이션 기능이 약하다고 할 수 있다. 소설이라면, '장미침대'를 살려주고 주를 달아서 '안락한 생활'이라고 설명해 줄 수도 있다. 그러나 총알처럼 지나가는 영화의 대사라면 우리식 표현으로 가장 잘 전달될 수 있는 대사로 바꾸어주어야 한다.

그 남잔 아내를 꽃방석에 앉힌 적이 없어요.
그 남잔 아내를 편안하게 해준 적이 없어요.

가능한 한 비유를 살려준 쪽이 원작의 향기를 좀더 살렸다고 할 수 있을 것이다. 뜻풀이만을 해줄 경우 표현이 평범해져서 대사의 맛이 살아나지 않을 우려가 있다.

셋째, 대사 속에 인물의 성격이 나타나야 한다. 어린이에게 하는 아버지의 대사일 경우, '너희 아빠는 보수적인 사람이 아니다' 보다는 '너희 아빠는 앞뒤가 꼭 막힌 사람이 아니다' 또는 '너희 아빠는 답답한 사람이 아니다'로 바꿔 주는 것이 어린이 시청자에게 전달이 잘 될 것이다. 공상만화 영화에서 어린이가 하는 대사 중에 '외계인을 보면 친절하게 대하자는 공감대가 형성이 돼 있다'는 '외계인을 보면 정답게 대하자고 마을 사람들이 뜻을 모았대'로, '엄마는 나한테 애정이 없어'는 '엄만 날 사랑하지 않아'로 바꾸어 주는 것이 좋다.

넷째, TV 외화는 전파 매체의 특성상 고유 문화와 충돌되는 이질적인 외국 문화를 빠른 속도로 파급시키므로 충격적인 것은 순화하는 등 방송에 알맞게 고치고 때로는 각색할 필요도 있다. 또한 폭력물에 나오는 난폭한 대사나 불륜을 다룬 영화의 난잡한 대사 등은 순화시킬 필요가 있다. 외국어의 잔인하고 끔찍스러운 표현을 그대로 옮겨 놓음으로써 우리말을 오염시킬 수 있기 때문이다. 예를 들어 "I'm going to knock your teeth down into your fuckin' throat!"는 직역하면 "네 이빨을 한 방에 몽땅 부수어, 네 X같은 목구멍으로 쑤셔 넣을 테다!"이지만, "너 이빨 성한가 본데 맞아 볼래?", "너 이빨 부러지고 싶어서 안달이야?", "네 이빨을 그냥 날려 보낼 거야!" 등의 표현으로도 그 의미는 충분히 전달될 수 있다. 그러나 순화시킨답시고 원의와 상관없는 것으로 바꾸는 것은 원작의 의미를 왜곡하는 것이 되므로 주의해야 한다.

다섯째, 대사의 의미는 상황으로 파악해야 한다. Good morning을 굳이 '좋은 아침'이라고 번역해야 한다면 Good afternoon은 '좋은 점심', Good evening은 '좋은 저녁'으로 해야 하는가. 이들은 그저 '안녕하세요?' 정도면 충분하다. 자구에 매달리는 번역으로는 상황을 제대로 전달할 수 없다. 코미디일 경우에도 역시 자구에 얽매이지 말고 상황을 번역해 내야 한다.

영화 "사랑의 유람선(Love Boat)" 중에서 어떤 남편이 아내의 생일 케익 위에 딸기로 'To our beloved mother'라고 쓰려 했으나 딸기가 모자라 그만 'To our beloved moth'까지 밖에 쓰지 못했다. 아들이 이 글을 읽어 가다가 난처해서 더듬거리자 어머니가 "뭐? 나방이?(What? Moth?)"하며 반응을 하는 순간 주위에서 폭소가 터진다. 코미디 영화에서 웃음은 절대적이다. 화면에선 폭소가 터지는데 번역 대사는 전혀 우습지 않다면 잘된 번역이라고 할 수 없다. 이것을 글자 따르기식으로 번역을 한다고 생각해 보자. 'To our beloved moth'를 '사랑하는 어머'로 번역해 봤자 하나도 우습지 않다. 또 moth를 나방이로 번역할 경우에는 'To our beloved mother'를 어떻게 처리해야 할지 난감해진다. 이런 경우에는 상황을 모두 우리말로 바꾸는 것이 자연스럽다. 예를 들어 'To our beloved mother'는 '사랑하는 우리 여왕께'로, 'To our beloved moth'는 '사랑하는 우리 여오'로 번역한다. 아들이 '사랑하는 우리 여오'하며 말끝을 흐리자 어머니가 잘못 알아듣고 '뭐? 여우?'하며 반응하는 것으로 만들면 원작이 지닌 웃음의 요소가 잘 전달될 수 있을 것이다.

여섯째, 영화번역은 문어체가 아닌 실생활에서 쓰는 자연스런 구어체여야 한다. 다음의 예를 보자.

(1) Suddeniy Jenny stopped.
(2) I saw her face turn pale at the moment she saw him.

〈번역 1〉 (1) 갑자기 제닌 멈췄습니다.
(2) 난 그녀가 그를 본 순간 그녀의 얼굴이 창백해 지는 것을 보았습니다.

〈번역 2〉 (1) 갑자기 제닌 멈춰 섰어요.
(2) 그 남자를 본 순간 얼굴이 파랗게 질리더군요.

〈번역 1〉의 경우와 〈번역 2〉의 경우를 비교해 보면 어떤 것이 자연스러운지 쉽게 알 수 있다. 〈번역 1〉의 경우에는 불필요한 말들이 곧이곧대로 '해석'되어 있는데, 그렇게 되면 어색하다. 〈번역 2〉에서와 같이 불필요한 말들을 빼고 상황에 맞추어 바꾸어 주어야 한다. 즉 (1)번 대사가 있기 때문에 (2)에서는 she를 생략해도 좋을 것이다. 또 I saw 부분은 '질리더군요'에서 '내가 봤다'는 뜻이 나타나므로 굳이 '나는 봤어요'를 넣지 않아도 된다. 또한 대명사 그녀와 그, 당신, 그들은 우리말 대사에서는 어색하게 들리므로 꼭 필요한 경우 그이, 그 여자, 그 남자, 그 사람들로 쓰고, 그런 대명사를 빼고도 말이 된다면 굳이 넣지 않아도 된다.

또한 영화의 대사답지 않은 생경한 표현은 자연스럽게 다시 다듬어 주어야 한다. '우리도 이제 문화에 좀 노출돼야겠어' 보다는 '우리도 이제 문화 생활을 좀 해야겠어'가 자연스럽다. 그리고 어느 시민이 자기와는 별 이해관계도 없는 일이지만 공익을 위해 공무원에게 꼬치꼬치 캐고 들자 친구가 "Stop being your own worst enemy"라고 충고를 한다면 "네 자신의 최대의 적이 되는 짓은 그만둬"라고 하기보다는 "공연히 반감 사지 마."로 번역하는 것이 좋다. 이처럼 자국어와 언어 구조가 완전히 다른 언어를 번역할 때에는 언어 기호나 문법 규칙만 바꾼다고 번역이 되는 것이 아니다. 같은 상황에서도 그 언어 특유의 표현방식이 있으므로 상황과 의미를 완전히 소화한 뒤 자국어로 재창조해 내야 한다.

일곱째, 문화적으로 생경한 표현이나 관용구는 가능한 한 자연스런 목표언어로 바꾸되 지나치게 토속적인 것으로 바꾸어 화면과 유리되게 해서는 안 된다. 예를 들면 'a piece of cake'를 '누워서 떡 먹기'로, 'I'll bet against his winning'을 '그 녀석이 이기면 내 손에 장을 지지겠다'로 번역하는 것은 좋지 않다. 이런 번역은 의미 전달은 잘되지만 화면과 유리되어 우스꽝스럽게 들리기 때문이다.

영화 〈7년만의 외출〉에서 여주인공이 남편의 와이셔츠에 여자 립스틱이 묻어도 '라스베리 소스'가 묻은 걸로 굳게 믿는다는 이야기가 나온다. 여기서 라스베리 소스는 우리 나라 사람들의 생활 공간에 아직은 많이 침투되어 있지 않다고 할 수 있다. 따라서 주를 달 수 없는 방송의 경우에는 색깔이 비슷한 '딸기잼'이나 '토마토 케첩'으로 바꾸어 주는 것이 나을 것이다. '고추장'으로 바꾸어주면 안 된다. 지나치게 토속적인 냄새를 풍겨서 외화의 맛을 죽일 수 있기 때문이다.

여덟째, 영화 번역자는 무엇보다도 대본에 나와 있지 않은 영상언어를 읽을 줄 알아야 한다. 대본만으로는 도저히 파악할 수 없는 영화가 있다. 〈쥴리아 쥴리아(Julia and Julia)〉에서 두 명의 쥴리아는 누구누구인가. 영상언어를 읽는 연습은 한 장의 그림을 보는 연습에서부터 시작된다.

아홉째, 관계 설정과 어미 처리에 신중해야 한다. 서양 언어에는 존칭이 따로 없다. 그러나 우리 경우에는 호칭과 어미 처리로 존칭을 나타내기 때문에 번역에 들어가기 전에 관계를 설정하고 그에 따라 어미 처리를 해주어야 한다.

열번째, 이름은 일관성있게 한 가지로 통일해야 한다. 성으로 할 것인지, 이름으로 할 것인지를 정해 써야 한다. 그렇지 않으면 이름을 혼동할 수가 있기 때문이다.

번역은 영화의 종류에 따라 그 스타일이 조금씩 달라져야 한다. 여기서는 더빙용 번역과 자막용 번역으로 구분하여 살펴보기로 한다.

더빙용 번역 더빙용 번역은 원음을 죽이고 그 위에 번역 대사를 입히는 것이므로 무엇보다도 화면과 맞아야 한다. 주인공들의 입놀림이나 호흡, 대사의 길이가 화면과 일치되어야 함은 물론 제스추어나 연기, 뉘앙스까지도 화면과 맞게 번역되어야 한다. 대개의 경우 번역 대사가 길어지게 마련이어서 함축미를 살린 표현의 절제를 능숙하게 할 수 있어야 한다. 이 점이 영화 번역가에게는 가장 어렵고, 엄청난 시간과 노력이 드는 작업이다.

Well, my father was French-Canadian. My mother was American. I was born in South Dakoda

(영화 '4시의 악마 The Devel at fore O'clock' 중에서).

이 대사를 주인공이 너무 빨리 말해 버려 우리말로는 그 시간 안에 세 문장을 모두 소화해 낼 수 없을 때에는 문맥상 핵심이 되는 내용만 간추려야 한다. 여기서는 이름이 프랑스 이름 같다고 하자 자신의 출신을 밝히는 것이므로 부모의 국적과 출생지만 가려서 길이를 맞추는 게 중요하다.

〈번역 1〉 "네에. 아버지가 프랑스계 캐나다인이십니다. 어머니는 미국인이시고 전 남다코다에서 태어났습니다."

〈번역 2〉 "어머니가 미국인이고 출생지도 미국이지만, 아버지가 프랑스계 캐나다인이십니다."

빠른 시간 안에 일회적으로 지나가는 TV영화의 대사로선 〈번역 1〉보다 〈번역 2〉가 훨씬 전달이 잘 된다. 번역 과정에서 이런 취사 선택의 작업이 없이, 있는 그대로 모두 번역이 됐을 경우에는 더빙 시에 성우들이 곤경에 빠지게 된다. 입빠른 연기자가 설사 그것을 모두 구겨 넣었다 해도 너무 빨라 전달이 되지 않는다. 또 연기할 시간이 없이 대본을 읽어버리게 되어 자연스럽고 생생한 영화 대사가 되지 않는다. 그러나 빠른 코미디 영화의 경우에 대사의 속도감을 가능한 한 살려서 전체적인 흐름을 원작과 맞춰주는 것도 중요하다.

화면과 대사의 조화도 중요하다. "The enemy troops will be waiting for us, / here, at this point."는 "바로 이 지점에서 적군은 우리를/ 대기하고 있을 것이다." 또는 "적군은 바로 이 지점에서 우리를/ 대기하고 있을 것이다."로 해석될 수 있다. 그런데 이것이 어느 지휘관이 대원들에게 브리핑(briefing)을 하는 장면에 더빙 되는 경우, 배우는 'here, at this point'에서 지도 위의 한 지점을 가리키게 될 것이다. 이런 경우 위의 번역이 곤란하다는 것은 자명하다. 그러므로 이것은 "우리를 대기하고 있게 될 적군의 위치는/ 바로 이 지점이다." 또는 "적군은 우리를 기다리고 있을 터인데/ 바로 이 지점이다."라고 해야 우리말의 대사가 동작과 맞아 떨어진다.

화면과 대사의 조화라는 필요악 때문에 외화의 더빙 대사가 열악한 문장으로 흐르는 것은 어쩔 수 없지만, 번역자는 그 필요악을 최소화하기 위해 힘써야 한다.

자막용 번역 자막은 첫째는 자수를 알맞게, 둘째는 대화의 흐름이 잘 나타나게, 셋째는 읽기 쉽고 이해하기 쉽게 넣는 것이 중요하다. 「영상번역맛보기」(1999)에 소개된 자막 번역의 요령들은 다음과 같다.

첫째, 자막은 문장을 단위로 완성한다. 한 문장을 두 개의 자막으로 나눌 수 없다.

둘째, 대사의 호흡이 끊어지면 그에 따라 자막도 나누어진다. 한 문장 안에서도 호흡이 끊어지는 부분이 있으면 두 줄로 나누어 번역한다. 하지만 중요한 대화는 한 자막으로 처리하지 않는다. 두 사람의 대화가 짧게 이어지더라도, 두 대화 사이에 약간의 긴장감이 필요한 경우에는 시간적 공간을 두기 위해 자막을 따로 처리한다.

셋째, 대본에서 자막과 자막 사이에는 한 행의 간격을 두어 구분한다. 한 자막에 있는 대사의 줄과 줄 사이는 띄지 않는다.

넷째, 한 자막은 두 줄을 넘지 않는다. 한 줄에 들어가는 글자 수를, 글자만 세어 12자 이내로 맞추는 것이 좋다는 작가도 있고, 띄어 쓰기나 문장 부호를 포함해서 14자 이내로 맞추어 달라는 PD도 있다. 이것은 경험에서 얻은 대략적인 수치이며, 그 기준이 아직 통일되어 있지 않은 상태이다. 글자 수가 일정한 한도를 넘어서면 화면에 자막이 넘치므로 일정한 기준을 반드시 지키도록 한다.

다섯째, 두 사람의 대화가 짧게 이어질 때는 한 자막으로 처리한다. 각각의 대사 앞에 '-' 표시를 붙여 서로 다른 화자의 대사임을 나타낸다.

같은 화면에서 두 사람이 한꺼번에 대사를 할 경우에는

 수녀1 : -마리아는 못말리는 말썽쟁이예요./
 수녀2 : -하지만 그 덕에 웃는걸요./

이렇게 대사 앞에다 -표를 해주는 것이 국제적인 약속으로 되어 있다.

여섯째, 맞춤법이나 띄어쓰기를 제대로 지켜서 쓴다. 문장의 끝에 마침표를 붙이지 않는다.

일곱째, 대부분의 경우, "Yes"나 "No" 등으로 끝나는 간단한 대답이나 짧은 인사, 연이어 반복되는 대사, 여러 가지 신음소리, 영화 속에 자주 등장해 어느 정도 귀에 익은(?) 욕설들은 굳이 번역할 필요가 없다. 이와는 반대로, 대사가 너무 짧아서 직역하면 내용을 이해하기 어려운 경우에는 오히려 대사를 늘려서 번역하기도 한다.

여덟째, 동일한 인물의 호칭이 여러 가지로 나타날 때, 줄거리에 영향을 주지 않는 범위 안에서 인물의 호칭을 통일한다.

아홉째, 대사가 진행되는 속도와 눈으로 읽는 속도가 일치하도록 문장을 축약한다. 자막이 화면상에 떴다가 사라지는 시간을 고려한다. 즉 대사의 실연 시간보다 좀 더 짧은 시간 안에 자막을 전부 읽을 수 있도록 길이를 조절한다. 짧게 줄이는 것이 불가능할 때에는 길게 한 줄로 넣는 것보다는 짧게 두 줄로 넣는 것이 보기에 좋다.

문장을 축약할 때, 비중이 약한 대사 위주로 생략한다. 그러면서도 뜻은 다 살려야 하므로, 굳이 언급할 필요가 없는 주어나 자질구레한 수식어를 생략한다. Yes, No, Hello, Hi, Good morning, come on, hey, Thank 등과 같이 일상적으로 별 의미없이 씌여지는 말은 자막에서는 번역하지 않아도 된다. 그러나 극의 흐름에 중요한 단서가 되는 경우에는 넣어 주어야 한다. 또한 가게에서 화면에 도자기가 보이면서 "I want this chaina."란 대사를 했을 땐 주어와 목적어를 다 생략하고 '이걸로 주세요'로만 해도 충분하다. 화면에 시가가 보이면서 피우라고 권할 땐 더빙이든 자막이든 '태우시죠' 한마디면 된다. 물론 더빙에서는 길이가 맞는지를 우선 살펴야 겠지만 화면에 있는 것을 굳이 중복해서 말할 필요가 없다는 뜻이다. 아무리 원음이 동시에 전달되더라도 지나친 직역은 금물이다. 무조건 한 단어에 한 뜻으로 고정관념을 갖지 말고 상황에 맞게 번역한다.

자막 번역의 경우는 최대한 글자수를 줄여 의미를 간략하게 전달해야 하므로 조리 있는 문장력이 필요하다. 자막 번역은 TV 자막과 영화 자막으로 구분된다.

TV 자막 대사의 길이를 더빙처럼 엄격하게 맞출 필요는 없지만, 더빙용보다 더욱 간결하고 함축적이어야 한다. 그리고 대사가 계속되는 동안에 읽을 수 있는 자수로 번역해야 한다. 긴 자막은 영화 감상에 방해가 되므로 가능한 한 짧은 대사 속에 핵심이 되는 내용만 추려 담아야 한다. 그리고 자막을 화면의 전개에 맞추어 정확하게 넣어주는 것이 중요하다. 자막이 들어가는 한 화면을 하나의 번호로 쳐서 번역 대본과 원본 모두에 같은 일련 번호를 매긴다. 자막 PD가 자막을 처리할 때 대사를 구분하기 쉽도록 하기 위해서이다.

극장 영화 자막 극장 영화 자막은 TV와는 달리 자수가 좀 덜 들어가야 한다. TV가 12-14자로 두 줄까지 허용된다면, 극장용 자막은 10자로 두 줄까지 넣는 것이 보통이다. 관객과 화면과의 거리가

TV보다 훨씬 멀기 때문이다. 우리 나라에서 영화 자막은 지나치게 관객을 의식해 재미있게만 하려는 경향이 있어서 웃지 못할 넌센스 번역이 나오는 경우가 많다. 예를 들면 코믹한 주인공을 묘사할 때 '심형래 같은 녀석'이라고 한다든가 원본에서 '콜라 세대'라고 나온 것을 '오렌지족'으로 번역해 버리는 경우이다. 이 경우에는 현재의 우리와 미국인의 생활 공간에서 공통적으로 찾을 수 있는 인물로 바꿔주는 것이 좋다.

다음은 영화 〈파고(Fargo)〉의 대사와 번역본이다.(「영상번역 맛보기」, 1999:28-33) 번역본은 더빙 번역과 자막 번역을 동시에 비교할 수 있도록 나열했다. 더빙 번역은 공중파 방영을 목적으로 번역된 것이고, 자막 번역은 비디오 출시를 위해 번역된 것이다. 두 번역의 확연한 차이는 더빙 번역과 자막 번역을 이해하는 데 좋은 참고가 될 것이다. 두 번역을 차분히 비교하면서 함께 연구해 보자.

> Anderson : I'm, uh, Jerry Lundegaard……
> Younger Man : You're Jerry Lundegaard?
> Jerry : Yah, Shep Proudfoot said……
> Younger Man : Shep said you'd be here at 7:30.
> What gives, man?
> Jerry : Shep said 8:30.
> Younger Man : We've been sitting here an hour.
> He's peed three times already.
> Jerry : Oh, I'm sure sorry…… Shep told me 8:30.
> It was a mix-up, I guess.

IV. 번역의 실제 **287**

더빙 번역	자막 번역

제리 : 제가 제리 런디가듭니다/
칼   : 당신이요?/
제리 : 예/ 셰프 프라우드풋씨가……
 	
칼   : 일곱시 반이랬는데, 왜 이렇게 늦은 거요?/
제리 : 여덟시 반 아닌가요?/
칼   : 벌써 한 시간이나 이 친구하고 죽치고 있었소./
제리 : 아, 아 죄송합니다, 여덟시 반이라고 들었는데 / 뭐가 잘못됐나 보군요./
	제리 : 내가 제리 런디가드요
	칼 : - 제리 런디가드?
	제리 : - 그렇소
	       - 셰프 프라우드풋이……
	칼 : - 7시 반이랬는데, 뭐야?
	제리 : 8시 30분이랬소
	칼 : 1시간이나 기다렸어
	      오줌도 3번이나 쌌고
	제리 : 나한테는 8시 반이랬소
	      잘못 가르쳐 줬나 봐요

* 더빙 번역에서는 호흡의 끊기가 생명이다. 말을 잇기 위해 배우가 입을 열고 닫거나 숨쉬는 순간을 포착해 '/' 표시로 나타내 주면, 녹음 과정 전반에 걸쳐 이를 참고하게 된다. 시간적 간격에 따라 '/', '//', '///'로 늘려 준다.
* 자막 번역의 경우는 '함축미'가 생명이다. 한 줄은 12-14자 이내, 한 화면은 두 줄 이하로 제한된 글자수 안에서 모든 의미를 나타내므로, 배우들의 대사를 최소한의 길이로 줄여야 한다.

Younger Man : Ya got the car?
Jerry : Yah, you bet. It's in the lot there.
Brand-new burnt umber Ciera.
Younger Man : Yeah, okey. Well, siddown then. I'm Carl
　　　　　　　Showalter and this is my associate Gaear Grimsrud.
Jerry : Yah, how ya doin'. So, we all set on this thing,
　　　　then?
Carl : Sure, Jerry, we're all set. Why wouldn't we be?
Jerry : Yah, no, I'm, I'm sure you are. Shep vouched for
　　　　you and all. I got every confidence here in your
fellas.
　　　…… So I guess that's it, then. Here's the keys ……
Carl : No, that's not it, Jerry.
Jerry : Huh?

더빙 번역	자막 번역
칼 : 차는 가져왔소?/ 제리 : 예 … 물론이죠/ 밖에 있어요/ 최신형 밤색 시에라죠/ 칼 : 알았으니 좀 앉으슈// 난 칼 숄터고, 이 친구는 게어 그림스럿이요/ 제리 : 안녕하세요/ 그래/ 그 일을 해 주실 건가요?/ 칼 : 안 그러면 여기 왜 왔겠소?/ 제리 : 아……예, 물론 그러시겠죠/ 셰프씨가 아주 확실하신 분들이라고 하더군요……// 그, 그럼 됐군요, 저/ 열쇠를 드리죠/ 칼 : 그거 말고 또 있잖소?/ 제리 : 예?/	칼 : 차는? 제리 : 가져왔소, 주차장에 있어요 황갈색 '시에라'로 새 차죠 칼 : 좋다, 앉아 난 칼 쇼월터고 이쪽은 게어 그림스러드 제리 : 안녕들 하시오 그럼 준비된 거죠? 칼 : - 물론이지 제리 : - 그러시겠죠 쉐프가 믿을 수 있는 분이라고 보증하더군요 - 다 됐다니 열쇠를 주죠 칼 : -되긴 뭐가 돼?

Carl　: The new vehicle, plus forty thousand dollars.
Jerry : Yah, but the deal was, the car first, then the forty thousand, like as if it was the ransom. L thought Shep told you ……
Carl　: Shep didn't tell us much, Jerry.
Jerry : Well, okey, it's……
Carl　: Except that you were gonna be here at 7:30.
Jerry : Yah, well, that was a mix-up, then.
Carl　: Yeah, you already said that.
Jerry : Yah. But it's not a whole pay-in-advance deal. I give you a brand-new vehicle in advance and then ……
Carl　: I'm not gonna debate you, Jerry.

Ⅳ. 번역의 실제 291

더빙 번역	자막 번역

칼 : 4만 달러를 주기로 했잖소?/
제리 : 예, 저, 하지만 저, 차를 먼저 드리고, 4만 달러는/ 몸값으로 드리기로 했는데/ 얘기 못들으셨나요?/
칼 : 그런 얘기까진 없었소/
제리 : 아, 좋아요, 저……
칼 : 그냥 일곱시 반에 온다고 했어요/
제리 : 예…좀…뭐가 좀 잘못됐군요/
칼 : 그 얘긴 했잖소?/
제리 : 예…하지만 저, 처음에 다 주기로 한게 아니에요/ 그러니까/ 제 말은, 저, 먼저 새 차를 건네드리고 나서 나중에……
칼 : 그걸 따지자는 게 아니요/
	칼 : 4만 불 말이야
	제리 : 먼저 차를 받고
	    4만 불은 몸값으로 받는 거죠
	    -셰프가 얘기 안했어요?
	칼 : -그런 말 않했어
	제리 : - 좋아요, 그럼……
	칼 : - 7시 반에 온다는 것 외엔
	제리 : - 그건 잘못 알려준 거죠
	칼 : - 그 얘긴 이미 했어
	제리 : 처음에 다 받는 거 아녜요
	    처음엔 차만 받고……
	칼 : 논쟁하러 오지 않았어

학술적인 글 번역

3.1. 학술적인 글 번역의 의미

올바른 용어와 문장의 번역 학술적인 글의 번역은 선진 정보 유통이라는 차원에서 매우 중요한 의미를 갖는다. 예로부터 인문 과학이나 사회 과학 분야는 다른 나라의 정보를 폭넓게 수용해 왔고, 최근에 와서는 자연 과학 분야의 학술서 번역도 중요한 문제로 대두되고 있다. 그런데 우리의 번역서들을 보면, 인문·사회 과학 분야의 번역문은 난삽한 경우가 많으며, 자연 과학 분야의 번역서는 '차라리 원서를 읽는 것이 이해가 빠르다'고 자조하는 경우가 생길 정도로 부실한 경우가 많다.

첫 번째로 문제가 되는 것은 용어의 번역이다. 새로운 용어는 지속적으로 생겨나며, 그 용어들의 대부분은 외국서에 의해 수용된다. 그런데 우리나라의 경우 이 용어들을 직접 받아들이고 우리 나름대로 번역해서 수용하기보다는 일본에서 번역된 것을 수용한 사례가 적지 않다. 박갑수(1994)에서는 일본의 근대화 과정에서 자연 과학 분야의 학술 용어 번역 사례를 제시한 바 있는데, 그 가운데 상당수는 우리나라에 무비판적으로 수용된 것들이다.

산소, 수소, 질소, 탄소, 원소, 분자, 화학(화학)
중심, 구심력, 인력, 압력, 중력(물리)
지구, 우주, 대기, 기압, 수압, 위성(지구과학)
화분, 세포, 단엽, 복엽, 엽병(생물)

이 밖에 '철학', '미술', '동양화', '서양화' 등도 일본을 거쳐 들어온 용어들이다. 이 용어들은 이제 보편화되어 새롭게 바꾸는 것이 불가능하다. 이 용어들의 타당성 여부를 여기서 논하는 것은 어렵지만, 일단 번역되어 수용된 용어들은 좀처럼 바꾸기 힘들다는 점을 일깨울 수는 있다. 그러므로 새로운 용어의 번역은 신중하게 해야 할 것이다.

문제는 용어 번역 및 수용에 그치는 것이 아니다. 더 큰 문제는 원텍스트를 주체적으로 소화하여 우리말답게 번역하지 못한다는 데에도 있다. 이런 이유로 외국으로부터 유입된 정보는 자연스럽게 수용되지 못하는 경우가 많다. 그 예로 다음과 같은 번역문을 살펴보자.

> 기호(sign)라고 지칭되는 것은 흔히 우리가 동일한 방식으로 ①그것들이 앞서거나 뒤따르는 것을 관찰할 때 나타나는 후건의 전건이며, ②그 전건의 후건이다. 예를 들어 어둠침침한 구름은 비가 오리라는 기호이며, 비는 이전에 구름이 지나갔다는 기호이다. 이러한 이유 때문에 우리는 비를 동반하지 않는 구름을 생각하지 못하며, 또는 구름이 지나간 적이 없는 비를 생각하지 못한다. 기호 중에 어떤 것은 이미 예를 든 것과 같이 자연적인 것이며, 그리고 어떤 것은 우리가 수시로 선택하는 인위적인 기호이다. 예를 들어 ③문에 담쟁이 가지가 걸려 있는 것은 거기에서 술을 팔고 있음을 표시한다. ④땅에 돌을 세워 두는 것은 밭의 경계선을 표시한다. 이러저러하게 연결된 단어는 우리 마음의 생각과 변화를 표시한다.
> - Elemants of Philosophy. 2-2 번역문 일부 소개-

이 글은 어느 번역자에 의해 소개된 홉스의 '철학의 요소' 가운데 일부이다. 이 글에는 '전건, 후건, 기호'라는 어려운 철학 용어가 그대로 옮겨져 전문가가 아니라면 이해할 수 없다. 뿐만 아니라 직역투의 지시어 남용(①,②)이나 문화적인 배경을 고려하지 않은 채 단순 직역투로 옮겨진 내용(③,④) 등은 글을 더욱 어렵게 만든다. 다행히 이 글은 전문가를 독자로 삼고 있으며, 일상인들이 이와 같은 책을 무시해도 좋다고 여길 수 있기 때문에 큰 논쟁거리가 되지는 않을 수도 있다. 하지만 일반독자를 논외로 삼는 것이 정당한 것으로 인정될 수는 없는 일이다. 아마도 '전건, 후건'과 같은 용어를 일반인들이 좀더 쉽게 이해할 수 있는 용어로 바꾸거나 매끄럽지 못한 부분을 다듬어 옮긴다면, 달리 말해 '우리말답게' 옮길 수 있다면 철학의 대중화는 목소리 높여 외치지 않아도 저절로 이루어질 수 있을 것이다.

이와 같은 문제는 자연 과학 분야의 경우 더욱 심각한 문제를 낳는다. 어찌 본다면 자연 과학 분야는 번역 뿐만 아니라 자연 과학 분야에 종사하는 지식인들의 쓰기 능력 자체에 문제가 있기 때문에 발생하는 현상일 수도 있다. 예를 들어 보자.

〈내가 이 책에서 설명하려는 주제는 과학의 이와 같은 성장이 우리의 정신 상태를 새로운 색조로 채색해 온 나머지 과거에는 지력은 발달되었으며, 과거에 특이한 것으로 취급되었던 여러 새로운 사상이 교육 받은 사람들 사이에서 상식적인 것으로 받아들여지게 되었다는 사실이다. 이 새로운 형태의 사상은 여러 세기를 통해 유럽인들 사이에서 서서히 발전되어 왔다. 나중에는 이 사상이 과학을 급속도로 발전시키게 되는 계기가 되었다. 또한 이 <u>새로운 사상은 과학을 응용하는 작업에 있어서 더욱 강하게 작용하였다.</u> 〈새로운 사상은 새로운 과학이나 기술보다도 중요하다. 이 새로운 사상은 형이상학적 가설과 우리 정신의 상상적 내용을 변화시켰다. 따라서 지금에 와서는 낡은 자극이 새로운 반응을 일으키게 되었다.〉

- A.N. 화이트헤드, 『과학과 근대사상』에서

　이 글은 권위 있는 학자에 의해 번역된 고전적인 과학서의 일부이다. 번역자의 해박한 과학 지식 및 정확한 텍스트 이해에도 불구하고 일반 독자가 읽기에는 어려운 점이 몇 가지 있다. 그 까닭은 원 텍스트를 직역함으로써 우리 문화와 자연스럽게 연결되지 않는 부분(예를 들어 '정신 상태를 새로운 색조로 채색하다'와 같은 비유)에도 있겠지만, 밑줄 그은 부분처럼 의미 없이 쓰이는 문구가 많거나 〈 〉부분처럼 유사한 의미의 문장이 반복되는 데에도 요인이 있다. 결국 이러한 책도 일반 독자보다 전문가만을 위한 번역이 되어버린 셈이다. 그러나 이와 같은 글은 일반 독자도 읽을 수 있게 번역되어야 한다. 실제로 이 책은 대학생이나 일부 능력있는 고등학생에게 권장되고 있다.
　그러므로 우리말다운 번역을 위해 우리말을 구사하는 능력이 전제되어야 함은 지극히 당연하다. 우리말을 제대로 구사하지 못하는 사람이 번역 작업에 착수한다는 것은 일종의 지적 범죄 행위라고 불러야 마땅할 것이다. 특히 자연 과학 분야에 종사하는 일부 지식인들의 경우 매우 어색한 문장을 써 놓고, '우리들-해당 분야의 전문가들-은 문법이 맞지 않더라도 다 이해한다'는 식의 주장을 하는 경우가 있다. 다음은 어느 생물 교과서에서 발견된 비문법적이고 모호한 문장이다.

- ○ 살아 있다는 현상은 죽을 수 있는 물질이라는 상대적 개념으로 이해할 수 있다.
- → 살아 있음은 이와 상대적인 물질과 대조함으로써 이해할 수 있다.
- → 살아 있는 현상은 죽어 있는 물질과 상대적 개념이다.
- → 생존 현상은 비생존 대상인 물질과 상대적인 개념으로 이해할 수 있다.
- → 살아 있는 현상은 살아 있지 않은 존재인 물질과 상대적인 개념으로 이

해할 수 있다.

- ○ 생물과 무생물에서 확인할 수 있는 소에서 떼어낸 근육과 살아 있는 소의 근육을 비교하여 생명 현상을 설명하여 보자.
- → 살아 있는 소의 근육과 죽은 소에서 떼어낸 근육을 비교하여 생명 현상을 설명해 보자.
- → 생물과 무생물의 차이점을 이해하기 위하여, 소에서 떼어낸 근육과 실제 살아 있는 소의 근육을 비교하여 보자.

이와 같은 문장은 전문적인 지식을 소유한 사람들은 쉽게 이해할 수 있을지 몰라도 그렇지 않은 사람들이라면 그 내용을 이해할 수 없게 된다. 따라서 글을 쓰거나 번역을 할 경우 우리말을 먼저 공부하지 않으면 안 된다.

3.2. 학술적인 글 번역 연습

배경 지식 학술서 번역에서 유의할 점은 배경 지식을 갖출 필요가 있다는 것이다. 특히 전문적인 번역자가 아닐 경우 흔히 학습을 위한 번역을 해야 하는 경우가 많은데, 이 때 배경 지식을 갖추는 것은 번역을 위한 선행 작업이 되지 않을 수 없다. 예를 들어 대화의 기법을 연구 대상으로 한다면 다양한 대화 이론을 먼저 공부해 볼 필요가 있을 것이다. 또한 심리학적인 저작물을 번역하고자 한다면 그 분야의 기초적인 이론을 공부하지 않으면 안 된다. 이와 같은 배경 지식은 기존의 연구서들을 통해 얻을 수 있다. 특히 기존의 연구서에서 사용하는 개념을 파악하고, 전문 용어의 용법을 익혀 두어야 잘못된 번역을 하지 않게 된다. 문장이나 문단 전체에서 뜻하는 바를 정확히 이해하지 못한 채 문장의 구조만으로 번역 작업을 수행해 간다면, 엉터리 번역은 계속 나타날 수밖에 없다. 이런 점을 고려하여 인문·사회 과학 분야와 자연 과학 분야의 학술서를 선택하여 번역 연습을 하여 보자. 실제 한 권의 책을 선택하여 번역 연습을 하기는 매우 어려울 것이다. 따라서 이 글에서는 이들 분야의 번역 연습을 위한 몇 가지 예문을 분야별로 골라 보았다.

인문·사회 과학 분야 학술서 가운데 인문 과학 분야의 글은 다양한 인간 문제를 다루며, 사회 과학 분야의 글은 여러 가지 사회 현상을 다룬다. 인문·사회 과학 분야의 글은 사유와 관찰, 통계라는 방법을 사용함으로써 현실감을 높인다. 우리말다운 번역 능력을 기른다는 생각으로 다음의 글을 번역해 보자.

After my first year of marriage, I was the father of new baby and had two lovely stepdaughters. Lauren was the baby, Juliet was eight, and Shannon nearly twelve. Though my new wife Bonnie was a seasoned parants, this was my first experience. Having a baby, a child, and a preteen all at once was quite a challenge. I had taught many workshops with teens and children of all ages. I was very aware of the way children felt about their parents. I had also counseled thousands of adults, helping them resolve issues from their childhood. In areas where their parents' care was deficient, I taught adults how to heal their wounds by reparenting themselves. From this unique perspective, I began as a new parent.

At every step of the way, I would find myself automatically doing my parents had done. Some things were good, others were less effective, and some were clerly not good at all. Based on my own experience of what didn't work for me and the thousands of people with whom I had worked, I was gradually able to find new ways of parenting that were more effective.

To this day, I can remember one of my first change. Shannon and her mother, Bonnie, were arguing. I came downstairs to support Bonnie. At a certain point, I took over and yelled louder. Within a few minutes, I began to dominate the argument. Shannon became quiet, holding in her hurt and resentment. Suddenly, I could see how I was wounding my new stepdaughter.

In that moment, I realized that what I had done was a mistake. My behavior was not nurauring. I was behaving as my dad would when he didn't know what else to do. I was yelling and intimidiating was not the answer. From that day on, I were able to develope other, more nurturing ways to regain control when our children misbehaved.

- John Gray, Children are From Heaven에서

▶ 어휘 및 구문

. stepdaughter : 양녀
. season : 익숙해지다, 길들이다, 적응시키다, 맛을 내다
. reparenting : 재교육, 다시 키우기 parenting는 '육아, 양육'의 뜻임
. hurt and resentment : 상처와 분노
. intimidate : 협박하다, 고함치다.

▶번역예시문

결혼 후 일년 뒤, 나는 새로 태어난 한 아이의 아버지가 되었으며, 두 명의 사랑스런 양녀를 얻었다. 새로 태어난 아이는 로렌이고, 여덟 살인 줄리엣과 거

의 열 두 살인 샤논은 양녀였다. 나의 새로운 아내인 보니는 부모로서 익숙해 졌는데, 이것이 나의 첫 실험이었다. 한 아이, 어린이, 그리고 사춘기 직전의 아이를 동시에 갖는 것은 바로 하나의 도전이었다. 나는 십대들과 모든 연령의 어린이들을 대상으로 한 많은 공동 연수회에서 강의를 해 왔다. 나는 어린이들이 그들의 부모에 대해 느끼는 여러 가지 방식들을 깨닫고 있었다. 나는 또한 유년기로부터 발생하는 많은 문제들을 풀어가는 데 도움이 되는 방식을 수천 명의 성인들에게 자문해 주었다. 나는 가정에서의 상처들을 성인들이 그들 스스로 치유하는 방법을 가르쳐 왔는데, 부모들이 주의해야 하는 영역은 불충분한 것이었다. 이러한 독특한 예상을 바탕으로 나는 새로운 부모가 되기 시작했다.

이 방법의 각 단계에서, 나는 나의 부모들이 무의식적으로 해 왔던 일들을 발견하게 되었다. 어떤 일들은 매우 훌륭한 것이었으며, 다른 어떤 것들은 별로 효과적이지 않았고, 어떤 일들은 전혀 좋지 않은 것들이었다. 나의 경험으로 알게 된 하지 않았어야 할 일들, 그리고 내가 연구해 온 수천 명의 사람들을 토대로 나는 점차 효과적인 양육 방식을 발견할 수 있었다.

이 날 나는 나의 첫 번째 경험을 기억할 수 있다. 샤논과 보니가 다투고 있었다. 나는 아래층으로 내려와 보니를 지지했다. 어떤 점에서 나는 보니 대신 큰 소리를 쳤다. 몇 분 후 나는 이 다툼을 주도하게 되었다. 샤논은 조용해졌고, 상처와 분노를 안게 되었다. 나는 문득 내가 양녀에게 상처를 입혔다는 것을 깨달았다.

그 순간 나는 내가 행한 실수가 무엇인가를 알았다. 나는 훈육을 한 게 아니었다. 나는 나의 아버지가 그 스스로 무엇을 했는지 알지 못한 채 행동했던 것과 마찬가지로 행동한 것이었다. 나는 아이를 통제하기 위해 고함치고 협박했다. 내가 무엇을 해야 할지는 모르더라도, 고함과 협박이 해결의 방법이 될 수 없다는 것은 알았다. 그날 이후 나는 나의 애들에게 다시는 고함을 치지 않았다. 아내와 나는 아이들이 잘못된 행동을 할 때 이를 가르치는 좀더 교육적인 다른 방법들을 개발했다.

이 글은 자녀를 양육할 때 효과적인 대화의 방법을 심리학적으로 분석하기 위해 체험한 것을 소개한 글이다. 따라서 심리학적 배경 지식을 바탕으로 글을 읽고, 이를 우리말답게 옮길 수 있어야 한다.

똑같은 요령으로 다음 자료를 더 번역하여 보자.

Ordinarily when we think of the crowd, we picture a group of individuals massed in one place; but as the opening illustration of the chapter indicates, physical proximity is not essential to crowd behaviour, especially in a society like ours with instruments of mass communication like the newspaper and radio. What is crucial to the understanding of the crowd is the highly emotional responses of individuals when they are released from the restraints that usually inhibit extreme behaviour. What releases the customary reatraints and lead to crowd behaviour?

Crowd emotionality is perhaps best interpreted in terms of heightened suggestibility, that is, the tendency of an individual in a crowd to respond uncritically to the stimuli provided by the other members. The individual learns to make almost automatic responses to the wishes of others, particularly those in authority and those he greatly respect. From infancy on, he is so dependent upon the judgment of others for direction in his own affairs that he comes to lean heavily on the opinions of others. Moreover, he learns to value highly the esteem in which other persons hold him, and consequently he courts their favour by conforming to their ways and wishes. For these reasons, among others, when he finds himself in a congenial crowd of persons, all of whom are excited, it is natural that he, too, should be affected.

-William F. Ogburn & Meyer J. Nimkoff, 'Crowds' 중에서

▶ 어휘 및 구문

 · heightened → made higher(or stronger)
 · heightened suggestibility 고조된 암시 감응성(感應性), 피암시성

▶ 번역예시문

 일반적으로 군중을 상상할 때, 한 장소에 밀집된 개개인의 집합을 연상한다. 그러나 이 장의 서두에서 지적한 것처럼, 신문이나 라디오 같은 대중매체를 가진 사회에서의 물리적인 근접은 군중의 행동에 있어서 본질적인 것이 아니다. 보다 본질적으로 군중을 이해하기 위해서는 억제에서 해방될 때 극단적인 행동을 보여주는, 개개인의 정서적 반응을 알아야 한다. 무엇이 일상적인 자제력을 약화시킴으로써 군중행동을 하도록 하는가?
 군중들의 정서적 반응은 고조된 암시감응성의 개념에 의해 해석될 때 잘 이해될 수 있다. 고조된 암시 감응성이란 다른 사람들에 의해 제공된 자극에 무비판적으로 반응하는 군중 속의 한 개인의 성향을 의미한다. 개인은 다른 사람들의 소원에, 특히 권위는 사람들이나 크게 존경받는 사람들의 소원에 거의 자동적으로 동조는 것을 배운다. 이런 개인은 어릴 때부터 남들의 판단에 의존하여 자신의 일의 방향을 결정하는 일이 많다. 게다가 다른 사람들이 그에 대해 평가하고 존경하는 것을 배우기 때문에, 다른 사람들의 소망이나 방식에 자신을 순응시킴으로써 그들의 호감을 사려 한다. 바로 이런 이유들 때문에 그는 군중 집단에 동화하게 되고, 그들이 모두 흥분할 때, 자연적으로 영향을 받는다.

 자연 과학 분야 일반적인 독자는 자연 과학 분야의 글을 대할 때 어렵다는 인상을 갖는다. 그러나 번역자의 입장에서는 반드시 그렇게 느끼지만은 않는다. 그 까닭은 자연 과학 분야의 글은 비교적 명쾌하고 짧은 문장으로 구성되는 경우가 많기 때문이다.
 그렇지만 자연 과학도 에세이에 가까운 글은 결코 쉽지 않다. 많은 자연 과학 분야의 번역글 가운데는 복잡한 문장 형식, 수식어,

비유적인 표현이 사용되고 있음이 드러난다. 예를 들어 다음과 같은 '혼돈 이론'이 그 중 하나이다. 이러한 글 속에는 생소한 개념이 나오기도 하며, 쉽게 이해할 수 없는 내용이 나오기도 한다. 이와 같은 글을 번역하기 위해서는 새로운 개념에 대한 사전 지식을 갖추고 번역에 임하는 것이 좋다. 이러한 능력을 기르기 위해 다음 글을 번역해 보자.

> Going beyond simple catastrophe and discontinuity, chaos theory brings with it a more sinister message. Chaos theory holds, essentially, that all systems tend toward chaos. Crudely summarized, there are two sorts of chaotic systems- deterministic and non-deterministic. Systems behavior consistent with deterministic chaos will reflect a unpredictable pattern of events within a set of broadly predictable parameters. Individual events are not predictable, but the general shape and direction of the composite system is. A non- deterministic system would reflect an evolution that is inherently unpredictable. Thus, systems in a not- deterministic mode have no predictable order, and forecasting is neither useful nor meaningful at the level of an individual event or at a systemic level.
>
> — 인종설(2001), 'Chaos theory'에서 다시 옮김

IV. 번역의 실제 **303**

▶ 어휘 및 구문

. system이라는 용어는 매우 다양한 의미로 쓰이기 때문에 정확하게 옮기는 것이 쉽지 않다. '시스템'이라는 외래어를 그대로 사용하기도 하지만, 여기서는 일반적으로 사용하는 '시스템'과는 다른 뉘앙스를 풍긴다. '계(系)'라는 용어를 쓰는 것이 좋다.
. deterministic는 '결정적인 것'이 아니라 '결정론적인 것'을 의미한다.

▶ 번역예시문

카오스 이론은 단순한 파국과 단절을 훨씬 넘어서는 불길한 메시지를 내포하고 있다. 카오스 이론은 모든 계(系)가 필연적으로 혼돈을 향해 나아가는 경향을 띤다고 주장한다. 간단히 요약하자면, 혼돈계에는 결정론적인 것과 비결정론적인 것 등 두 가지 종류가 있다. 결정론적인 혼돈에 상응하는 시스템 행동은 대체로 예측 가능한 일련의 매개 변수 속에서 일어나는 예측 불가능한 유형의 사건들을 반영한다. 개별적인 사건은 예측할 수 없지만, 복합적인 시스템의 전반적인 형태와 방향은 예측할 수 있다. 비결정론적인 시스템은 본질적으로 예측이 불가능한 진화를 반영한다. 따라서 비결정론적인 양태의 시스템에서는 예측 가능한 질서를 찾아볼 수 없으며, 예측은 개별 사건 단위 혹은 시스템 단위에서 유용하지도, 의미가 있지도 않다.

인문·사회 과학의 번역에서도 그렇겠지만 자연 과학 분야의 글을 번역할 경우에는 설명하고자 하는 내용이나 주장하고자 하는 내용을 정확히 파악하는 것이 중요하다. 글 속에서 주제를 파악하고, 전달하고자 하는 바를 확인하며 글을 독해한 뒤 번역에 임하는 것이 좋다. 그 과정에서 전문 용어의 쓰임새를 확인하고, 글의 내용을 비판하며 읽는다면 번역에 큰 도움이 될 것이다. 이러한 점을 유념하면서 다음 자료를 번역하여 보자.

The energy-environment conflict has a new battlefield-diesel cars. The Environmental Protection Agency(EPA) has been under pressure to consider economics and energy conservation. The feeling is that it must base its standards on what the auto industry is capable of achiving with avaible technology. At the same time, it must protect the public bealth. In December 1979, the EPA made a compromise decision, allowing General Motors and two foreign car manufactures to install four diesel engines in 1981 and 1982 that will not meet nitrogen oxide standards for those years.

Diesels produce copious clouds of particles - microscopic specks of carbon. The particles contain compounds that are known to cause cancer. No one is certain that they are concentrated enough to be dangerous, but there is no question they can generate high levels of anxiety. Cancer from synthetic chemicals — so-called environmental cancer — has come in recent years to rival, if not replace, nuclear holocaust as the major specter of technology gone amok. Voices both within the EPA and without are urging a temporary freeze on new industry commitments to the diesel, while more conclusive information is assembled.

At the same time, diesel automobiles are so popular today that some buyers are waiting months for them, or paying hundreds of dollars over list price. Diesels get, on average, about 25 per cent better mileage gasoline-engine cars. By the late 1990's this could cut total automobile fuel consumption by about six per cent.

For this reason diesels may offer the only practical hope for the continued production of full-size, six-passenger cars and station wagons that many people in the United States regard as necessities. EPA decision-makers must thus grapple explicitly with what is becoming the central regulatory dilemma of the age :

> choosing between how much safety is possible and how much is practical.
>
> — Charles G. Burck, 'Cancer and the Diesel Car'

전문적인 학술서에서는 일상어와 달리 사용되는 단어가 자주 나온다. 이러한 점을 고려할 때 이 글에서는 다음과 같은 단어의 쓰임에 주의할 필요가 있다.

▶ 전문성을 띤 단어

- nitogen oxide : 질소 산화물
- particle : 미립자를 뜻하는 단어로, cloud of particles을 우리말로 매끄럽게 옮기기 위하여 먼지 구름으로 풀이함.
- microscopic specks of carbon : 미세한 탄소 입자
- synthetic chemicals : 합성 화학물질
- mileage : 마일 수, 주행거리

여기에 제시한 단어는 일상어에서는 잘 쓰이지 않거나 일상어에서는 다른 의미를 갖는 경우의 단어들이다. 이러한 분야의 글을 번역할 때에는 그 분야의 지식을 갖춘 사람의 도움을 받는 것이 효율적이다. 이와 같은 점을 고려하여 다음의 번역글을 비교해 보자.

▶ 번역예시문

에너지와 환경의 갈등은 디젤 자동차라는 새로운 전쟁터를 만들었다. 환경보호국(EPA)은 경제와 에너지 관리를 고려해야 하는 압력을 받고 있다. 이 감각은 자동차 산업이 실용 기술의 기준에 토대를 두어야 한다는 것을 의미한다. 동시에 그것은 공중 보건을 지켜야 한다는 것이다. 1979년 12월 환경보호국은 제너럴 모터스와 두 개의 외국 자동차 제조 공장이, 1981년과 1982년에 네 개의 디젤 엔진을 장치할 수 있도록 허용하며 이 해 동안에 질소 산화물의 기준에 어긋나지 않아야 한다는 절충적인 결정을 내렸다.

디젤 자동차는 미세한 탄소 입자와 같은 많은 먼지 구름을 일으킨다. 이 입자들은 암을 유발하는 것으로 알려진 합성물을 함유하고 있다. 어느 누구도 그것이 매우 위험하다는 것을 주목하지 못하겠지만, 이들이 심각한 걱정거리를 만들어 낼 수 있다는 점은 의심할 여지가 없다. 이른바 합성 화학물질에서 비롯된 암은 최근 몇 년 동안, 테크놀로지의 유령으로 간주되는 핵 살상이 일으킨 정신 착란과 맞먹게 되었다. 환경보호국 내부의 목소리와 디젤에 대한 새로운 사업 허가를 일시적으로 동결해야 한다는 촉구가 없었음에도 더 많은 결정적인 정보가 수집되었다.

오늘날 디젤 자동차는 차가 출고될 때까지 한 달을 기다리거나 기준가에 몇 백 달러를 더 주어야 할 정도로 일부 사업가들에게 인기가 있다. 디젤은 가솔린 자동차와 비교하여 주행거리가 평균 25 퍼센트 정도 효율적이다. 1990년 후반 약 6 퍼센트로 추산되는 자동차 연료를 절감했다.

이와 같은 이유에서, 많은 미국인들이 6인승 자동차와 역의 사륜차를 필수품으로 간주하듯이 디젤은 단지 현실적인 희망에서 최대 규모의 생산을 지속하게 될 것으로 보인다. 환경보호국의 결정은, 얼마나 안전할 수 있는가와 얼마나 현실적인가 사이의 선택인, 이 시대의 주요 규제 딜레마에 부딪히게 될 것이다.

오늘날 우리는 다양한 번역 문화 속에서 살아간다. 특히 선진 학문을 수용하고 재창조해 가는 과정에서 인문·사회 과학과 자연 과학 분야의 글을 제대로 번역하는 문제는 중요한 의미를 지니지 않을 수 없다. 다만 우리의 번역 문화는 아직까지 외국의 유명한 책을 번역하는 경우가 많기 때문에, 개별적인 논문이나 강연문 등을 번역하는 데는 인색한 느낌을 준다. 여러 분야의 학계에서 개별 학회를 중심으로 외국 논문을 번역하여 발표하거나 게재하는 경우가 있는데, 이와 같은 전문적인 번역 문제는 더 많은 기술적인 문제가 뒤따른다. 이 점에서 '우리말답게 번역하기'는 그와 같은 기술적인 문제를 포함시켜 논의 대상으로 삼지는 않았다. 다만 번역 문화에서 원텍스트를 이해하는 것 못지 않게 모국어를 올바르게 사용하는 문제는 학술적인 글의 번역에서도 중요한 의미를 갖는다.

참 고 문 헌

가르니에(B. Garnier)(1998)/김종규·김정연 옮김(2002), 『번역교육과 교육에서의 번역』 3-25, 고려대학교 출판부.
가타오카 시노부 / 지동하·이광선 옮김(1993), 『번역프리랜서의 길』, 한얼.
강주헌(2002), 『강주헌의 영어번역 테크닉』, 국일미디어.
강희성(1987), 현대 번역 이론 연구, 『사대논문집』(제15호), 부산대.
고영근(1999), 『텍스트 이론-언어문학통합론의 이론과 실제』, 마르케.
고영민·이영권·전형구 공저(2000), 『무역영어』, 두남.
국립국어연구원(번역반)(1998), 『국어문화학교(번역반)』, 국립국어연구원.
권응호(1993), 『영어 번역 이렇게 한다』, 학일출판사.
권재일(1994), 『한국어 통사론』, 민음사.
그라이스(H. P. Grice)(1975), Logic and converation, in Cole, P. and J. Morgan (eds) : Syntax and Semantics Vol.3 : Speech Acts. New york : Academia Press.
그레이(J. Gray)(2001), *Children are From Heaven*. Quill Harper Collins Publishers.
김승용(1998), 『프리랜서 번역서로 돈버는 이야기』, 제일법규.
김영호(1973), 동시 통역을 위한 시설과 훈련 장치, 『언어와 언어학』(1-2), 한국외국어대학교 언어연구소.
김원식(1985), 번역과 번역학-언어학적 고찰-, 『통역대학원 논문집』(제1호), 한국외국어대학교.
김용경(1996), 『때매김법 연구』, 박이정.
김윤진(2000), 『불문학텍스트의 한국어 번역 연구』, 서울대학교 출판부.
김윤진(2001), 번역에 관한 이론적 논의, 『인문논총』(제9호), 경원대학교 인문과학연구소.
김윤한(1982), 번역과 의미 문제, 『언어학』(제5호), 한국언어학회.
김윤한(1983), 번역 과정의 설정과 그 문제점, 『언어학』(제6호), 한국언어학회.

김윤한(1987), 번역론, 『한글』(제196호), 한글학회.
김인환(1993), 번역과 맥락, 『상상력과 원근법』, 문학과 지성사.
김정우(1990), 번역문에 나타난 국어의 모습, 『국어생활』(제21호), 국립국어연구소.
김정우(1994), 『영어-한국어 번역의 언어학적 연구』, 국립국어 연구원.
김정우(1997), 『영문 번역을 하려면 꼭 알아야 할 90가지 핵심 포인트』, 창문사.
김정우(2000), 『이솝우화와 함께 떠나는 번역여행 1』, 창해.
김종길 외(1997), 『한국 문학의 외국어 번역』, 민음사.
김지원(2000), 번역 연구의 발전과 번역학의 현황, 『번역학 연구』1-1(창간호), 한국번역학회.
김진경(2001), Moby-Dick번역의 문제점들에 대한 고찰, 『인문논총』(제9호), 경원대학교 인문과학연구소.
김진섭(1990), 번역과 문화, 『국어생활』(제21호), 국립국어연구소.
김현창(1973), 동시 통역을 위한 통사론적 고찰-로만스어, 특히 프랑스어를 중심으로-, 『언어와 언어학』1-2, 한국외국어대학교 언어연구소.
김형엽(2001), 『영문법의 실체와 이해』, 고려대학교 출판부.
김효중(1998), 『번역학』, 민음사.
김효중(2000), 번역 등가의 개념과 유형 설정, 『번역학연구』(1-2), 한국번역학회.
김효중(2001), 한국문학 번역과 문화적용의 문제, 『인문논총』(제9호), 경원대학교 인문과학연구소.
나이다(E. A. Nida)/ 송태효 옮김(2002), 『언어간 의사소통의 사회언어학』, 고려대학교 출판부.
나이다·태버(E. A. NIda, & C. Taber)(1974), The Theory and Practice of Translation. Brill. Leyden.
뉴마크(P. P. Newmark)(1988) A Text of Translation. Prentice Hall. London.
당세트(J. Dancette)(1995), Parcours de traduction. Etude experimentale du processus de comprehension, coll., Etude de la traduction, Lille, Presses Universitaires de Lille.
데보라 카메론/ 이기우 옮김(1995), 『페미니즘과 언어 이론』, 한국문화사.

들릴·리잔케(Delisle, J & H. Lee-Jahnke)감수, 김종규·김정연 옮김(2002), 『번역교육과 교육에서의 번역』, 고려대학교 출판부.
디르뱅(R. Dirven)/이기동 외 옮김(1999), 『언어와 언어학: 인지적 탐색』, 한국문화사.
라보(E. Lavault)(1998)/김종규·김정연 옮김(2002), 『번역교육과 교육에서의 번역』 97-117, 고려대학교 출판부.
레이브(K. Reiβ)(1983), *Texttyp und Ubersetzungsmethode. Der operative Text*, Kronberg/Ts. (=Monographien Literatur Sprache Didaktik, 11)
르드레르(M. Leaderer)(1994), *La troduction aujourd'hui*, Hachette, Paris.
르드레르(M. Leaderer)/전성기 옮김(2001), 『번역의 오늘』, 고려대학교 출판부.
리치(G. N. Leech)(1981), *Semantics*. Penguin. Harmondsworth.
마루야마 마사오·가토 슈이치/ 임성모 옮김(2000), 『번역과 일본의 근대』, 이산.
무냉(G. Mounine)(1976), *Linguistique et Traduction*, Bruxelles, Dessart et Mardaga.
문 용(1990), 번역과 번역문화, 『국어생활』(제21호), 국립국어연구소.
민현식(2000), 『국어교육을 위한 응용국어학 연구』, 서울대학교 출판부.
박명석(1973), 한영·영한 동시 통역에 있어서의 문제점, 『언어와 언어학』1-2, 한국외국어대학교 언어연구소.
박순함(1973), 통사론적 이론에 비추어 본 동시 통역, 『언어와 언어학』1-2, 한국외국어대학교 언어연구소.
박여성(2000), 번역학의 인식론적·언어학적 정초, 번역학 연구 1-1(창간호), 한국번역학회.
박여성(2002), 텍스트 언어학의 입장에서 고찰한 "번역투"의 규명을 위한 연구, 텍스트 언어학회 춘계학술대회 발표요지.
박영순(2000), 『한국어 은유 연구』, 고려대학교 출판부.
박용수 편저(1999), 『번역의 혁명』, 토몽C&C.
박종한(2000), 『중국어 번역테크닉』, 중국어문화원.
박종한·오문의 공저(2002), 『중한번역연습』, 한국방송통신대출판부.
박찬순(1998), 『방송 번역작가의 세계』, 인능원.

박형훈(1999), 『무역실무영어』, 대율출판사.
보그랑데·드레슬러(1981)/김태옥·이현호 옮김(1991), 담화·텍스트 언어학 입문 (Introduction to Textlinguistics), 양영각.
배진용(1997), 『두 번만 읽으면 끝나는 영문법』, 도솔.
배충의(1993), 『통의관은 반역자』, 소시민.
번역아카데미(1996-2001), 『번역나라』 1-15권.
벨(R. T. Bell)(1991)/ 박경자·장영준 옮김(2000), 『번역과 번역하기』, 고려대학교 출판부.
벨록(H. Belloc)(1931), On Translation, Oxford : Clarendon Press.
브링커(K. Brinker)(1992)/이성만 옮김(1994), 텍스트언어학의 이해(Linguistische Text analyse), 한국문화사.
서의석(1997), 『번역의 길라잡이』, 한국번역가협회 출판국.
선길균(1998), 『무역영어』, 상쾌한.
송계의(2001), 『인터넷 무역영어연습』, 동성출판사.
수잔 배스넷-맥과이어/ 엄재호 옮김(1993), 『번역학 개론』, 인간사랑.
스톨즈(R. Stolze)(1992), Hermeneutsches Ubersetzen, Tübingen : Gunter Narr Verlag.
시사통역사 편집부(1999), 『번역기초완성』, 시사통역사.
시사통역사 편집부(1999), 『번역에 필요한 영문법』, 시사통역사.
시사통역사 편집부(1999), 『실용영어번역』, 시사통역사.
시사통역사 편집부(1999), 『영상번역 맛보기』, 시사통역사.
시사통역사 편집부(1999), 『중급번역연습』, 시사통역사.
시사통역사 편집부(1999), 『중급번역이해』, 시사통역사.
시사통역사 편집부(1999), 『초급번역연습』, 시사통역사.
쓰지 유미/ 이희재 옮김(2001), 『번역사 산책』, 궁리.
안정효(1996), 『영어 길들이기(번역편)』, 현암사.
안정효(2000), 『가짜 영어 사전』, 현암사.
안종설(2001), 『영어번역 함부로 하지 마라』(인문편), 아카데미 영어사.
알비르(A. H. Albir)(1990), La notion de fidelite en traduction, Didier

Erudition, Paris.
야콥슨(R. Jakobson)(1966), On Linguistics aspects of translation, in Brower, R. A.(ed.)
양인석(1973), 기계번역에 대하여, 『언어와 언어학』1-2, 한국외국어대학교 언어연구소.
유영난(1991), 『번역이란 무엇인가 - 박완서의 엄마의 말뚝Ⅰ- 英譯을 중심으로』, 태학사.
이건원(1978), 번역과 의미, 『어학연구』14-1. 서울대학교 어학연구소.
이근달(1997), 『영문 번역의 노하우』, YBM 시사영어사.
이근달(1998), 『알고 하면 쉬운 영문번역 노하우』, 시사영어사.
이기문(2001), 『번역의 길라잡이』, 백산출판사.
이난희(1995), 번역에 있어서 텍스트 유형 구분의 문제, 『텍스트언어학』3, 텍스트언어학회.
이상섭(1990), 번역 일반론, 『국어생활』(제21호), 국립국어연구소.
이석규 외(2001), 『텍스트 언어학의 이론과 실제』, 박이정.
이성범(1999), 『언어와 의미』, 태학사.
이승명(1998), 『의미론 연구의 새 방향』, 박이정.
이정근(1976), 성서 '새번역'에 대한 국어학적 고찰, 『김형규 교수 정년 퇴임 기념 논총』.
이정식(2002), 인지적 패턴에 기반한 번역의 이론화 시론, 텍스트언어학회 춘계학술대회 발표요지.
이종인(1998), 『전문 번역가로 가는 길』, 을파소.
이창수(2000), 『문학작품에서의 비유적 번역 - Relevance Theory의 관점에서』
이현호(1993), 『한국현대시의 담화・화용론적 연구』, 한국문화사.
인종설(2001), 『영어번역, 함부로 하지 마라(인문편)』, 아카데미영어사.
임지룡(1997), 『인지의미론』, 탑출판사.
장경희(1985), 『현대 국어의 양태범주 연구』, 탑출판사.
장의원(1999), 『기초중국어 번역』, 신성출판사.
장진한(1990), 번역과 우리말, 『국어생활』(제21호), 국립국어연구소.

전성기(1992), 불어와 한국어의 의미론적 대조분석, 『이중언어학회지』(제9호), 한국이중언어학회.
전성기(1996), 『佛韓 번역 대조 분석』, 어문학사.
전성기(2002), 『의미번역문법』, 고려대학교 출판부.
전창원(1999), 『무역서한 사례연구』, 시사영어사.
정재운(2000), 『무역영어』, 박문각.
조재영(1999), 번역에서의 의미와 형태, 『언어와 언어학』(제24호), 한국외국어대학교 언어연구소.
즈다니스(J. Zdanys)(1987), Teaching Translation: Some Notes Toward a Course Structure.
지동하·이광선(1994), 『번역프리랜서의 길』, 한얼.
지정숙(1997), 『번역의 기초이론』, 한국번역연구원.
촘스키(1981)/이홍배 옮김(1987), 『지배·결속 이론』, 한신문화사.
최석범(1998), 『초급무역영어연습』, 등용문출판사.
최석범(1998), 『중급무역연습』, 등용문출판사.
최정화(1997), 『통역과 번역을 제대로 하려면』, 신론사.
최정화(1998), 『통역번역입문』, 신론사.
최정화(2001), 『최정화교수의 통역/번역 노하우』, 넥서스.
캣포드(J. C. Catford)(1965), A Linguistic Theory of Translation. Oxford University.
쾰러(W. Koller)(1992)/ 박용삼 역(1999), 『번역학이란 무엇인가』, 숭실대학교 출판부.
타이틀러(A. Tytler)(1971), Essay on the Principles of Translation. Dent. London.
태평무(1999), 『중국어 번역 이론과 기교』, 신성출판사.
트랜스쿨 엮음(2000), 『좋은 영어번역 노하우 101강』, 씨앗을 뿌리는 사람.
팔머(F. R. Palmer)/ 현대언어학연구회 옮김(1989), 『의미론』, 한신문화사.
푸르케(J. Fourquet)(1972), La traduction vue d'une theorie du langage, *Langages*, 28.

페르니에(M. Pergnier)/ 김현권·노윤채 옮김(2001), 『번역의 사회언어학적 기반』, 고려대학교 출판부.
하트만·스톡(Hartmann, R. R. K. & F. C. Stork.)(1972), *Dictionary of Language and Linguistics*. Applied Science. Amsterdam.
한국교육문화원(2000),『무역영어』, 한국교육문화원.
한동완(1996),『국어의 시제 연구』, 태학사.
한순복(1999),『한국식 영어 표현 바로잡기』, 홍익미디어플러스.
허재창(2000),『종합무역영어연습』, 박영사.
현숙자(1987), 한·일 한자음 비교 연구,『언어와 언어학』(13-17), 한국외국어대학교 언어연구소.
홍기만(1993),『번역-TV외화와 번역의 실제』, 백수사.
홍성규(2000),『무역영어연습』, 동성사.

찾아보기

【ㄱ】

간결체 222, 223, 232
감탄문 167, 170
개성적 문체 222, 223, 232, 234, 235
개연성 103, 104, 105
격률 67, 94, 95, 96, 216
격상(格上:upgraded) 105
격조사 41, 49, 163
결과 목적어 188
겹문장 191, 192
경수필 271, 273
경어법 227
공손성(politeness) 96, 97, 99
공손성의 등가 97
관계 설정 17, 281
관계대명사 157, 158, 160, 161, 162, 233
관계사 160, 186, 196
관계적 내용 148
관계절 161
관사 101, 153, 154, 155, 158, 164, 209, 231
관용 표현 142, 208, 209
구 146, 147, 149, 153, 156, 163, 164, 165, 185, 186, 187, 190, 191, 197, 209, 213, 233

구어체 133, 135, 205, 223, 224, 225, 226, 264, 276, 279
굴절적 표현 148
기능적 문장 투시법 70
기능적 번역 221
기술 번역 23
기호화 21

【ㄴ】

높임법 42, 45, 46, 223, 227

【ㄷ】

다의어 202, 203
단문 33, 192, 196, 199, 265
단어 27, 28, 29, 33, 35, 36, 37, 39, 40, 41, 43, 47, 50, 51, 55, 62, 63, 64, 71, 81, 84, 86, 88, 89, 90, 100, 101, 113, 115, 122, 123~127, 134, 136, 137, 143~149, 156, 160, 164, 165, 179
담화 의미론 214, 215, 216

담화분석 61
대등절 192, 193
대명사 33, 83, 134, 157, 158, 159, 160, 161, 162, 186, 190, 191, 199, 227, 233, 280
대사 235, 268, 276~279, 280~287
대용형 70
대응 15, 33, 36, 88, 124, 148, 156, 158, 166, 169, 181, 193, 201, 202, 207, 208
대화 14, 94, 95, 96, 113, 133, 146, 217, 218, 219, 222~226, 228, 229, 230, 231, 264, 283, 284, 296, 299
대화의 격률(maxims) 94, 96
더빙 281, 282, 283, 285, 286, 287, 289, 291
도착어 17, 19, 20, 21, 22, 23, 25, 27, 29, 30, 32, 33, 35, 36, 38, 39, 54, 55, 59, 63, 66, 74, 77~81, 84, 85, 89, 94, 120, 128, 129, 138, 139, 140, 143, 144, 147, 179, 184, 199, 208, 222, 238
독해 능력 200
동명사 72, 155, 156, 186, 187, 190
동사 33, 39, 48, 49, 50, 72, 88, 133, 149, 150, 152, 155, 156, 157, 166, 167, 169, 170, 172, 173, 175, 178, 180, 181, 183, 186, 188, 189, 190, 191, 203, 209, 214, 231, 234, 243
동음이의어 202, 203, 205

동의어 204, 205, 206
동족 목적어 188, 189
동치 210, 211
등가(equivalence) 15, 18, 27, 35~39, 56, 59, 63, 77, 78, 81, 84, 89, 90, 96, 97, 99, 119, 129, 143, 221, 222
등가성 18, 27, 35, 36, 59, 78, 81, 84, 90, 97, 221, 222
띄어쓰기 49, 50, 284

【ㄹ】

랑그 64

【ㅁ】

만연체 222, 223, 224, 232, 234
매개 변인(parameter) 74, 75, 149
메타구성체(Metakonst rukte) 67
명령문 167, 169, 170, 181
명료성 26, 251
명사류 186, 187
명사화 155, 156
모순 105, 210, 211
모호성 76, 211, 212, 213
목표언어 66, 280
무역 서한 250, 251, 252
문맥 28, 37, 38, 65, 88~91, 94, 95, 109, 110, 135, 137, 140, 146, 150, 153, 158, 163, 282

문법 요소 45, 148, 149, 153, 155, 156, 157, 163, 164, 165, 166
문법 의미 148
문법적 관계 39, 40, 41
문법화 50
문예 작품 256
문자 텍스트 16
문장 확장 194
문장구성론 166
문제-해결 110
문체 15, 16, 31, 34, 54, 59, 76, 111, 117, 121, 129, 197, 218, 219~224, 231~235, 253, 261, 262, 264, 265, 267, 268, 271, 272, 273
문화어(langue-culture) 89
문화적 요인 129, 137
미정법 172

【ㅂ】

발화수반력 94
발화시 170, 171, 172, 175
방법의 격률 96
배경지식 122, 124, 130
번역 13~27, 29~39, 45, 46, 52~59, 61, 63~68, 70~91, 94~102, 106, 110~134, 137~142, 144~162, 164~167, 169~171, 174~177, 179, 181~188, 190~213, 215~235, 237~239, 241~247, 249~276, 278~287, 289, 291~298, 300~303, 305~307
번역 과정 24, 25, 66, 74, 110, 152, 184, 222, 238, 256, 263, 282
번역 교육 55, 56, 58, 59
번역 모형 184
번역 이론 25, 56, 65, 66, 76
번역본 122, 226, 286
번역의 가능성 16, 17
번역의 불가능성 16, 17
번역자 21~27, 29, 30, 31, 33, 35~38, 46, 53, 55, 56, 58, 59, 63, 66, 71, 73~76, 79, 85, 86, 88, 94, 97, 100, 106, 110~113, 120~125, 128, 129, 130, 133, 141
번역학 16, 52, 53, 54, 65, 67, 77, 119, 237
변형생성문법 61, 62
병행구문 70
보도문 239, 244
보조국어학 54
보조조사 41
복문 192, 193, 194, 195, 196
부가 의문문 218
부분적 동음이의어 202
부정문 181, 183
부정사 155, 156, 157, 186, 187, 190
부정어 181, 182, 183, 211
분의어 207
분할 가능성 147
불연속(discontinuities) 83, 105, 110
비언어적 요소 20

비유 135, 136, 138, 140, 202,
  277, 295, 302

【ㅅ】

사건시 170, 171, 172, 175
사동 표현 179
사전 찾기 58, 125
사회 기호학 17
사회 심리학 62
사회-역사적 문맥 88, 89
사회적 맥락 217
사회적 의미 202, 206
삭제법 219
상 176
상위어 207
상징 122, 139, 140, 256, 258
상호 목적어 188
상황 문맥 89, 110
상황관리 110
상황성(situationality) 67, 71, 89,
  109, 110
상황점검 110
생략 38, 70, 104, 105, 112, 114,
  133, 158, 163, 169, 186, 199,
  200, 225, 231, 234, 253, 272,
  274, 279, 284
서법 169
서술 명사 189
서술 형용사 189
서술문 167, 168, 264
서양 이름 264

선택 29, 37, 45, 66, 77, 99, 102,
  103, 104, 105, 108, 128, 139,
  140, 174, 194, 201, 203, 234,
  251, 261, 262, 264, 274, 275,
  282, 297
성 176, 177, 217, 218, 264
소설 113, 115, 117, 120, 122,
  123, 125, 126, 221, 224, 234,
  235, 256, 257, 258, 259, 261,
  262, 264, 265, 267, 268, 277
소설 번역 267
속담 142, 143, 217, 277
수 176, 177, 178, 179
수동태 179, 180, 181, 253
수식 관계 187, 211
수식어 42, 44, 158, 190, 191,
  196, 207, 284, 301
수의 일치 178
수필 221, 234, 271, 272, 273
순화 278
술부 188, 189
시사 잡지 244, 245
시제법 170, 171, 172, 174
실용 텍스트 121, 237
실질적 내용 148

【ㅇ】

안은문 162, 190, 191, 192, 193, 195
압축법 219
어간 40, 41, 42, 45, 47, 48, 49,
  148

어미 40, 41, 42, 45, 47, 48, 49, 99, 149, 155, 156, 165, 167, 169~172, 193, 194, 197, 210, 223, 224, 281
어미 처리 281
어휘 18, 34, 37, 50, 58, 59, 67, 70, 73, 76, 77, 98, 101, 107, 117, 121, 137, 145, 148, 149, 157, 166, 171, 201, 202, 207, 208, 210, 221~224, 234, 238, 241, 243, 247, 249, 253, 255, 257, 258, 261, 262, 264, 270, 298, 301, 303
어휘 의미 148, 157, 202
언어기호 57, 64
언어적 문맥 88, 89, 90
언어적 요소 19, 138
언외적 의미 206
역주 달기 127
연결어미 42, 165, 169, 193, 194, 197, 210, 224
연어적 의미 206
연접 147
영상 언어 275, 281
영화 번역 275, 276, 281
완결법 172, 175, 176
왜곡 29, 79, 144, 222, 256, 257, 278
외래어 표기법 50
용어 23, 100, 102, 107, 109, 123, 125, 126, 134, 145, 170, 201, 207, 238, 239, 244, 245, 247, 273, 292, 293, 294, 296, 303
용인성(acceptability) 67, 91, 99, 100
우리말 사용능력 59
우선 선택적 모델 66
원어 메시지 15, 59, 81
원작 16, 31, 101, 116, 120, 232, 233, 235, 257, 261, 277, 278, 279, 282
원작자 31, 232, 235
원형 이론 137, 138
유의 관계 138, 206
유추 90, 144, 231
유형적 문체 222, 223
은유 67, 135, 136, 137~142, 202
음성 텍스트 16
음운 변동 147
응결성(cohesion) 68, 69, 70, 72, 78, 81, 83, 84, 89, 91, 92, 93, 103
응결성 장치 70
응용국어학 54
응집성(coherence) 67~73, 77, 78, 81, 83, 84, 85, 88, 89, 91, 92, 93
의도성(intentionality) 67, 91, 92, 93, 100, 119
의문문 83, 84, 98, 99, 167, 168, 169, 217, 218
의미 단위 28
의미 도출 과정 27, 29

의미론 64, 67, 137, 147, 201, 202, 210, 214~217, 221
의미의 공백 207
의역 65, 78, 80~85, 101, 112, 142, 243, 257
의존 명사 구문 156, 186, 187, 188
의향법 166, 167, 169
이론국어학 53
이상인지모델(ICM) 137
이은문 162, 169, 191, 192, 193, 195, 210
이해 과정 20, 26, 27
인문 과학 292, 297
인용문 199
인용절 193, 195
인지적 등가 37
인지적 문맥 88, 89, 90
인지적 장치 72
인칭대명사 157, 158, 159, 199

【ㅈ】

자막 281, 283~287, 289
자연 과학 292, 294, 295, 297, 301, 303, 307
자연스러움 26
자유 어순 42
장면 71, 115, 122, 126, 214, 219, 260, 262, 268, 282
재귀 목적어 188
재귀대명사 157, 158, 159, 160
재언어화 29

전문 용어 207, 296, 303
전치사구 149, 185
전통언어학 65
절대적 동음이의어 202
접속 구조 164
접속사 33, 114, 158, 160, 161, 162, 164, 165, 178, 183, 192, 193, 233
정감적 등가 38
정보 13, 19, 21, 22, 23, 31, 33, 57, 63, 67, 74, 89, 93, 95, 99, 102~108, 120, 129, 163, 200, 218, 221, 237, 239, 241, 242, 244, 252, 260, 264, 292, 293, 306
정보 중심적 텍스트 120
정보성 67, 95, 102~107, 242
정서법 46
젖어들기 26
제1차 정보성 104
제2차 정보성 105
제3차 정보성 105
제목 87, 215, 239, 247, 257
존칭어 도표 259
종속 접속사 165, 192
주격 41, 133, 134, 151, 163, 164
주부 178, 186, 187, 188
주인공 명단 260
주제 19, 20, 67, 121, 163, 164, 197, 211, 214, 221, 256, 257, 258, 261, 267, 276, 294, 303
주제격 163, 164

중문 192~196, 198
중수필 271, 273
중역(重譯) 128
중의성 73, 74, 88, 95, 183, 211, 212
지시 대상 147
지시어 197, 294
지칭어 158, 227
직역 38, 65, 72, 73, 78~85, 88, 138, 139, 200, 277, 278, 284, 285, 294, 295

【ㅊ】

책략 52, 66, 136, 275
첨가어 39, 41, 49, 163
청유문 167, 170
체면의식 97, 98
출발어 17, 19~23, 25, 26, 27, 30, 32~35, 37, 54, 55, 59, 63, 65, 66, 68, 74, 77, 79, 80, 81, 83, 84, 85, 89, 119, 120, 122, 128, 129, 131, 138, 143, 144, 179, 199, 222, 238
출발언어 17, 66, 68, 74, 128, 130, 164, 183
친척 호칭 135

【ㅌ】

텍스트 15, 16, 18~21, 23, 25~ 29, 32~39, 54, 55, 57, 58, 59, 61~74, 76~82, 84, 85, 88, 89
텍스트 문법(Textgrammatic) 62
텍스트 상호성(intertextuality) 116, 117
텍스트 언어학 61, 62, 63, 65, 66, 67, 71, 72, 117
텍스트 유형론 117
텍스트 읽기 26
텍스트간 등가(inter-textual equivalence) 77
텍스트과학 61
텍스트성(textuality) 67, 68, 71, 116, 215
텍스트적 요소 20
텍스트학(Textwissenschaft) 62
토속적인 것 280
통사 구조 33, 70, 184, 186
통사론 64, 67, 78, 93, 166, 172, 181, 202
통사적 표현 148, 149

【ㅍ】

표현 과정 20, 24, 29, 30, 55
표현 중심적 텍스트 120
플랜 92
피동문 181
피수식어 44, 190, 191

【ㅎ】

하위어 207
학술서 292, 296, 297, 305
학습 번역 55, 56
함의 201, 202, 210
함축적 의미 94
해독 21
해석 15, 24, 26, 28, 33, 35, 38,
  49, 56, 58, 62, 63, 64, 71, 73,
  74, 79, 82, 88, 89, 90, 118,
  121, 122, 127, 130, 136, 139,
  141, 142, 149, 190, 196, 198,
  200, 211, 212, 214, 217, 244,
  253, 279, 282, 301
핵문 32, 33
행위수행 170
현실법 171, 175
협동원칙 95, 96
형용사 33, 48, 153, 154, 155,
  157, 158, 160, 170, 185, 187~
  193
형태론 148, 166, 181
호소 중심적 텍스트 120
호칭 14, 99, 132, 133, 134, 135,
  158, 232, 258, 281, 284
호칭어 158
혼합문 192, 194, 195
홑문장 191, 192
화용론 54, 62, 67, 93, 94, 202,
  214
화행(speech acts) 67, 93, 94, 98

회기법 70
회상법 171, 172

■ 저자 소개

- 이석규
  경원대학교 국어국문학과 교수, 문학박사.
- 허재영
  호서대학교 겸임교수, 문학박사.
- 박현선
  경원대학교 국어국문학과 강사, 문학박사.
- 한성일
  경원대학교 국어국문학과 강사, 문학박사.
- 김진호
  경원대학교 국어국문학과 강사, 문학박사.
- 김규진
  경원대학교 국어국문학과 박사과정.

우리말답게 번역하기

인 쇄	2002년 08월 19일
발 행	2002년 08월 24일
지은이	이석규 · 허재영 · 박현선 · 한성일 · 김진호 · 김규진
펴낸이	이 대 현 영 업 전 성 호
편 집	안영하 · 조유미
펴낸곳	도서출판 역락 / 서울 성동구 성수2가 3동 277-17
	성수아카데미타워 422호(우133-123)

Tel 대표 · 영업 3409-2058 편집부 3409-2060 FAX 3409-2059
E-mail   yk3888@kornet.net / youkrack@hanmail.net
등 록 1999년 4월 19일 제2-2803호
정가 14.000
ISBN 89-5556-167-9-93700

*잘못된 책은 교환해 드립니다.